本书为教育部人文社会科学重点研究基地苏州大学中国特色城镇化研究中心和苏州大学新型城镇化与社会治理协同创新中心资助项目，同时受苏州大学优秀创新团队建设项目"地方政府与社会治理"和江苏省优势学科"政治学"资助。

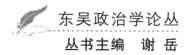

东吴政治学论丛

丛书主编　谢　岳

# 公共管理研究方法

*Fundamentals of Public Management Research Method*

主　编　宋　典
副主编　吕晓慧

苏州大学出版社
Soochow University Press

图书在版编目(CIP)数据

公共管理研究方法 / 宋典主编. —苏州：苏州大学出版社,2021.12
(东吴政治学论丛 / 谢岳主编)
ISBN 978-7-5672-3865-7

Ⅰ.①公… Ⅱ.①宋… Ⅲ.①公共管理—研究方法 Ⅳ.①D035-3

中国版本图书馆 CIP 数据核字(2021)第 274487 号

书　　名：公共管理研究方法
GONGGONG GUANLI YANJIU FANGFA

主　　编：宋　典
责任编辑：谢金海
装帧设计：刘　俊
出版发行：苏州大学出版社(Soochow University Press)
社　　址：苏州市十梓街1号　邮编：215006
网　　址：www.sudapress.com
邮　　箱：sdcbs@suda.edu.cn
印　　装：苏州工业园区美柯乐制版印务有限责任公司
邮购热线：0512-67480030　销售热线：0512-67481020
网店地址：https://szdxcbs.tmall.com/(天猫旗舰店)
开　　本：700 mm×1 000 mm　1/16　印张：18.25　字数：281 千
版　　次：2021 年 12 月第 1 版
印　　次：2021 年 12 月第 1 次印刷
书　　号：ISBN 978-7-5672-3865-7
定　　价：72.00 元

凡购本社图书发现印装错误，请与本社联系调换。服务热线：0512-67481020

# 第 1 章　公共管理研究概述

1.1　科学研究与公共管理研究　　　　　　　　　/ 1
1.2　公共管理研究方法分类　　　　　　　　　　/ 4
1.3　研究设计阶段模型　　　　　　　　　　　　/ 9
1.4　开题报告与研究计划　　　　　　　　　　　/ 17
1.5　研究能力与质量评价　　　　　　　　　　　/ 18
1.6　研究中的伦理与道德　　　　　　　　　　　/ 19

# 第 2 章　公共管理研究中的理论与发展

2.1　理论：公共管理的研究指向　　　　　　　　/ 22
2.2　中介：公共管理理论的机制表述　　　　　　/ 26
2.3　调节：公共管理理论发展的情境表述　　　　/ 30
2.4　示例：公共管理理论检验的应用　　　　　　/ 35

# 第 3 章　定量方法视角下的文献综述

3.1　文献综述简介　　　　　　　　　　　　　　/ 41
3.2　撰写文献综述的步骤　　　　　　　　　　　/ 43
3.3　定量文献综述：Meta 分析　　　　　　　　 / 44
3.4　文献计量法——基于 Citespace 的文献综述　/ 57
　　附件：元分析语法　　　　　　　　　　　　 / 59

## 第 4 章　测量：变量与构念的显化

4.1　构念及测量　　　　　　　　　　　　　　　／62
4.2　测量的误差　　　　　　　　　　　　　　　／66
4.3　测量的信度及效度　　　　　　　　　　　　／68
4.4　验证性因子分析　　　　　　　　　　　　　／72
4.5　共同方法偏差　　　　　　　　　　　　　　／81

## 第 5 章　回归分析：实证研究的基础

5.1　简单回归分析　　　　　　　　　　　　　　／85
5.2　回归统计量　　　　　　　　　　　　　　　／86
5.3　回归分析的前提假设　　　　　　　　　　　／88
5.4　多元回归　　　　　　　　　　　　　　　　／90
5.5　回归分析 R 语言操作　　　　　　　　　　　／92

## 第 6 章　结构方程模型：调查研究的利器

6.1　结构方程模型的原理　　　　　　　　　　　／109
6.2　测量模型与结构模型　　　　　　　　　　　／109
6.3　结构方程模型的基本知识　　　　　　　　　／110
6.4　结构方程模型拟合指标　　　　　　　　　　／112
6.5　结构方程模型的构建和修正　　　　　　　　／115
6.6　结构方程模型 R 语言操作　　　　　　　　　／116

## 第 7 章　HLM：多层次数据分析工具

7.1　多层线性模型的基本介绍　　　　　　　　　／126
7.2　组内相关系数　　　　　　　　　　　　　　／132
7.3　多层次中介与调节　　　　　　　　　　　　／134
7.4　HLM 实例操作　　　　　　　　　　　　　　／138

## 第 8 章　面板数据：纵横数据分析

8.1　面板数据的定义及分类　　　　　　　　　　　／149
8.2　短面板数据的估计策略　　　　　　　　　　　／152
8.3　Stata 实现　　　　　　　　　　　　　　　　　／158

## 第 9 章　空间计量：邻域的影响

9.1　基本概念　　　　　　　　　　　　　　　　　／178
9.2　空间相关性　　　　　　　　　　　　　　　　／180
9.3　空间计量模型　　　　　　　　　　　　　　　／180
9.4　内生性与稳健性检验　　　　　　　　　　　　／182
9.5　Stata 操作简介　　　　　　　　　　　　　　　／182

## 第 10 章　因果推断：反事实计算

10.1　倾向得分匹配方法　　　　　　　　　　　　／192
10.2　双重差分倾向得分匹配（PSM-DID）模型　　／196
10.3　Stata 操作简介　　　　　　　　　　　　　　／199

## 第 11 章　QCA：超越定性与定量研究的方法

11.1　定性比较分析　　　　　　　　　　　　　　／211
11.2　案例和变量选择　　　　　　　　　　　　　／214
11.3　清晰集定性比较分析法（csQCA）　　　　　／216
11.4　多值集定性比较分析法（mvQCA）　　　　　／232
11.5　模糊集定性比较分析法（fsQCA）　　　　　／236
11.6　fsQCA 与 TOSMANA 软件操作示范　　　　　／240

## 第 12 章　政策系统动力学方法及应用

12.1　系统动力学原理　　　　　　　　　　　　　　　／254
12.2　政策系统模型构造　　　　　　　　　　　　　　／256
12.3　政策系统动力学方法应用　　　　　　　　　　　／267

## 第 13 章　遗传算法及应用

13.1　遗传算法原理　　　　　　　　　　　　　　　　／269
13.2　遗传算法的步骤　　　　　　　　　　　　　　　／270
13.3　遗传算法应用　　　　　　　　　　　　　　　　／279

## 后记　　　　　　　　　　　　　　　　　　　　　　／286

# 第1章 公共管理研究概述

科学技术是第一生产力。科学研究是科学技术发展的基础,是推动现代社会发展的重要力量。如同生产工具是生产力发展水平的重要标志一样,研究方法也是科学研究发展水平的重要标志。一位研究者云:科学结论,是点成的金,量终有限;科学方法,是点石的指,可以产生无穷的金。其实科学不是少数人或科学家的专利,每一个个体都有好奇心,都想开展研究,通过探究某些现象获得答案。很多人没有取得杰出科学家的成就,一个最重要的原因就是普通人没有掌握科学研究的方法。

## 1.1 科学研究与公共管理研究

文艺复兴以后,科学研究逐渐由式微状态走向历史前台,并成为人类社会求知的主流方法。科学,字面的意思是发现、积累并公认的普遍真理或普遍定理的运用过程,是一种系统化和公式化了的知识。从方法论的角度来看,科学是一种探索和研究现实世界的艺术,是用可获得的证据对现实世界的一种系统解释,简单地说就是有证据的解释。从本体论的角度来看,科学是从事实中推导出来的,是从事实中推导出来的知识。[1] 科学具有一系列的本质特征,主要有:(1)用系统的事实证据来解释问题;(2)自洽的知识体系;(3)对任何方面均可以质疑;

---

[1] 查尔默斯. 科学究竟是什么?[M]. 鲁旭东,译. 北京:商务印书馆,2020:8.

(4) 不断积累和修正的过程。[1] 依据不同的研究对象,科学可以分为如图 1-1 所示的一些类型。

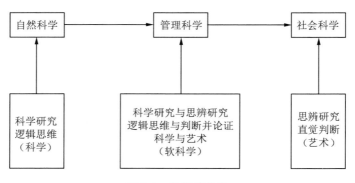

图 1-1　科学的分类

科学知识需要通过研究来获得,所以研究是一个探索新知识的过程,需要有条理地组织执行,以便能够对所获得知识的可靠性进行严谨的检验。研究是寻找对所研究问题的解释、确定因果关系的过程,其目的是揭示事物的本质和规律。研究活动的成果可以用作决策依据。科学研究应当具备以下几个特征。第一,目的性:进行研究时必须有一个明确的目标或目的。第二,严格性,认真、谨慎原则:研究者应当掌握良好的理论基础、经过仔细思考的方法,在最小偏差的情况下,从适当的样本中得到正确的信息,并对所收集的资料进行适当分析。第三,可验证性:某种假设可以通过统计检验的方法来验证。第四,精确性与可信度:前者指根据样本得到的结果与真实情况相当接近;后者指我们有信心相信结论多少的概率是真实的,多少的概率可能是错误的。第五,可重复性:假设不是偶然地被支持,而是对研究对象总体真实状态的反映。第六,客观性:依据实际资料的推导而不是个人主观的或情绪性的判断得出结果。第七,共性:一个情景中的发现可以应用到其他情景中。第八,简练性:指在构建研究框架时,尽可能以较少的变量来解释方差。依据这些特征可以发现:研究不是偶然发现,但偶然发现可能导致有成效的研究;研究并非是汇集数据和以某种形式表示出数据(有效

---

[1]　蒋逸民. 社会科学方法论[M]. 4 版. 重庆:重庆大学出版社,2019:50-51.

性、条理性、论证性);研究不是概括总结已有的成果。科学研究的过程如图 1-2 所示。[1]

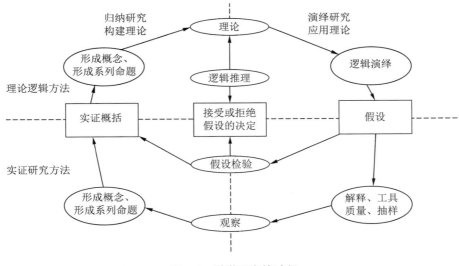

图 1-2 科学研究的过程

管理研究可以定义为以系统的、有控制的、实验的、严谨的方法来探讨管理决策中需要解决的问题。[2] 公共管理研究是一种特殊类型的研究活动,是针对公共管理问题而进行的研究。公共管理研究具有两个核心要素:第一,它研究的是公共管理问题;第二,它采用公共管理研究的方法。[3] 结合科学研究的定义,公共管理研究可以定义为:应用科学理论和科学严谨的方法,发现、验证公共管理规律的过程,目的是发现公共管理过程中的一般规律。公共管理研究可分为报告性、描述性、解释性和预测性研究。报告性研究主要是提供对数据的总结,并经常重组数据以达到更深层次的理解或产生统计结果以用作对比。描述性研究试图回答诸如什么人、什么事件、什么时候、什么地方的问题,有时还要回答如何的问题。解释性研究试图解释描述性研究所观察到的现

---

[1] 陈晓萍,沈伟. 组织与管理研究的实证方法 [M]. 3 版. 北京:北京大学出版社,2018:23.

[2] 于晓宇,赵红丹,范丽先. 管理研究设计与方法 [M]. 北京:机械工业出版社,2019:1.

[3] 曹堂哲. 公共管理研究方法:基于公共管理问题类型学的新体系 [M]. 北京:北京大学出版社,2014:3.

象及原因。预测性研究是分析事件将在什么时候和什么情况下发生。也有学者将公共管理研究分为学术研究、实践活动研究和管理咨询研究三类。公共管理学术研究主要关注的是公共管理规律的发现，现象的评估、解释与批判等。实践活动研究主要关注的是对策性探讨，运用适当的方法解决公共管理过程中的实践问题。管理咨询研究是学术界为公共管理部门提供实践指导。

## 1.2 公共管理研究方法分类

对于普通人而言，科学研究具有一定的神秘性，似乎离自己的生活很远。但科学研究其实不曾片刻远离每一个人，个人的生活与现代科学研究密切相关。袁隆平的杂交水稻研究为人类社会解决温饱问题带来了希望，屠呦呦的青蒿素研究有效降低了疟疾患者的死亡率，给人类带来了福音。人文科学家依据黄宗羲的研究结论，总结归纳了黄宗羲定律，即税费改革后农民税负在下降一段时间后又会恢复甚至超越先前水平，为国家制定税费管理制度提供了借鉴。很多人感觉科学研究离自己很远，是因为科学需要用专门的技术来收集经验证据（empirical evidence），然后用所得到的证据来支持或否定理论。经验证据是指人们通过感官进行观察、访谈等方法所得到的结果。[1] 普通人没有受过专门的教育或方法训练，就很难开展科学研究。

对于公共管理类学术型研究生而言，他们进入科研机构、高等学校进修的目的就是从事专门的公共管理研究。没有方法的研究是不可能的。公共管理研究方法的发展是公共管理学科专业性的标志。自威尔逊提出"政治与行政二分"以来，公共管理学经历了100多年的发展，其间有大量的国外专家、学者对公共管理研究所运用的研究方法、技术及其变化趋势进行了回顾和评论。[2]

研究方法的基础是研究方法论。有学者指出公共管理研究方法论经历过三个阶段的反思和争论：第一个阶段是以西蒙为代表的实证主义和

---

[1] 蒋逸民. 社会科学方法论 [M]. 4版. 重庆：重庆大学出版社，2019：44-45.
[2] 范柏乃，楼晓靖. 我国公共管理研究方法的统计分析及演进路径研究 [J]. 公共管理学报，2013，10（2）：94-100，141.

以沃尔多为代表的规范主义争论；第二个阶段是批判主义和实证主义之间的争论，批判主义的方法主要由登哈特提出；第三个阶段以方法论的整合为主，用以整合实证、诠释和批判三种取向。[1] 但不可否认的是，当代公共管理研究方法越来越多元化，已逐渐走出结构失衡的状态，响应了公共管理领域实践多样性的需要。

在方法论研究的基础上，有学者将公共管理研究方法分为传统公共行政和新公共管理两个阶段。传统阶段的公共管理研究方法又可以分为三个阶段：第一个阶段是20世纪40年代以前的以政治学与管理学研究方法应用为主要特征的时期；第二个阶段主要应用人际关系和行为科学方法，此阶段的研究方法主要是心理学的方法；第三个阶段是20世纪50年代之后，以西蒙等学者为代表，他们开始尝试应用信息论、运筹学方法来解释公共管理问题。[2] 可以看出，传统公共行政管理研究方法的科学性越来越高，其显著标志是开始广泛使用数学模型。

随着新公共管理运动的兴起，市场化、企业家精神、改革政府等管理理念开始逐渐渗透到新公共管理研究领域，理论界开始广泛采用经济学和工商管理的研究方法，特别是计量经济学的方法。这些方法的引进对传统公共管理研究方法的范式提出了挑战，逐渐改变和拓展了公共管理领域研究的主题、范围、理论基础。从方法层面来看，新公共管理研究方法更为强调"理性人""经济人"的假设，用科学计量的方法将公共管理研究"科学化"，它是一种更为强调实证主义的研究方法。[2] 有学者调查发现，当前西方公共管理研究中，实证研究尤其是定量统计研究占多数，定性研究逐步复兴，以个案研究方法为主，研究方法多元化趋向渐显。[3] 有学者对公共管理领域研究方法的使用情况进行了深度扫描，他们发现，现在使用得越来越多的研究方法有文献法、问卷法、实验法、仿真模拟法。使用的数据分析技术有回归分析、路径分析、结

---

[1] 曹堂哲. 公共管理研究方法：基于公共管理问题类型学的新体系 [M]. 北京：北京大学出版社，2014：3.

[2] 何颖. 公共行政研究方法及其走向评析 [J]. 中国行政管理，2005（10）：104-108.

[3] 陈那波. 公共行政学研究方法应用前沿及其中国借鉴 [J]. 公共行政评论，2015，8（4）：69-77，184.

构方程模型、神经网络分析、面板数据、数据包络分析和网络拓展分析。[1] 这项研究进一步证明了公共管理研究方法呈现越来越多元化的趋势，混合研究方法已经开始走向前台。

整体而言，中国的公共管理研究方法发展的大体趋势与西方国家相似。在相当长的一段时间内，中国传统公共管理研究方法主要以诠释主义为主，主要用规范分析的方法。中国很多学术刊物充斥着以概念分析和理论建构为主的行政学学术论文，采取严谨的实证研究方法的论文非常少。中国的公共管理研究者普遍重视质的研究方法，忽视量的方法；重视规范分析的方法，忽视实证的方法；习惯于静态分析，忽视动态分析；重视非生态分析的方法，忽视生态分析的方法；重视生理分析的方法，忽视心态分析的方法[2]。甚至有学者提出，不要崇尚实证研究那一套西方的东西，要注重中国特色社会主义问题的研究。[3]

从理论上讲，方法是指完成某件事的方式、技术和过程。方法可以大致分为两类。第一类是形式理论，即规范研究。它主要是从过去的经验或理论出发，用逻辑思维的路径推导出结论，制定出真理或行为的标准。第二类是实证研究。它包括定性和定量研究：定性研究注重案例，定量研究则注重调查、数据收集和数量分析。[3]公共管理研究方法和方式的分类[4]见表 1-1。

**表 1-1　公共管理研究方法和方式分类**

| 研究方法 | 资料类型 | 收集资料方法 | 资料分析方法 |
| --- | --- | --- | --- |
| 调查法 | 定量资料 | 结构式问卷、结构式访问、统计报表 | 统计描述、统计推断、数字建模等 |

---

[1] 范柏乃，楼晓靖. 我国公共管理研究方法的统计分析及演进路径研究 [J]. 公共管理学报，2013，10（2）：94-100，141.

[2] 颜海娜，蔡立辉. 公共行政学研究方法：问题与反思 [J]. 公共管理学报，2008，5（4）：109-115，128.

[3] 蓝志勇. 也谈公共管理研究方法 [J]. 中国行政管理，2014（1）：59-64.

[4] De Vaus D A. Surveys in Social Research [M]. New York: Routledge, 1985: 6.

续表

| 研究方法 | 资料类型 | 收集资料方法 | 资料分析方法 |
|---|---|---|---|
| 实验法 | 定量资料 | 结构式问卷、结构式访问、统计报表、量表 | 统计描述、统计推断、数字建模等 |
| 实地研究 | 质性资料 | 无结构观察、无结构访谈 | 质性分析的系列方法 |
| 文献研究 | 质性（历史比较）或定量（统计资料二次分析、内容分析、元分析） | 统计资料、历史文献、其他文献 | 质性分析或定量分析 |

依据表1-1对研究方法的分类，当前公共管理领域的主要研究方法有以下几种。

**文献研究法**：文献或者是先前学者的研究成果，或者是先前公共部门、私营机构发布的政策文本。一方面，它可以反映出当前理论界对某些议题的研究现状；另一方面，它可以反映出当前实践界对某些公共管理议题制定的制度和采取的策略。文献研究是公共管理研究的前提条件，是学者了解当前公共管理研究现状并判断自己的研究是否有创新的关键。为此，本书将对文献研究法中常用的文献计量法和元分析方法进行介绍。前者可以帮助研究人员了解某些公共管理问题研究的主要学者、演化阶段、发展趋势等信息，后者可以帮助研究者全面了解某些公共管理实践与效果之间的数量关系。

**案例研究方法**：案例研究是一种兼具定性和定量特征的研究方法。它主要通过严谨的案例筛选进行比较分析，主要适用于探讨"为什么发生"的问题。定性研究特别适合探索自然环境中的复杂现象。案例研究方法特别适合探索人们的意图、动机和主观体验，侧重于开发丰富的内容和进行深入的调查。案例研究方法在公共管理领域中的应用越来越广泛。它应当遵循两种传统：一是以数理统计为特点的数据集传统；另一个是以因果机制为特点的过程追踪传统。[1] 本书主要采用定性比较分析（Qualitative Comparative Analysis，QCA）的方法对案例研

---

[1] 蒙克，李朔严. 公共管理研究中的案例方法：一个误区和两种传承 [J]. 中国行政管理，2019（9）：89-94.

究方法进行介绍。

**扎根理论**（grounded theory）：扎根理论由施特劳斯和格拉泽创建，主要通过系列规范的流程进行数据收集。与问卷等调查方法不同，这种方法收集的是文字、语音等数据，然后对数据进行编码，最后通过开放性编码（open coding）、主轴性编码（axial coding）和选择性编码（selective coding）来发现各概念与变量之间的关系，并据此构建理论。扎根理论的核心是构建理论，而不是应用理论，它非常适用于很多先前受关注较少的公共管理问题研究。

**实验方法**：近年来，实验方法逐渐受到公共管理研究者的重视。[1-2]它的优势在于可进行因果推论。实验方法可分为实验室实验、现场实验、问卷实验、自然实验和准自然实验等不同的实验类型。[3]在公共管理和公共政策领域，准自然实验应用得较多，主要应用的是因果推断的统计与计量方法，包括工具变量方法（Instrumental Variable，IV）、双重差分方法（Difference in Differences，DID）、回归间断设计方法（Regression Discontinuity Design，RDD）及倾向值匹配方法（Propensity Score Matching，PSM）四种。[4]相比于调查实验，实验室实验和实地实验应用得还不是很广泛。[5]然而，当前公共管理领域的实验研究在实验的可重复性方面略显不足，主要体现在对实验材料和实验程序的报告缺失两方面。[1]

**文本分析法**：随着数字化时代的来临，文本数据在公共管理研究中的重要性越来越显著，公共管理与公共政策领域开始越来越多地应用文本分析方法。当前，文本分析已逐渐从分析文本的结构化特征向分析文

---

[1] 李晓倩，马亮. 公共管理实验研究中的实验报告：现状与评价——以国际期刊论文为例[J]. 公共管理与政策评论，2021，10（1）：55-65.

[2] 马亮. 公共管理实验研究何以可能：一项方法学回顾[J]. 甘肃行政学院学报，2015（4）：13-23，126.

[3] 代涛涛，陈志霞. 行为公共管理研究中的实验方法：类型与应用[J]. 公共行政评论，2019，12（6）：166-185，203.

[4] 王思琦. 公共管理与政策研究中的实地实验：因果推断与影响评估的视角[J]. 公共行政评论，2018，11（1）：87-107，221.

[5] 李晓倩. 公共管理研究中实验方法的应用：质疑与辨析[J]. 公共管理评论，2019，1（3）：117-138.

本的非结构化特征发展,由描述性推论向因果推论展开研究。[1] 在文本分析过程中,逐渐开始使用机器学习等数据分析技术,某些机器学习方法可以帮助实现公共管理分析工具从质化到量化再到自动化的数据分析范式转变。[2]

## 1.3 研究设计阶段模型

研究设计有广义和狭义之分:前者是指对公共管理研究进行整体规划,包括实施环节等计划,涉及从问题选择到研究成果的发表等问题;后者是指对研究成果的解释及准备选用的方法。本书采用蒋逸民的研究设计定义。他认为,研究设计是研究探索的一种逻辑结构,包括确定研究主题或取向、选择主要研究策略和路径、确定具体方法和操作步骤等。[3] 简而言之,研究设计是基于活动和时间的计划,它是基于研究问题的计划,是选择信息来源和信息类型的指南。它要详细说明变量之间关系的框架,是研究者开展每项研究活动的程序性提纲。研究设计的简略图可用图 1-3 来表示。

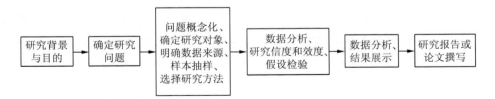

图 1-3 研究设计简略图

研究设计的具体细节问题可用图 1-4 来表示。

---

[1] 黄萃,吕立远. 文本分析方法在公共管理与公共政策研究中的应用[J]. 公共管理评论,2020,2(4):156-175.

[2] 杨一,邹昀瑾. 以机器学习应对信息"爆炸"时代:公共管理研究的降维可视化探析[J]. 中国行政管理,2021(1):105-113.

[3] 蒋逸民. 社会科学方法论[M]. 4 版. 重庆:重庆大学出版社,2019:214.

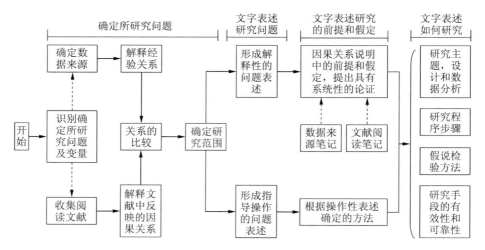

图 1-4 研究设计的细节问题

由图 1-4 可知,研究设计从确定问题开始,到最后计划如何进行假设验证等问题结束。研究设计的具体内容可从以下环节讲解。

**第一阶段:明确研究问题**。

管理研究者的任务是提出问题,而不是解答问题。公共管理研究的问题应当具有重要性和新颖性。重要性是指研究具有理论意义或者现实意义,要研究当下理论界或实践界关注的问题。比如,对于公共服务动机研究者而言,从理论层面来讲,理论界对公共服务动机的前因变量和结果变量已经做了广泛的研究,如果一位公共管理专业的研究生仍然在研究公共服务动机的结果变量,那么他的研究就显得理论意义不足。当前,理论界对公共服务动机问题的研究热点主要集中在两个方面:第一,它处于一种可变化的状态还是具有较为稳定的特质;第二,是否存在集体层次的公共服务动机,即团队或组织内能否形成共识性的公共服务动机。那么在文献阅读的基础上,对这两个问题的研究就比单纯研究公共服务动机结果变量的研究更有意义一些。再例如,当前中国正在开展大规模的行政审批改革,推进数字化政府建设,强化营商环境建设,实施乡村振兴战略和开展人才强国战略,所涉及的问题将是中国在未来很长一段时间内的重大公共管理实践。对这些问题的关注和研究可为国家战略层面的实施提供建议,这比单纯研究公共交通环境优化等问题有着更为现实的意义。在重要性和新颖性之外，如果公共管理研究的问题还比较有趣，那它就是一个非常有意义的问题了。

　　问题从哪里来？对于公共管理专业的研究生而言，可以采取以下方法发现问题。第一，关注公共管理领域的某些现象，并打破砂锅问到底。例如，当前各级政府都在建设数字政府，基层公务员普遍要广泛使用电子信息管理系统。一般认为，电子信息系统的应用会促进公务员工作绩效的提高。但在某些地区我们也可以看到，电子政务管理系统的应用，不仅没有提升基层公务员的工作绩效，反而增加了他们的工作负担，因为很多地方要"电子政务平台"和"纸质平台"两条腿走路，有些平台功能有限，有些平台的延续性不高，有些公务员需要使用的信息平台过多。这种现象导致的问题就值得研究。它可以提醒我们，在何种情境下，电子政务平台的使用才能有效提升基层公务员的工作绩效。第二，由方法驱动。数据分析方法有时也是一种理论。比如在研究公共服务动机时，有学者提出存在集体层次的公共服务动机。那么在学习多层次分析方法时，公共管理研究人员就可以琢磨如何应用跨层次分析方法解决此问题。例如，可以探讨是否存在多水平的公共服务动机模型、集体层次的公共服务动机与个体层次的公共服务动机是否在结构上有所差异、集体层次的公共服务动机是否会影响个体层次的公共服务动机、个体层次的公共服务动机涌现为集体层次的公共服务动机的机制是怎么样的、两个层次公共服务动机对结果变量的影响机制是否有差异等问题。这些问题的解决对于深化公共服务动机模型有着极为重要的理论意义。第三，由灵感驱动。绝大多数问题都是个人观察和思考的结果。笔者某次到行政审批局办理业务，在窗口等待服务时，观察到两个有意思的细节问题：一是窗口工作人员的工作时间较长，比较单调，更为重要的是每一位窗口服务人员对每一位前来办理业务的市民时刻都要保持微笑；二是窗口人员的工作都会被电子设备所监控，电子监控促使个体要时刻保持积极的工作状态。至此，笔者脑中突然萌生一些想法：是什么因素促使这些窗口人员能时刻保持这种工作状态的？他们在保持工作状态的过程中可以采取的策略有哪些？电子监控对工作状态影响的心理机制是什么？在后期与行政审批局项目接触的过程中，这几个问题时刻萦绕在笔者心头。在后期阅读文献的过程中，笔者发现情绪劳动概念和自我决定理论能较好地解决这些问题，由此开展了后续的研究。

**第二阶段：研究问题转化为课题。**

在研究设计阶段，研究人员还要考虑如何将研究问题转化为研究的课题。问题只是指明了研究的方向，研究人员还需要将方向性问题转化为可以操作、可以研究的课题。再以前述行政审批局窗口人员工作的情绪劳动问题为例：窗口人员的情绪劳动问题涉及的因素有很多，它可以从情绪智力、工作资源要求、工作压力、动机理论、领导风格等多个视角进行探讨，要穷尽研究所有因素对情绪劳动的影响几乎是不可能的。在此情形下，就需要研究人员分解问题：你是要研究情绪劳动的前因变量还是结果变量？选择何种理论？依据你所选择的理论，你的研究边界在哪里？假如你觉得对情绪劳动前因变量的研究比较重要，那么你就可以把资源要求理论模型作为切入点去开展自己的研究。

研究问题具体化之后，就需要进一步深入考虑研究课题中包括多少个变量、这些变量之间的关系是怎么样的。再以情绪劳动研究为例：如果你从资源保存理论的视角探讨了它的前因变量，然后你可以选择研究"公共服务动机是否会影响情绪劳动""公共服务动机影响情绪劳动的作用是否会被电子监控所调节"这些更具体的问题。这样研究课题就进一步转化为更为明确的变量和假设。变量是对某种概念、属性或特征的概括，这些变量之间的关系可用图1-5来表示。

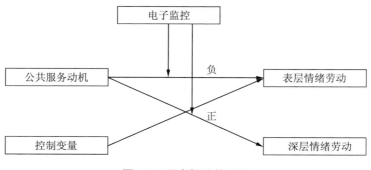

图1-5 研究假设关系图

图1-5将研究课题进行了细化，可用下列假设来表示。

假设1：公共服务动机与表层情绪劳动负相关。

假设2：公共服务动机与深层情绪劳动正相关。

假设3：电子监控调节公共服务动机与情绪劳动之间的关系。

需要指出的是，质性研究各个概念之间的关系也同样可以用框架图来表示。

**第三阶段：研究问题转化为研究计划。**

研究计划是实现目标和回答问题的蓝图。其中涉及以下问题。

第一，研究方法选择问题。研究问题的类型决定了研究方法。一般而言，如果研究的概念或变量之间的关系是因果关系，那么就需要通过精心的实验研究来进行检验；如果研究的概念或变量之间的关系是相关关系，那么可以通过问卷调查的方法加以证明；如果研究是开拓性的研究，先前很少有研究探讨过类似问题，那么需要通过案例研究、扎根理论、质性研究的方法进行探讨。在研究方法的选择过程中，有几条原则可以遵守：（1）全新的课题和构念要用定性研究的方法；（2）因果关系的研究建议采用实验法来开展；（3）相关性的关系研究可用问卷法（调查法）来实施；（4）探讨"为什么"的问题，在样本较小的情况下可采用案例研究方法。

第二，数据来源与抽样。数据是研究者从研究环境中获得的事实。数据的特征有：（1）抽象性、可检验性、隐蔽性及与现象的贴近性；（2）数据经过了我们感官的加工；（3）数据是难以捕捉的。各种研究方法可用的数据来源不同：对于问卷调查方法而言，数据来源于被调查者；质性数据可能来源于田野考察，也可能来源于与研究对象的访谈；二手数据是他人为了各自的研究目的而整理的数据，如统计年鉴数据。数据的类型有文本数据、数量数据、语音数据等。研究者必须在研究方法选择的基础上确定应用何种类型的数据验证自己的观点。当然，在数据选择过程中必须确定数据是否可靠、可信和易获得。如果数据无法获得，研究计划将是无根之木。数据来源确定后还要考虑数据规模的问题，这时就需要考虑到抽样调查。

抽样调查是一种非全面的调查，它是从总体中抽取部分单位作为样本进行调查，根据所获信息对总体做出估计和推断的一种调查方法。抽样调查具有调查单位少、工作量小等特点，可以节约调查的人力、财力、物力，从而降低成本，节省经费，还可快速提供调查结果。全面调查涉及范围广，需要较多人员、资金及其他各种必要条件，在数据采集、整理过程中更易产生误差。相对而言，抽样调查可以通过抽样单位数的多少及形式的变化来调节和控制抽样误差，同时对调查人员进行专门的业务培训可以提高资料的准确性及可靠性，从而进一步减少抽样误差。此外，抽样调查通常可和全面调查相互补。某些项目总体范围大、单位数目多，或者缺乏原始记录，以致较难进行全面调查，此时往往可以采用抽样调查来说明总体特征。

在实际应用中，通常要根据调查任务及具体情况，采用不同的抽样方式和调查方法。按照抽选样本的方法，抽样调查可分为概率抽样和非概率抽样。概率抽样又称随机抽样，是指以随机原则为基础，从总体中抽取部分单位的抽样方法，其中各单位被抽取的概率可以相同或不同。非概率抽样又称为不等概率抽样或非随机抽样，调查者根据自身便利需要和主观判断抽取样本。表1-2列举了一些常用的抽样方法及其优缺点。[1]

表1-2　常用抽样方法及其优缺点

| 抽样调查方法 | 概率抽样 | 非概率抽样 |
| --- | --- | --- |
| 常见类型 | 简单随机抽样、系统抽样、分层抽样、整群抽样、双重抽样 | 判断抽样、方便抽样、自愿样本、配额抽样 |
| 优缺点 | 优点：推断总体可靠；可按照要求的精确度计算必要的样本单元数目<br>缺点：调查费用高、时间长；调查人员专业技术要求高 | 优点：经济、快速、调查数据容易处理<br>缺点：样本数据不能对总体做出推断；调查单元间易存在系统性差异 |

使用抽样调查方法，一般而言通常需要图1-6所示的五个步骤。[2] 执行抽样调查的关键在于设计抽样调查、试调查、修订调查设计和操作计划，以及收集数据。

---

[1] 金勇进，杜子芳，蒋妍．抽样技术［M］．3版．北京：中国人民大学出版社，2012：3.
[2] 扎加，布莱尔．抽样调查设计导论［M］．沈崇麟，译．重庆：重庆大学出版社，2007：9.

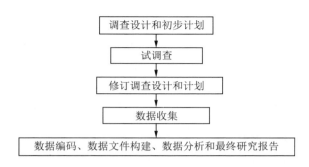

**图 1-6　抽样调查的步骤**

在抽样调查数据收集中,"如何确定样本大小"往往成为人们最疑惑的问题。此处,我们可以对以下确定样本量的经典方法公式进行学习:

$$n = \left(1 - \frac{n}{N}\right) \times \frac{t^2(p \times q)}{d^2} = 有限总体纠正因子 \times \frac{概率水平 \times 方差}{置信区间}[1]$$

公式中,

$n$——样本量或完成的合格单元的调查数;

$N$——合格总体的大小;

$t^2$——与值的正态分布下的面积有关的标准差得分的平方值;

$p$——用于计算样本量的类别的百分比;

$q$——$1-p$;

$d^2$——围绕样本估计值的一般的精度区间的平方值。

近年来,抽样调查的应用越来越广泛,政府部门、学术机构、社会团体等,凡是需要数据统计的领域均可能使用抽样调查的方法。然而,抽样调查也有其自身的局限性。首先,由于总体的广泛性,它通常无法提供总体中各个组成部分的具体资料。其次,对于一些重要的反映国情、国力、国计和民生的统计资料仍然需要组织全面调查。所以,既要推广应用抽样调查,又不能用抽样调查取代其他调查,应按照具体研究任务的性质和对象,灵活应用不同的调查形式。

第三,数据分析技术的选择。对于通过抽样或实验获得的数据,研究

---

[1] 扎加,布莱尔.抽样调查设计导论[M].沈崇麟,译.重庆:重庆大学出版社,2007:121.

人员必须考虑应用何种数据分析方法进行分析，主要包括三个方面的内容：（1）将收集的数据缩减至可管理的规模；（2）归纳数据；（3）找出不同的数据类型并运用统计技术。三个方面内容中统计分析技术最受关注，很多时候研究人员会将研究方法等同于数据分析技术。其实研究方法在很大程度上决定了数据统计分析方法。例如，实验研究经常使用方差分析方法来比较实验组和控制组之间的区别。问卷调查法经常使用回归分析方法或结构方程模型来识别影响因变量的因素。质性研究经常使用编码技术。研究人员需要依据研究问题、研究方法、数据类型来选择恰当的数据分析方法。当前，有个不良的趋势是，研究人员喜欢将数据分析技术复杂化，导致部分研究生认为数据分析方法比较神秘和复杂，很难捕捉定量性研究方法的核心，产生畏难情绪。

**第四阶段：研究实施计划。**

上述问题明晰后，研究人员要确定计划的实施时间。在此过程中可用项目管理工具，如关键路径法，来描述相继的和同时进行的步骤，估计每项活动或每个研究阶段的时间安排和时间表。

部分问题需要在研究设计过程中避免，主要有：

第一，技术偏好综合征。在决定研究如何进行，以及一项给定的研究是否能够进行时，技术的可获得性是一个重要因素。在决定研究什么（调查和测量的问题）和怎样研究（研究设计）时，部分研究生对技术的考虑占据了主要的地位，而不是研究问题和研究方法的类型。

第二，无法进行研究的问题。并非所有的管理问题都能研究，也不是所有的研究问题都有答案。只有当观察和数据收集方法能够提供答案时，问题才是可以研究的。

第三，界定不明的问题。界定不明的问题的几种看法：（1）如果一个问题的属性、可行的操作方案和操作结果会引起一系列截然不同的反应，这个问题就被认为在该群体中定义不明或模棱两可；（2）界定不明的研究问题最不适合使用定量的研究方法，因为这些问题存在太多交互相关的方面，无法对其进行准确的测量；（3）一些问题还没有现存的研究方法，或者即使发明出研究这种问题的方法，可能无法提供解决问题所需要的数据。

## 1.4 开题报告与研究计划

研究设计主要工作完成后,研究生还需要撰写一份开题报告。开题报告主要有三个核心要素:第一,研究者运用了什么样的知识观(包括理论视角);第二,什么样的研究策略将贯穿于整个研究进程;第三,将使用什么样的资料收集和分析方法。[1] 一份好的开题报告应该具有的特征:(1)开题报告的"什么"和"为什么"是清晰而明确的;(2)三要素:研究论点、研究计划、研究方法的很好结合;(3)关于研究方法的提议是明智的、可行的。开题报告的框架也可以用图1-7来表示。

| 什么? | 为什么? |
|---|---|
| 什么使我迷惑不解并激起了我的兴趣?<br>我想要更多地了解或更好地理解什么?<br>什么是我关键的研究论点? | 这为什么具有足够的重要性而被放置在图书馆的书架上或者出现在我的组织中?<br>它是实践者或政策制定者的指南吗?<br>它对知识有贡献吗? |
| 如何——概念地? | 如何——实际地? |
| 我可以草拟什么模型、概念和理论?<br>我如何开发我自己的研究问题,制造出一个概念的框架来指导我的调查研究? | 我将使用什么研究方法和技巧,来把我的概念的框架运用到收集和分析证据上?<br>我将如何获得和保留资料来源的途径? |

图 1-7 开题报告的框架(沃森匣子)

开题报告主要包括以下内容:

- 导言

课题的目标和目的(什么?),对课题背景的简短描述,引导课题的关键问题。

- 对课题合理性的解释(为什么?)

研究论点(什么?——再次描述,但是更详细),确定和讨论你将在课题中解答的研究问题。如果你采用的是现实主义的研究方法,你可

---

[1] 克雷斯威尔. 研究设计与写作指导:定性、定量与混合研究的路径[M]. 崔延强,译. 重庆:重庆大学出版社,2007:4.

以把你的研究论点当作假设来设计。假设是对两个或多个变量之间联系的推断。很重要的一点是：研究能够检验假设，以此确定假设能否被证明是不正确的。

- 适当文献的综合描述

详细列出该领域的主要作者及他们的论点。如果必要和可能的话，定义关键概念并构建框架。（这就是沃森匣子中的"如何——概念地？"部分。）

- 研究计划

你将采用什么方法和途径来进行研究？分析研究资料的研究方法、样本及理论。

- 实际道德问题

研究引起了需要解决的与道德相关的问题吗？研究过程中出现了潜在的问题吗？

- 计划或时间表

考虑设计一个甘特图，依照计划中的关键要素将进行的时间序列划分。

## 1.5 研究能力与质量评价

研究计划完成后，硕士研究生应当形成以下科研能力：

第一，方法论：要对一些哲学问题和关于研究过程的观点大体上很熟悉，以防止出现使用不正确的研究方法而不能解答你所提出的研究问题这样的错误。

第二，理论化：尝试理论创新。虽然人们对硕士生创造新理论的期望值不会太高，但人们也不期望硕士生只是从文献中摘抄出理论并且不加批判地使用。你应该寻找发展、修正或者改编这些从文献中摘抄出来的理论的机会。通常，这是很必要的，因为你可以尝试把一个研究领域或者一个背景下发展的理论应用于不同的环境。

第三，处理复杂的、模棱两可的问题：发展新颖的分析方法与观点。在硕士教育层面，我们的目的是要研究那些复杂的、困难的问题。这暗示现有的管理技术可能不足以去解决这些问题。因此，你必须发展自己思考问题的方法。

第四，学会学习：反思你的学习过程。作为毕业论文写作的一部分，反思学习过程意味着自愿去挑战限制我们思想和行动的未经思考的假设和价值观。

一般而言，硕士研究生的研究成果主要是论文。一篇高质量的期刊论文常用的评价标准有：研究问题的重要性、相关理论的应用、相关文献的把握、假设的推理和提出、方法的严谨程度、统计方法的合理程度、结论的合理性、论文的组织和表达清晰度、与组织行为的关联度、与判断和决策的关联度等。[1]

## 1.6 研究中的伦理与道德

在将人作为研究对象的研究中，研究者与研究对象之间的特殊关系将由研究的本质所决定。然而，研究确实会给研究对象带来一定风险，管理人员应当敏锐地意识到在研究中存在的相关问题，如肉体伤害、心理不适或隐私侵犯。明智稳妥、合乎伦理的研究实践可以大大减少这些负面影响。在继续这一话题之前，我们首先要厘清何谓伦理，何谓研究伦理。伦理指的是在一定的原则下，对他者权利的敏感性，它探究我们该做什么、不该做什么，辨析何为对、何为错的问题。研究伦理则贯穿于整个研究过程中。[2]

《贝尔蒙报告》（*The Belmont Report*）明确指出了三项基本的伦理准则：尊重个人、仁慈和公正。尊重个人要求研究对象是在拥有充足信息的情况下自愿参与研究。仁慈要求不对研究对象造成伤害，在收益最大化的情况下将对研究对象的伤害降至最低。公平要求研究对象的选择是基于与问题的相关性，而不是他们很容易找到，或者具有可操控性原因。结合中国的现状，我们把这些原则稍加调整，认为在公共管理研究中，至少要遵守三项准则：知情同意原则、尊重与平等原则、无伤害与受益原则。在这当中，知情同意体现了尊重个人，无伤害与受益体现了

---

[1] 陈晓萍，沈伟. 组织与管理研究的实证方法 [M]. 3版. 北京：北京大学出版社，2018：711.

[2] 奥沙利文. 公共管理研究方法 [M]. 北京：中国人民大学出版社，2014：231.

仁慈，而尊重与平等则体现了公正。（图1-8）

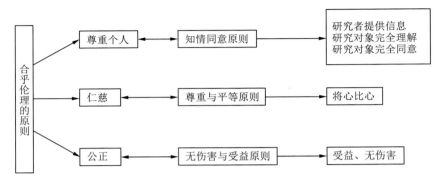

图1-8 研究中应遵守的伦理原则

第一，知情同意原则。知情同意是指在以人为场域的研究中，研究者必须要获得研究对象/参与者的同意。知情同意原则所保护的权利是研究对象的自主权和自我决定权。它充分体现了对研究对象自主权和自我决定权的尊重，它是尊重人基本权利的反映，是社会进步的象征。这里的知情同意是建立在自愿基础上的，研究者与被研究者取得联系后，不仅要让研究对象知情研究的实际意图、潜在风险和预期受益，还需要取得其自愿同意。在这里，研究者提供信息、研究对象完全理解、研究对象完全自愿是知情同意的三大要素。

首先，研究者提供信息。研究者进入研究现场后应告知研究对象研究目的、程序等真实信息，避免出现"敷衍了事、信息虚假、现场伪造"等情况，否则研究对象对于知情同意的担忧不仅不会降低，甚至可能会在研究者与研究对象之间竖起一道高墙。如果研究者与研究对象产生双向信任关系，那么一切问题将迎刃而解。其次，研究对象完全理解。只有研究者自己琢磨自己所研究的问题是不够的，要让研究对象完全理解我们究竟要调查什么，这样才能更好地互相合作。在研究的实操过程中，研究者应将一些专业术语进行日常化和口语话处理，并且要根据研究对象的特征和反应进行调整。最后，研究对象完全自愿。知情加上同意是动员调查对象参与到调查中来最好的一个诀窍。研究者要尊重和保护研究对象的敏感和隐私，了解他们的心态，让他们感到舒适和安心也非常重要。

第二，尊重与平等原则。尊重和平等不仅是公共管理研究中一个非常重要的合乎伦理的准则，也是一种将心比心对待研究对象、处理研究者与研究对象关系的态度。在公共管理研究中，研究者不是道德评判者，也不是侦查审讯的警察。研究者要时刻审视自己的态度和立场，试着站在与自己生活和工作经验不一样的研究对象的立场上，以一种分析的眼光来进行研究。

第三，无伤害和受益原则。无伤害是公共管理研究的一个基本原则，不管是有形还是无形的伤害。受益是在之后才能进行谈论的。在这里，保密与受益是需要考虑的两个要素。首先，保密。保密是无伤害最基本的一步。知情同意维护了研究对象控制个人信息的权利，但即便研究者对其做出了匿名和机密性承诺，研究对象也不一定会增加自己参与研究的可能性或倾向于向研究者坦诚。无论如何，研究者都要将保护研究对象的隐私和敏感作为履行自己职业责任的重要部分。其次，受益。参与研究的受益有哪些？包括物质受益，如钱、礼物等。有时候，参与研究还能获得一些信息或减少心理问题。在与研究对象合作的过程中，个体参与研究不可避免会对研究带来的风险、受益等做出不同判断，从而影响着接受研究的自愿程度。研究者既不能夸大研究可能会给研究对象带来的受益，也不能隐瞒研究过程可能给他们带来的潜在风险。他们应该平等分配研究的收益与风险，对相似的情况采取相同的处理方式，提供均等的参与研究的机会；不能一味要求研究对象的单方面贡献。

以人为主体的研究视角要求我们在研究过程中要切实贯彻伦理原则，做到"知情同意""尊重与平等""无伤害与受益"，只是不同类型的公共管理研究在贯彻伦理原则的侧重点与程度上会有所差别。对于研究伦理的充分考虑与切实贯彻，以及对于研究伦理在方法论上的意义的充分认识，可以提高公共管理研究的数据质量和整个学术质量。

# 第 2 章 公共管理研究中的理论与发展

理论的目的不仅是解释世界，更重要的是改变世界。公共管理专业的研究生应当知道理论是研究的基础，只有掌握相当的理论才能从万千复杂的管理实践中透析现象、辨析原因、剖析问题和概析对策，抓住问题的核心，提升自己对特殊、具体的表象进行归纳、总结进而系统化解决问题的能力，为赓续的管理实践提供理论素养，为公共管理实践创新提供理论框架，推动公共管理实践创新。

## 2.1 理论：公共管理的研究指向

### 2.1.1 理论：公共管理研究的目标

科学研究的目的之一是建立理论，或者是对先前理论进行检验或发展。好的研究必然有理论贡献。牛顿在树下休息的时候，看到一个苹果下落，开始研究为什么物体会掉落在地上，而不是飞到天上，进而提出了万有引力定律。万有引力定律可以较好地解释自然中的现象。爱因斯坦的相对论突破了传统牛顿力学的理论框架，给物理学带来了革命性的突破。理论在社会生活中也处处存在。班杜拉在观察闯红灯的人群时发现一个特别有意思的现象：当一位衣冠楚楚、手提公文包、貌似有身份的人闯红灯时，周边跟随他闯红灯的人数会较多；当一位衣衫褴褛的人闯红灯时，周边跟随他闯红灯的人数会较少。据此，班杜拉提出了社会学习理论中的榜样示范规律，他的结论是个体会学习或模仿周边优秀人物的行为，揭示了个体在某些特定情境下的学习行为。

理论是由假定、概念、命题、概念间如何联系的机制和边界条件共同构成的系统性、逻辑性知识。[1] 它是逻辑上相互联系并能获得实证性验证的若干命题,是一个有关概念和其相关概念之间因果联系的论据,用来解释为什么某种后果会在特定条件下产生。[2] 理论由一系列具有内在逻辑联系的命题所构成,是关于各种事物或现象的系统性解释。它表明:(1)理论是对各种事物或现象的解释,涉及自然、社会和思维等各个领域,可以分为自然科学理论、社会科学理论等;(2)理论提供的解释是系统性的,不是零碎和无序的,具有高度的结构性、条理性;(3)理论由一系列命题构成,命题揭示了事物或现象之间的关系,不是毫不相干或彼此独立的,而是有内在逻辑联系的。

科学理论具有三个特征:(1)理论的目的是建立特定事物或现象之间的关系,这些关系是通过观察或者逻辑建立起来的,表明各种不同的事物之间是如何相互联系的和相互作用的;(2)理论揭示的是一种抽象化的理性认识,而不是感性认识,它不能直接通过感官获得,而是需要通过特定的方法才能获得,如数据分析或逻辑归纳;(3)理论需要得到检验,不能得到检验的理论只能是猜想。当然也有可能理论在短期内无法得到验证,需要等实验条件成熟的时候才可以验证。[3] 例如,爱因斯坦提出了引力波的概念,但在相当长的一段时间内无法得到证明。为此,科学家花了几十年的时间去证明引力波的存在,终于在2015年探测到了引力波信号,这进一步验证了爱因斯坦的相对论。强理论能够挖掘到现象背后的过程,从而可以解释一个事件发生或未发生的系统性原因。好的理论可以提供预测和解释,并且让人兴奋。[4]

### 2.1.2 型态:公共管理理论的分类

管理理论的发展为公共管理学的发展提供了丰润的滋养。理论的类

---

[1] 曹堂哲.公共管理研究方法:基于公共管理问题类型学的新体系[M].北京:北京大学出版社,2014:3.

[2] 陈晓萍,沈伟.组织与管理研究的实证方法[M].3版.北京:北京大学出版社,2018:68.

[3] 蒋逸民.社会科学方法论[M].4版.重庆:重庆大学出版社,2019:149-150.

[4] 徐淑英,任兵,吕力.管理理论构建论文集[C].北京:北京大学出版社,2016:121.

型可从多个角度进行分类。依据表达方式，理论可以分为定量理论和定性理论。当前理论界主要依据理论的层面将理论分为宏观理论（grand theory）、中观理论（meso theory）和微观理论（micro theory or working hypothesis）三种类型。

宏观理论主要探讨的是社会宏观现象，涉及社会制度、社会结构、社会文化等多个方面。它的抽象程度最高，解释的范围也最广。马克思的历史唯物主义就是一个宏观的理论。它的主要命题有：生产力决定生产关系，阶级斗争是历史发展的动力之一，生产关系决定上层建筑，社会存在决定社会意识。近年来，在管理学领域应用得较为广泛的宏观理论是社会交换理论。宏观理论为管理决策的制定提供了方向和原则，但因为它比较抽象，管理层级较低的人员可能会感觉此种类型的理论宽泛而无用。另外，随着中国经济的崛起，西方部分学者开始探讨东方管理学，并试图应用中国的阴阳理论去解释管理问题。阴阳理论解释的领域非常多，从天气变化到人体健康状态，它也属于宏观理论。

微观理论主要关注的是具体问题或个体问题，是对微观社会现象问题的一种探索。微观现象包括个体在组织内的行为、心理状态。它涉及的是小片断的时间、空间和少数人。

中观理论介于微观理论和宏观理论之间，它主要解决的是与社会组织、群体、某类行为相关的问题。默顿将中观理论定义为介于抽象的统一理论和具体的经验性描述两者之间的一种理论。中观理论具有以下特征：第一，它主要用于指导经验研究，且这一理论是可以通过经验加以验证的；第二，它只涉及有限的社会现象，一般由几组有限的假定组成；第三，它可以融入所谓的社会学理论体系之中；第四，它能区分出微观与宏观问题。[1]

对于研究生而言，在公共管理研究过程中，笔者认为应当将研究重点放在中观和微观理论。

### 2.1.3 构成：公共管理理论的要素

概念是理论的基础，它是用符号或文字表达想法或所指。概念是个

---

[1] 蒋逸民. 社会科学方法论［M］. 4版. 重庆：重庆大学出版社，2019：84.

一般化的观念或理念，它可以用到多个情境中去，且使用一般化的词语表述。概念由恰当的名称构成，有不同的抽象级别。[1] 概念需要用定义加以界定。概念的外延是指其适用的范围。公共管理研究使用的概念有公共管理、公务员绩效等。与概念对应的是构念。构念本身是不存在的，人们将其创造出来是为了衡量某个方面的特征。

变量是指在应用过程中数值可以变化的概念。变量可分为自变量、中介变量、调节变量、控制变量等。它也可以分为内生变量和外生变量，外生变量是指不受自量影响、而受到外部变量影响的变量。当然，它也可分为连续变量和离散变量。

命题是对两个或两个以上概念之间关系的详细说明。例如：公务员获得感越高，他的工作满意度就越高；地方经济发展水平与地方文明水平正相关。这些就是命题。

在管理理论中，假设非常重要，它是关于两个或多个变量之间关系的陈述，但需要通过数据分析进行验证。比如，有学者可能提出，智商越高，中学生的成绩就越好。如果要去验证这两个变量之间的关系，那么就需要对智商进行测试和对成绩进行测量，在测量的基础上，利用数据统计的方法对两个变量之间的关系进行数据分析和统计验证。

理论中还有一种形式就是公理。公理是指理论界经过长期讨论所形成的命题，它被认为是真的，而且无须其他判断来证明。一个比较有名的公理是：整体大于部分。

### 2.1.4 路径：公共管理理论发展的方法

理论建构策略有扎根理论、深描策略、质性研究策略等。扎根理论是一种自上而下的理论建构策略，它承认社会发展规律的客观性，并坚持按照科学规范的方法，从对数据的逐步分析和提升中得到理论、实现理论与数据的协整。[2] "深描"方法源于民族志研究方法，它注重对研究细节和背景等方面的了解，旨在通过对个体行为的观察，描述和阐

---

[1] Bunnin N, Yu Jiyuan. The Blackwell Dictionary of Western Philosophy [M]. Oxford：Wiley-Blackwell Publishing Ltd, 2004：126.

[2] 贾旭东，衡量. 扎根理论的"丛林"、过往与进路 [J]. 科研管理，2020, 41（5）：151-163.

释行为的价值和意义，揭示个体的生活模式，再用逻辑的方法来归纳总结和理解个体的行为模式。

进行理论贡献的方法主要有深化、繁衍、竞争和整合四种。[1] 深化是在现有理论的基础上对理论增加新的组成，使得原先的理论更全面、更具体、更严谨，增加理论的解释力和预测力。比如，传统的绩效管理理论主要用"3E模型"来衡量政府绩效，当前理论界更倾向于用"4E模型"去衡量。繁衍是指将其他领域中的理论应用到自己研究的领域中。组织生态学理论就是利用生物学中的种群生态理论来研究组织间关系的一个尝试。竞争是指针对先前的某种理论进行对立面的研究，如美国学者提出了弱关系理论，中国学者则提出了适应中国情境的强关系理论。整合是指将两个或两个以上的理论联结起来，整合成一个新的理论。

## 2.2 中介：公共管理理论的机制表述

公共管理理论的核心是回答"为什么?"。"为什么?"这个问题在实证研究中经常使用中介作用进行分析。

### 2.2.1 中介作用与中介变量

中介作用的前提条件是要知道中介变量的定义：如果自变量 $X$ 影响因变量 $Y$，并且此影响作用是通过一个中间变量 $M$ 所实现的，那么 $M$ 就是中介变量。[2] 例如："班主任的领导风格"影响"班级组织氛围"，进而影响"学生成绩"，其中"班级组织氛围"就是中介变量。中介变量分为完全中介（full mediation）和部分中介（partical mediation）。完全中介就是自变量 $X$ 对因变量 $Y$ 的影响完全透过 $M$，没有中介变量 $M$ 的作用，自变量 $X$ 就不会影响因变量 $Y$；部分中介就是自变量 $X$ 对因变量 $Y$ 的影响部分是直接的，部分透过中介变量 $M$，如图 2-1 所示。

---

[1] 陈晓萍，沈伟. 组织与管理研究的实证方法 [M]. 3 版. 北京：北京大学出版社，2018：77.

[2] 温忠麟，张雷，侯杰泰，等. 中介效应检验程序及其应用 [J]. 心理学报，2004，36（5）：614-620.

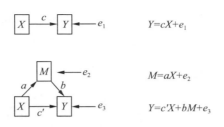

图 2-1　中介变量示意图

### 2.2.2　中介作用的模型

中介变量的模型可分为单变量多重中介模型、被调节的中介模型及多水平中介模型。

1. 单变量多重中介模型

单变量多重中介模型又分为并行多重中介模型、链式多重中介模型、多元多重中介模型等类型。

并行多重中介模型：此种模型中自变量对因变量的影响需要透过多个并行变量的中介作用，其表现形式如图 2-2 所示。例如，尼霍夫在分析组织公民行为对组织绩效的作用时发现，员工间的社会情感支持和工作促进是同时起作用的两个中介变量。

链式多重中介模型：在这种模型中，自变量影响因变量是通过连续型的中介变量进行的，多个中介变量形成一个中介链，其表现形式如图 2-3 所示。

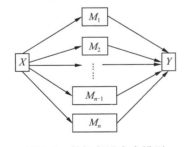

图 2-2　并行多重中介模型

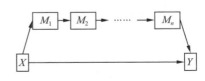

图 2-3　链式多重中介模型

比较复杂的是复合式多重中介模型：这种模型由前两种模型复合而成，其中既包含并行的多个中介变量也包含串联的多个中介变量。

多元多重中介模型比较复杂一些，它除了具有复合式多重中介模型的特点外，还具有多种自变量，并且各个自变量之间还存在联系。其表现形式如图 2-4 所示。

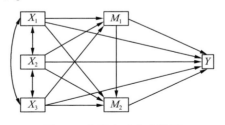

图 2-4　多元多重中介模型

2. 被调节的中介变量

目前有三种典型的被调节的中介模型。第一阶段被调节的中介作用模型，研究者要论证自变量 $X$ 通过中介变量 $M_e$ 对因变量 $Y$ 产生的间接关系，其中要解释的是自变量 $X$ 和中介变量 $M_e$ 之间的关系会如何随着调节变量 $M_o$ 的不同水平而变化。具体表现形式如图 2-5 所示。

图 2-5　第一阶段被调节的中介作用模型

第二阶段被调节的中介作用模型，研究者论证的重点是要解释中介变量 $M_e$ 和结果变量 $Y$ 之间的关系如何随着调节变量的不同水平而变化，即自变量对因变量的间接效用随着调节变量对结果变量之间关系的调节而发生变化。其表现形式如图 2-6 所示。

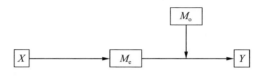

图 2-6　第二阶段被调节的中介作用模型

两阶段被调节的中介作用模型，研究者首先要阐明第一阶段调节变量对自变量和中介变量之间关系起到的调节作用，然后进一步阐明第二阶段调节变量对中介变量和结果变量之间关系的调节作用，最后整合以上分析提出两阶段被调节的中介作用模型。其表现形式如图2-7所示。

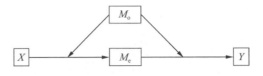

图2-7　两阶段被调节的中介作用模型

3. 多水平中介模型

多水平中介模型需要满足三个条件[1]：（1）数据具有多水平层级结构和正的组内相关；（2）存在预测变量 X、中介变量 M、结果变量 Y 的三变量系统，Y 处于层级结构数据的最低水平；（3）X、M、Y 之间的因果指向满足——一个变量只影响与它所处水平相同的变量，或者比它所处水平低的变量。基于这三个条件，多水平中介模型分为"2-2-1""2-1-1"两类，具体可见图2-8、图2-9。以"2-1-1"模型为例，第一个数字"2"表示预测变量 X 来自第二水平，中间的数字"1"表示中介变量 M 来自第一水平，末尾的数字"1"表示结果变量 Y 来自第一水平。

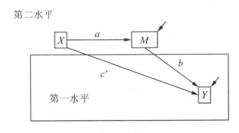

图2-8　多水平中介模型"2-2-1"

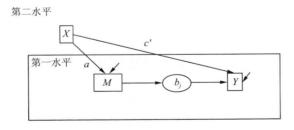

图2-9　多水平中介模型"2-1-1"

---

[1]　刘红云，张月，骆方，等．多水平随机中介效应估计及其比较［J］．心理学报，2011，43（6）：696-709．

### 2.2.3 中介作用的检验程序

检验中介作用主要有以下两个步骤。

第一步是要建立因果关系。其中要满足的条件主要有三个：(1) 原因和结果在时间和空间上是连续的；(2) 原因和结果在时间上有先后顺序；(3) 原因与结果之间有恒定的联系。

第二步是检验中介的作用。一个变量若要起到中介变量的作用需要满足以下条件：(1) 自变量的变化能够显著解释因变量的变化；(2) 自变量的变化能够显著解释中介变量的变化；(3) 控制中介变量之后，自变量对因变量的影响应变弱或等于零。

经典中介分析方法主要使用分步回归分析检验中介变量，主要原理如下所述。首先检验自变量与因变量的关系。其次检验自变量与中介变量之间的关系。最后将中介变量纳入自变量和因变量之间关系的回归分析中：若自变量和因变量的关系依然显著，但是关系显著减弱，说明中介变量起部分中介作用；若自变量和因变量的关系消失，说明中介变量起完全中介作用。具体原理如图 2-10 所示。

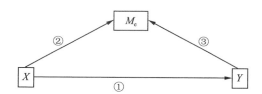

完全中介：① $Y=b_0+b_1X$ ② $M_e=b_2+b_3X$ ③ $Y=b_4+b_5X+b_6M_e$
部分中介：① $Y=b_0'+b_1'X$ ② $M_e=b_2'+b_3'X$ ③ $Y=b_4'+b_5'X+b_6'M_e$

图 2-10 经典中介分析原理

## 2.3 调节：公共管理理论发展的情境表述

调节变量（moderator variables）和中介变量一样，都是与回归分析有关的重要的统计概念，是指影响自变量 $X$ 与因变量 $Y$ 之间关系大小的一种变量。也就是说，如果变量 $Y$ 与变量 $X$ 的关系是变量 $M$ 的函数，则称 $M$ 为调节变量。调节变量界定了自变量和因变量之间关系的边界条件。调节变量可以是质化的（如性别、种族），也可以是量化的（如年龄、收入）。调节变量的作用原理如图 2-11 所示。

在图 2-11 中，变量 M 有一个箭头指向自变量 X 影响因变量 Y 的箭头（注：这个调节变量 M 既不是指向自变量 X，也不是指向因变量 Y，而是指向两者的关系），这就是调节变量的一般图表表达方式。M 影响 X 与 Y 之间的关系，既可以影响关系的强度，也可以影响关系的方向。对调节变量的分类有很多角度，按属性可分为连续的和离散的，按层次可分为集体的和个体的，按个数可分为单变量和多变量，等等。以下对一些研究中经常用到的调节变量类型进行介绍。

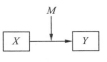

图 2-11　调节变量的作用原理

### 2.3.1　简单调节作用模型

连续型的调节变量是比较常见的类型，也是实证研究者非常关注的问题。连续型变量是一直叠加上去的，而离散型变量往往只有几个，如按男女分类的二分变量、按职业分类的多级调节变量等。

在用回归的方法对调节变量检验的过程中需要把连续型变量进行整理。一些学者建议把这些变量中心化，使得新得到的数据样本均值为 0。中心化的目的是减小回归方程中变量间多重共线性的问题。但也有学者认为，这种连续型变量的标准化处理并不能改进多重共线性的问题。针对这种问题，须采用画图和仿真的方法直观地表现调节效应，是一种值得进一步探讨的思路。但现有的图形都是以二维平面图的方式展示，连续型变量取极值或关键值，没有体现出连续型的特征。乔元波等人采用多点分割的作图方案进行三维作图，更加直观地观察到连续调节变量的作用，还可以避免因为初始值的选择或者变化幅度的选择而造成的信息损失和判断失误。[1] 连续型调节变量对 X 与 Y 之间关系的作用效果图形样式可参考图 2-12，离散型调节变量对 X 与 Y 之间关系的作用效果图形样式可参考图 2-13。

---

[1] 乔元波,王砚羽,邹仁余.非线性模型连续调节变量检验的实现方法[J].统计与决策,2017(9):9-14.

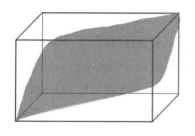 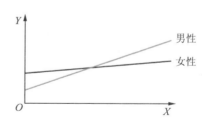

图 2-12　连续调节变量的影响示意图　　图 2-13　离散调节变量的影响示意图

单层次调节是指只在单一层次上施加调节变量,如只在个体层次或者只在集体层次上研究调节变量对自变量与因变量之间关系的作用效果。在单层次研究中我们关心的是同一层次上变量间的关系,如员工角色压力对工作满意感的影响,其中个人特征是如何起调节作用的。如果我们发现这些关系在不同的组织或不同的环境中有所不同,自然就会想到是组织和环境的某种特征引起了这些关系的变化,这时我们就需要关注跨层次的研究。例如,林美珍等人研究中的一个假设是企业的支持型领导氛围既会调节部门的心理授权氛围对员工工作满意感的影响,又会调节员工的角色模糊对员工工作满意感的影响(图 2-14)。[1]

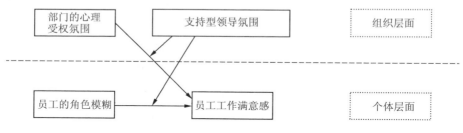

图 2-14　跨层次调节作用的一个例子

对于跨层次调节的检验,用一般的多元回归已经不够准确了,应该采用多层线性模型(Hierarchical Linear Model,HLM)进行分析。与一般的层级回归相比,HLM 的优势在于可以把这两个层次的作用同时放在一起分析,以检验高层次变量对低层次关系的调节作用。这些变量之间的关系可由以下的模型求得(Level-1 是较低层次,如个体层次;Level-2

---

[1] 林美珍,凌茜. 员工角色压力对工作满意感的影响:组织氛围的调节效应[J]. 中国人力资源开发,2016(2):6-16,74.

是较高层次，如群体层次）：

Level-1 模型：　　$Y_{ij} = \beta_{0j} + \beta_{1j} X_{ij} + r_{ij}$

Level-2 模型：　　$\beta_{0j} = \gamma_{00} + \gamma_{01} G_j + U_{0j}$

Level-3 模型：　　$\beta_{1j} = \gamma_{10} + \gamma_{11} G_j + U_{1j}$

其中，$Y_{ij}$ 是个人 $i$ 在 $j$ 群体中的结果变量，$X_{ij}$ 是个人 $i$ 在 $j$ 群体中的前因变量的值，$\beta_{0j}$ 与 $\beta_{1j}$ 则是每个 $j$ 群体分别被估计出的截距项与斜率，$r_{ij}$ 为 Level-1 的残差项，$G_j$ 是群体层次的变量，$\gamma_{00}$ 与 $\gamma_{10}$ 分别为 Level-2 和 Level-3 的截距项，$\gamma_{01}$ 与 $\gamma_{11}$ 则分别是连接 $G_j$ 与 Level-1 公式中的截距项与斜率项的斜率，$U_{0j}$ 与 $U_{1j}$ 为 Level-2 的残差项。在 Level-1 模型中，可检验出 Level-1 变量和 Level-1 变量间的关系；而在 Level-2 模型中，可检验出 Level-2 变量和 Level-1 变量间的关系，以及 Level-2 变量如何调节两个 Level-1 变量间的关系。[1]

单变量调节是指只研究一个调节变量对 $X$ 与 $Y$ 之间关系的影响作用。多变量调节是指研究多个调节变量对 $X$ 与 $Y$ 之间关系的影响作用，可以通过 PLS 软件建构结构方程模型，探讨各因素之间的主效应及调节效应。结构方程模型的建构主要有两类估计技术方法：一种是极大似然法，常用 LISREL 软件或者 Amos 软件实现；另一种是最小二乘法（PLS），常用 Smart PLS 软件实现。[2] 与前者相比，PLS 的优势在于可以最大限度地减少内生变量的残余差异，同时厘清多变量之间的繁杂关系，并且不要求数据呈正态分布，应用范围更广。

### 2.3.2　有中介的调节作用模型

早期研究倾向于构建并分开检验调节和中介作用，但是这种渐进的方式无法清晰地描绘出组织现象中可能同时存在的中介与调节机制。因此，学者们提出了一些由中介和调节作用同时构成的模型。其中包括被中介的调节模型和被调节的中介模型。

---

[1] 陈晓萍，沈伟. 组织与管理研究的实证方法 [M]. 3 版. 北京：北京大学出版社，2018：531.

[2] 李毅，吴思睿，廖琴. 教师信息技术使用的影响因素和调节效应的研究：基于 UTAUT 模型 [J]. 中国电化教育，2016（10）：31-38.

### 1. 被调节的中介模型

这种模型的核心是以中介变量 $W$ 作为桥梁把自变量 $X$ 和调节变量 $M$ 的交互作用传导到结果变量 $Y$（图 2-15）。在构建这种模型时，需要考虑三个步骤：步骤一，区分自变量和调节变量；步骤二，利用理论说明中介变量和结果变量之间为何存在显著关系；步骤三，整合以上两点，讨论为何中介变量可以传递自变量与调节变量交互效应对结果变量的影响。

图 2-15　被调节的中介模型

### 2. 被中介的调节模型

这种模型的核心是调节关系，关注调节变量对自变量和结果变量之间的影响，且调节变量与中介变量有显著线性关系，中介变量调节自变量与结果变量之间的关系，还能传递调节变量对自变量和结果变量的调节作用。换句话说，中介变量 $W$ 针对调节变量 $M$ 对自变量 $X$ 与因变量 $Y$ 之间关系的调节作用起中介作用，这就构成了被中介的调节模型（图 2-16）。在构建这种模型时，需要考虑三个步骤：步骤一，利用理论说明调节变量在自变量和因变量之间可能存在的调节作用；步骤二，证明调节变量对中介变量的影响；步骤三，阐明为何中介变量能显著调节自变量和因变量之间的关系，并传导调节变量对自变量和因变量之间的关系[1]。

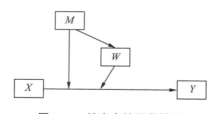

图 2-16　被中介的调节模型

---

[1] 陈晓萍, 沈伟. 组织与管理研究的实证方法 [M]. 3 版. 北京：北京大学出版社, 2018：665-669.

## 2.4 示例：公共管理理论检验的应用

### 2.4.1 中介效应分析在 R 语言中实现

首先安装 mediation 包，语句如下：
`install.packages("mediation")`
将路径设置为桌面，语句如下：
`setwd("~/Desktop")`
打开桌面名为 xj 的 csv 文件，语句如下：
（注意：打开之前将 Excel 等文件保存为 csv 文件）
`xj<-read.csv("xj.csv",header=TRUE,sep=',')`
在 R 语言中查看名为 xj 的文件，语句如下：
`View(xj)`
查看文件效果如图 2-17 所示。

| | ID | sex | nl | edu | zibian | zhong | ying | tiao |
|---|---|---|---|---|---|---|---|---|
| 1 | 1 | 2 | 1 | 2 | 5 | 5 | 5 | 5 |
| 2 | 1 | 2 | 1 | 2 | 5 | 5 | 5 | 5 |
| 3 | 1 | 2 | 3 | 3 | 5 | 5 | 5 | 5 |
| 4 | 1 | 2 | 1 | 2 | 5 | 5 | 5 | 5 |
| 5 | 1 | 2 | 1 | 2 | 4 | 4 | 4 | 4 |
| 6 | 1 | 1 | 4 | 3 | 5 | 5 | 5 | 5 |
| 7 | 1 | 2 | 1 | 2 | 4 | 5 | 5 | 5 |
| 8 | 2 | 2 | 2 | 2 | 5 | 5 | 5 | 5 |
| 9 | 2 | 2 | 2 | 2 | 5 | 5 | 5 | 5 |
| 10 | 2 | 1 | 2 | 2 | 5 | 5 | 5 | 5 |
| 11 | 3 | 1 | 3 | 2 | 5 | 5 | 5 | 5 |
| 12 | 3 | 2 | 2 | 1 | 5 | 5 | 5 | 5 |
| 13 | 3 | 1 | 3 | 3 | 5 | 5 | 5 | 5 |
| 14 | 3 | 2 | 2 | 2 | 5 | 5 | 5 | 5 |
| 15 | 3 | 2 | 2 | 2 | 5 | 5 | 5 | 5 |
| 16 | 3 | 2 | 2 | 1 | 4 | 4 | 5 | 4 |

图 2-17 R 语言中查看文件效果

运行 mediation 包，语句如下：
`library(mediation)`

自变量到中介变量的回归方程，即中介变量~自变量。语句如下：

b <- lm( zhong ~ sex + nl+ edu +zibian,data=xj)

其中 zibian 为自变量，zhong 为中介变量。

自变量加中介变量到因变量的回归方程，即因变量~自变量+中介变量。语句如下：

c <- lm(ying ~ sex + nl+ edu +zibian + zhong,data=xj)

其中 zibian 为自变量，zhong 为中介变量，ying 为因变量。

采用准贝叶斯近似估计法，也可以改用其他方法，语句如下：

contcont <- mediate(b,c,sims=50,treat="zibian",mediator="zhong")

其中 treat="zibian"、mediator="zhong"指自变量和中介变量。

显示 b、c 以及中介效应分析的结果，语句如下：

summary(b)

summary(c)

summary(contcont)

分别执行这三个语句，输出结果如下：

```
> summary(b)

Call:
lm(formula = zhong ~ sex + nl + edu + zibian, data = xj)

Residuals:
     Min      1Q   Median      3Q     Max
-1.19104 -0.11209  0.00988  0.04852  1.68699

Coefficients:
             Estimate Std. Error t value Pr(>|t|)
(Intercept)  0.84334    0.16972   4.969 1.22e-06 ***
sex         -0.03864    0.04412  -0.876   0.382
nl          -0.04032    0.02469  -1.633   0.104
edu          0.03454    0.03631   0.951   0.342
zibian       0.83939    0.02786  30.124  < 2e-16 ***
---
Signif. codes:  0 '***' 0.001 '**' 0.01 '*' 0.05 '.' 0.1 ' ' 1
```

```
Residual standard error: 0.3159 on 259 degrees of freedom
Multiple R-squared:  0.7807,    Adjusted R-squared:  0.7773
F-statistic: 230.5 on 4 and 259 DF,  p-value: < 2.2e-16

> summary(c)

Call:
lm(formula = ying ~ sex + nl + edu + zibian + zhong, data = xj)

Residuals:
     Min       1Q   Median       3Q      Max
-2.22985 -0.26695  0.04389  0.07761  2.24795

Coefficients:
             Estimate Std. Error t value Pr(>|t|)
(Intercept)   2.22164    0.24861   8.936  < 2e-16 ***
sex           0.01703    0.06184   0.275   0.7832
nl           -0.03257    0.03473  -0.938   0.3492
edu           0.01589    0.05091   0.312   0.7553
zibian        0.16248    0.08276   1.963   0.0507 .
zhong         0.38428    0.08697   4.419 1.46e-05 ***
---
Signif. codes:  0 '***' 0.001 '**' 0.01 '*' 0.05 '.' 0.1 ' ' 1
Residual standard error: 0.4421 on 258 degrees of freedom
Multiple R-squared:  0.4087,    Adjusted R-squared:  0.3973
F-statistic: 35.67 on 5 and 258 DF,  p-value: < 2.2e-16

> summary(contcont)

Causal Mediation Analysis

Quasi-Bayesian Confidence Intervals

                Estimate 95% CI Lower 95% CI Upper p-value
ACME              0.330        0.197        0.46   <2e-16 ***
ADE               0.150        0.026        0.29   0.04   *
Total Effect      0.480        0.418        0.54   <2e-16 ***
Prop. Mediated    0.678        0.404        0.95   <2e-16 ***
---
Signif. codes:  0 '***' 0.001 '**' 0.01 '*' 0.05 '.' 0.1 ' ' 1

Sample Size Used: 264

Simulations: 50
```

由运行结果可知，中介效应显著，占 67.8%。

### 2.4.2 调节效应分析在 R 语言中实现

首先安装 pequod 包，语句如下：

```
install.packages("pequod")
```

将路径设置为桌面，语句如下：

```
setwd("~/Desktop")
```

打开桌面名为 xj 的 csv 文件，语句如下：

```
xj<-read.csv("xj.csv",header=TRUE,sep=',')
```

运行 pequod 包，语句如下：

```
library(pequod)
```

使用 pequod 包中的 lmres () 函数进行分析，语句如下：

```
model1<-lmres(ying~zibian*tiao,centered=c("zibian","tiao"),data=xj)
```

其中因变量为 ying，自变量有 zibian、tiao、zibian 与 tiao 的交互效应。

显示 model1 的结果，语句如下：

```
summary(model1,type="nested")
```

输出结果如下：

```
> summary(model1, type="nested")
**Models**

Model 1: ying ~ zibian + tiao
<environment: 0x169ae2e88>

Model 2: ying ~ zibian + tiao + zibian.XX.tiao
<environment: 0x169ae2e88>


**Statistics**

          R     R^2   Adj. R^2   Diff.R^2      F     df1  df2    p.value
Model 1  0.71  0.50    0.50        0.50    130.44   2.00  261  < 2.2e-16 ***
Model 2: 0.72  0.52    0.52        0.02     94.28   3.00  260  < 2.2e-16 ***
---
Signif. codes:  0 '***' 0.001 '**' 0.01 '*' 0.05 '.' 0.1 ' ' 1
```

**F change**

```
  Res.Df   RSS    Df Sum of Sq    F   Pr(>F)
1  261.0  42.6
2  260.0  40.8   1.0      1.8  11.5 0.00081 ***
---
Signif. codes:  0 '***' 0.001 '**' 0.01 '*' 0.05 '.' 0.1 ' ' 1
```

计算 simple slope，语句如下：

```
S_slopes<-simple Slope(model1,pred="zibian",mod1="tiao")
```

显示 simple slope 的结果，语句如下：

```
summary(S_slopes)
```

输出结果如下：

```
> summary(S_slopes)

** Estimated points of ying **

                  Low zibian (-1 SD) High zibian (+1 SD)
Low tiao (-1 SD)       4.1920              4.3890
High tiao (+1 SD)      4.8385              5.1961


** Simple Slopes analysis ( df= 260 ) **

                  simple slope  standard error  t-value  p.value
Low tiao (-1 SD)     0.1401         0.0506       2.77   0.0061 **
High tiao (+1 SD)    0.2544         0.0522       4.87   <2e-16 ***
---
Signif. codes:  0 '***' 0.001 '**' 0.01 '*' 0.05 '.' 0.1 ' ' 1



** Bauer & Curran 95% CI **

        lower CI  upper CI
tiao    -5.1838   -0.9543
```

使用 pequod 包中的 PlotSlope () 函数进行画图, 语句如下:
`PlotSlope(S_slopes,namemod=c("高","低"))`
输出结果如图 2-18 所示。

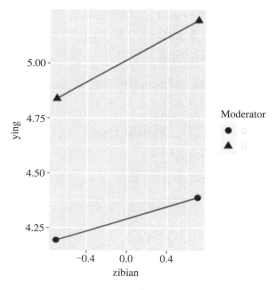

图 2-18　调节效应分析

由图 2-18 可知调节作用也是显著的。

# 第3章 定量方法视角下的文献综述

## 3.1 文献综述简介

文献综述又称"文献综合评述""研究评述",是在全面收集、阅读大量有关研究文献的基础上,通过归纳和整理,分析在某个特定时期内特定问题的相关研究成果、存在问题和新的发展趋势等信息,并进行系统性的、全面的叙述和评论。文献综述是反映当前某一领域、学科或重要专题的最新进展、学术见解和建议的学术报告或论文,它往往能够反映有关问题的新动态、新趋势、新水平、新原理和新技术。

文献综述对于科研工作者的研究工作十分重要。好的文献综述不仅可以帮助科研工作者在前期工作中节省时间,而且还有利于他们在后期研究中借鉴已有研究成果、明晰新的探索方向。文献综述的目的因研究性质的不同而有所差异。具体而言,文献综述的目的包括以下几个方面:第一,跨越时空就某些相关问题与先前学者进行对话,使读者明确当前研究领域已有相关研究的方向、进展和困境;第二,基于上述对话为后续研究者提供思考方向;第三,对各种理论立场进行说明与比较,提出不同的概念框架;第四,借鉴他人界定与衡量关键概念的方法,进一步识别概念间的前提假设;第五,进一步学习他人相关研究,发现现有研究不足,推出另类研究,发掘新的研究方法与途径。

文献综述按照不同的标准可以分为不同的类型,见表3-1。

表 3-1 文献综述的类型

| 分类方法 | 文献综述类型 | 文献综述说明 |
| --- | --- | --- |
| 按照叙述性质和文体的不同 | 大综合和小综合 | 前者就某个领域的文献做出全面总结，后者借文献综述来介绍自己的观点 |
| 按照研究目的的不同 | 基本文献综述和高级文献综述 | 前者是对有关研究课题的现有知识进行总结、评价，后者则要求原创性问题的提出，且要通过研究得出新结论 |
| 按照设计内容和范围的不同 | 综合性文献综述和专题性文献综述 | 前者以一个学科或专业为研究对象，后者以某个论题为研究对象 |
| 其他分类 | 学术论文组成部分的文献综述和综述类文章 | 前者为学术论文重要组成部分，后者能迅速表明该研究领域发展状况 |
| 其他分类 | 系统型、半系统型、综合型 | 系统型通过对文本、数据和理论的关系进行识别，减少研究中的主观偏见；半系统型侧重于选定的领域多个主体随时间变化出现的变化或某一主题出现的理论创新；综合型则适用于已成熟的理论框架或观点 |

1. 按照叙述性质和文体不同分类

按照叙述性质和文体不同，文献综述可以分为大综述和小综述。大综述是就某个领域的文献做出的全面总结，属于"三次文献"的特殊文体，是与调查报告和研究报告并列的一种综合性文体。一般而言，撰写文献综述的人多为权威人物。小综述属于"一次文献"和"三次文献"的混合体，作者并非想向读者全面介绍某学科的前沿，而只是想以此为由来介绍自己的学术观点。

2. 按照研究目的的不同分类

按照研究目的的不同，文献综述可以分为基本文献综述和高级文献综述。基本文献综述是对相关研究课题的现有知识进行总结和评价，其目的是陈述已有知识的现状。[1] 一般来说，不论是课程作业还是硕士论文，都要求基本文献综述的撰写。高级文献综述相较于基本文献综述要更进一步，它要求原创性问题的确立，并通过建立研究项目得出新的

---

[1] 马奇，麦克伊沃. 怎样做文献综述：六步走向成功·前言 [M]. 陈静，肖思汉，译. 上海：上海教育出版社，2011：1-2.

发现与结论。高级文献综述是确立原创性研究问题的基础，也是对一个研究问题进行探索的基础。

3. 按照设计内容和范围的不同分类

按照设计内容和范围的不同，文献综述可以分为综合性综述和专题性综述。综合性综述一般以一个学科或一个专业为研究对象，而专业性综述一般以某个论题作为研究对象。

4. 其他分类

按照不同的分类方法，文献综述还可以分为学术论文组成部分的文献综述和综述类文章。前者作为学术论文的重要组成部分，为阐明先前贡献、理论发展脉络、现存研究局限等提供了重要工具；后者则能够帮助其他研究者避免重复性劳动，迅速了解该研究领域国内外发展状况。此外，文献综述还可分为系统型、半系统型、综合型。

## 3.2 撰写文献综述的步骤

文献综述的撰写是渐进性的，一般而言它包含六个步骤，其中每个步骤都为下一步打好基础，见图 3-1。

图 3-1 撰写文献综述的步骤

第一步：确定选题。一个好的研究课题通常是从现实问题的观察中产生的，且具有一定的前瞻性，主题的选择是文献综述写作的开始，它为文献综述的选择和分析指明方向。

第二步：文献收集。查阅与收集所研究主题近五到十年内发表的相关研究成果，包括科研论文和综述，可以通过浏览或制图等技巧对收集的资料加以分类和存储。另外，可以借助中国知网等知名科技文献数据库进行进一步搜索。

第三步：展开论证。要成功论证主题，需要建立和呈现论证方案。论证方案要对论断进行逻辑安排，对相关资料加以组织，使之成为证据主体。[1]

第四步：文献研究。对文献进行探究式论证，借助 Citespace 等文献分析工具对检测到的文献进行集中、综合和分析。探究文献中研究方法、研究方向与研究内容的变化趋势，为接下来的文献评述提供支持。

第五步：文献评述。本阶段应在考察研究已有文献的基础上，总结该研究领域的主要研究成果及使用价值与实际意义，并指出当下研究存在的问题，展望未来研究的发展前景，从而提出新的研究设想与假设。

第六步：综述撰写。文献综述的撰写主要是梳理相关学科研究的现状及最新动态，发现当前研究的困境与问题。因此，综述的重点在于"综"，即以对前人研究的观点进行客观阐述与分析，而适当的"述"可以作为点睛之笔。

上述文献综述的写作步骤虽然简略，但可初步了解写作的总体过程。通过阅读、构思、完善使文献综述成为一份可以准确传递与本研究相关的已有研究的主要内容。之后通过一定的写作手法，如对比方法，对前人研究成果有待改进的方面进行分析评述与展望。

## 3.3 定量文献综述：Meta 分析

Meta 分析，又称元分析、综合分析、荟萃分析，是一种数据再分析方法。它是对关于同一个问题的多项独立的定量研究进行再分析，进而得出更具普适性的结论。[2] 该方法的思想可追溯到 1904 年。在 20 世纪 40 年代到 70 年代，Meta 分析缓慢发展。在国外临床医学研究中得到大量应用，后来逐步渗入生态学、心理学等社会科学领域。Meta 分析随着社会科学量化研究的发展而逐步应用到各个领域当中。

Meta 分析的步骤与一般的量化研究异同点并存。在 Meta 分析的过程中，掌握分析的统计技术固然重要，同时也不可忽略数据分析前的步

---

[1] 马奇，麦克伊沃. 怎样做文献综述：六步走向成功·前言[M]. 陈静，肖思汉，译. 上海：上海教育出版社，2011：4.

[2] 利普西，威尔逊. 实用数据再分析法·前言[M]. 重庆：重庆大学出版社，2018：1.

骤。总体而言，我们将 Meta 分析的基本步骤分为四个：确定课题、收集文献、数据编码和数据整合与分析。

确定课题：研究者需要根据自己的兴趣选择研究的课题，明确 Meta 分析只是众多研究方法中的一种。需要注意的是，不要为了做 Meta 分析而开展一项元分析的研究。

收集文献：在确定研究课题后，可以根据研究课题的关键词、篇名来搜索和收集相关的文献。需要注意的是，在文献收集过程中，检索的内容要广泛，包括过刊、现刊、综述性文献和硕博文献等。

数据编码：根据研究内容和方法的不同可以对数据进行不同的编码，所包含的基本信息可以大致归为以下几类：（1）研究的基本信息（如作者姓名、年份、期刊名称等）；（2）录入者的编码；（3）基本数据信息（如样本大小、相关系数等）；（4）可能调节的变量（如国家、行业、样本类型、量表的信度等）。

数据整合与分析：由于研究性质的不同，各项研究指标也不尽相同，因此 Meta 分析要将其转化为统一的指标，即效应值（effect sizes），它的基本含义是用一个数据统计量来表示某一种现象的强度。

这里介绍两种最常见的 Meta 分析方法。

1. Hunter 和 Schmidt 的方法

该方法是将加权平均后的平均效应值作为研究对象。用 $r_i$ 表示来自第 $i$ 个研究里的效应值，用 $n_i$ 来表示第 $i$ 个研究的样本大小，那么加权平均的效应值 $\bar{r}$ 为

$$\bar{r} = \frac{\sum_{i=1}^{k} n_i r_i}{\sum_{i=1}^{k} n_i}$$

2. Hedges 等人的方法

Hedges 等人的方法与 Hunter 和 Schmidt 的方法有较大区别，比如：Hedges 等人的方法考虑了固定效应模型和随机效应模型，而 Hunter 和 Schmidt 的方法则只针对随机效应模型；Hedges 等人的方法使用了费舍尔的 Z 转换，而 Hunter 和 Schmidt 的方法不需要转换。Hedges 等人的方

法需要通过费舍尔的公式将效应值从相关系数 $r$ 转换成 $Z$。如果用 $r_i$ 表示第 $i$ 个研究中的效应值，那么其转换公式为

$$\overline{Z}_r = \frac{1}{2}\ln\left(\frac{1+r_i}{1-r_i}\right)$$

而经过转换以后的效应值是一个有着均值为 $\overline{Z}_\rho$、方差为 $1/(n_i-3)$ 的正态分布。$Z$ 值可以通过下列公式再转为相关系数 $r$：

$$r_i = \frac{e^2 e_i - 1}{e^2 e_i + 1} \quad [1]$$

近年来，元分析技术又得到进一步的发展，研究者将其与结构方程模型进行了有效的整合，称之为结构方程元分析模型。结构方程元分析模型是结构方程模型和传统元分析模型的结合，也被称为元路径分析（meta-analytic path analysis）或基于相关系数的元路径分析。Meta 分析结构方程模型 MASEM 的基本思路是综合相关（或协议差）矩阵转制为联合相关（或协方差）矩阵，并在此基础上依据联合相关（协方差）矩阵验证结构方程模型。[2-3] MASEM 估计包括通过多变量元分析技术测算出联合相关系数矩阵和应用联合相关系数矩阵来进行模型的验证。在结构方程元分析模型中，应用比较广泛的是由 Mike W. L. Cheung 开发的基于两阶段结构方程模型。联合矩阵估计常用的方法是全信息最大似然法，其优点是估计偏差较小，标准差估计更准确。

结构方程元分析模型的优点是它可以回答基于初始数据的结构方程模型（SEM）问题。MASEM 模型促使研究者可以验证跨样本、情境和量表的估计模型，为模型估计提供更为强大的证据。假设模型与数据不匹配，可以依据研究特征（如样本和测量特征）进行归类。结构方程元分析模型的缺点是：尽管 SEM 在检验假设模型时非常有力，但是当样本含量比较小时，拒绝错误模型的统计功效可能会不够，而且不同的研

---

[1] 陈晓萍，沈伟. 组织与管理研究的实证方法 [M]. 3 版. 北京：北京大学出版社，2018：345-349.

[2] Cheung M W-L, Chan W. Meta-analytic structural equation modeling: a two-stage approach[J]. Psychological Methods, 2005, 10(1):40-64.

[3] Viswesvaran C, Ones D S. Theory testing: combining psychometric meta-analysis and structural equations modeling[J]. Personnel Psychology, 1995, 48(4):865-885.

究者可能根据他们自己的数据提出不同的模型，很少考虑其他模型，因此存在证实性偏倚（confirmation bias）。[1] 结构方程模型在样本量较小的情况下，拒绝不正确模型的能力是有限的，这意味着支持不同模型的发现是不能直接进行比较的。[2]

MASEM 模型大致可分为固定效应模型和随机效应模型两种。固定效应模型假设所有的研究有共同的效应值。在 MASEM 模型下，假设样本量的相关系数矩阵对所有研究都是相同的。随机效应模型假设各独立研究来源于多个样本分布。固定效应模型和随机效应模型的分析都可以分为两个阶段，它们往往基于相关系数进行计算，因此也被称为两阶段结构方程模型（Two-Stage Structural Equation Modeling，TSSEM）。

在第一阶段，TSSEM 分析的主要任务是计算联合相关系数矩阵，主要分为固定效应模型和随机效应模型。如果检验存在异质性，那么用随机效应模型来估计联合相关系数矩阵。一般应用两种方法估计相关系数矩阵。一种方法是直接用加权最小二乘法（WLS）估计相关系数矩阵。另一种方法是假设相关系数矩阵是协方差矩阵，表达方式可以是 $\Sigma(\theta) = DP(\theta)D$，其中 $\Sigma(\theta)$ 是结构方程的协方差矩阵，$D$ 是对角线矩阵，$P(\theta)$ 是方程的相关系数，它的限制条件是 $\mathrm{Diag}(P(\theta)) = 1$。依据此模型，第 $i(i=1,2,\cdots,k)$ 个研究中的协方差矩阵 $\Sigma_i$ 可以分解为相关矩阵 $P_i$ 和标准差对角线矩阵 $D_i$，公式为：$\Sigma_i = D_i P_i D_i$。[2] 在固定效应模型假设相关系数同质性（homogeneity）的前提下，估计有一个共同的相关系数矩阵 $P_F = P_1 = P_2 = \cdots = P_k$，其中 $D_i$ 在各个研究之间是不一致的。在有数据缺失的条件下，计算前将剔除数据缺失的研究。在模型匹配后，主要用似然比检验（LR）统计量去检测 $H_0$：$P_F = P_1 = P_2 = \cdots = P_k$。[1] 在有协方差矩阵数据的情形下可以通过限制 $P_F = P_1 = P_2 = \cdots = P_i$ 和 $D_F = D_1 = D_2 = \cdots = D_i$ 获得估计的共同协方差矩阵 $\overline{P}_F$。在此基础上，一个聚合相关系数矩阵的向量 $\overline{\rho}_F = \mathrm{vechs}(\overline{P}_F)$ 和它的渐进样本协方差矩阵 $\overline{V}_F =$

---

[1] Cheung M W-L, Chan W. Meta-analytic structural equation modeling: a two-stage approach [J]. Psychological Methods, 2005, 10 (1): 40-64.

[2] MacCallum R C, Austin J T. Applications of structural equation modeling in psychological research [J]. Annual Review Psychology, 2000, 51 (1): 201-226.

$\mathrm{Cov}(\bar{\boldsymbol{\rho}}_F)$ 得以估计出来。

在固定效应模型分析的第二阶段，$\bar{\boldsymbol{\rho}}_F$ 被当作样本的相关系数矩阵，$\bar{\boldsymbol{V}}_F$ 作为已知矩阵，即 $\boldsymbol{r}_F = \bar{\boldsymbol{\rho}}_F$，$\boldsymbol{V}_F = \bar{\boldsymbol{V}}_F$。在此基础上，应用加权最小二乘法去估计结构方程模型，通过偏离函数[1]估计设想模型 $\boldsymbol{\rho}(\theta) = \mathrm{vechs}[\boldsymbol{P}(\theta)]$ 值为

$$F_{\mathrm{WLS}}(\theta) = [\boldsymbol{r}_F - \boldsymbol{\rho}_F(\theta)]^{\mathrm{T}} \boldsymbol{V}_F^{-1} [\boldsymbol{r}_F - \boldsymbol{\rho} F(\theta)]$$

在此基础上应用结构方程模型中的似然比统计量和拟合指数，主要有近似误差均方根（RMSEA）、比较拟合指数（CFI）、规范拟合指数（NFI）、卡方统计量（$\chi^2$），判断设想模型的匹配度。在随机效应模型下 $\boldsymbol{P}(\theta)$ 被假定为相关系数矩阵的整体平均值，即 $\boldsymbol{P} = \boldsymbol{P}(\theta)$。$\boldsymbol{P}(\theta)$ 可以是回归、路径或验证性或结构方程模型，它假设每项研究无先验的相关系数矩阵，第 $i$ 项研究样本的相关系数矩阵假定为 $\boldsymbol{R}_i$。与固定效应模型相似，

$$\boldsymbol{\rho}_R = \mathrm{vechs}(\boldsymbol{P}),\ \boldsymbol{\rho}_i = \mathrm{vechs}(\boldsymbol{P}_i),\ \boldsymbol{r}_i = \mathrm{vechs}(\boldsymbol{R}_i)$$

据此，随机效应模型中对某项研究而言可分为两层研究。

$$\text{Level 1}: \boldsymbol{r}_i = \boldsymbol{\rho}_i + \boldsymbol{e}_i,\ \text{Level 2}: \boldsymbol{\rho}_i = \boldsymbol{\rho}_R + \boldsymbol{v}_i$$

在此，$\boldsymbol{e}_i \sim N(0, \boldsymbol{V}_i)$ 是指已知的样本协方差矩阵，$\boldsymbol{v}_i \sim N(0, \boldsymbol{T}^2)$ 是要估计的异质型协方差矩阵。第二阶段设想模型的估计流程和方法与固定效应模型下的相似，$\boldsymbol{R}_F = \bar{\boldsymbol{\rho}}_R$，$\boldsymbol{V}_R = \bar{\boldsymbol{V}}_R$，应用加权最小二乘法去估计结构方程模型，通过偏离函数估计设想模型 $\boldsymbol{\rho}(\theta) = \mathrm{vechs}[\boldsymbol{P}(\theta)]$ 值为

$$F_{\mathrm{WLS}}(\theta) = [\boldsymbol{r}_R - \boldsymbol{\rho}_R(\theta)]^{\mathrm{T}} \boldsymbol{V}_R^{-1} [\boldsymbol{r}_R - \boldsymbol{\rho}_R(\theta)]$$

同样用 RMSEA、CFI、NFI、$\chi^2$ 评估设想模型的匹配度。

结构方程元分析模型的典型步骤有：（1）识别重要的构念和关系；（2）识别用于测量每个构念的不同测评量表；（3）从研究中获取中相关统计数据；（4）进行心理测量的元分析，估计变量间的真实相关系数；（5）利用因素分析验证测量模型；（6）应用不同构念的组合数据

---

[1] Fouladir R. Performance of modified test statistics in covariance and correlation structure analysis under conditions of multivariate nonmorality [J]. Structural Equation Modeling, 2010, 7(3): 356-410.

估计相关系数；(7)利用估计的真实数据进行路径分析，验证预期的模型。[1] 结构方程元分析模型的应用有四个核心环节，分别是界定概念模型、元分析程序、结构方程模型和报告流程。[2] 综合相关学者的研究，MASEM的操作与应用可分为以下三个主要环节。

### 3.3.1 概念界定阶段

此阶段的主要任务是界定需要分析的变量，确定需要分析的变量间关系和整体模型。模型构建前要进行广泛的文献阅读，梳理相关理论和前期的实证研究，识别前期相关变量，降低因被删变量而产生的内生性威胁。在文献阅读的基础上，依据理论价值和实践意义，明确将关注的结果变量，初步识别多个影响结果变量的前因变量。然后依据某个理论或综合多个理论，深度剖析前因变量和结果变量之间的关系，初步构思一个涵盖自变量、中介变量、调节变量和结果变量的模型框架，初步明确变量间的中介和调节关系。进而再次进行文献阅读，依据相关研究的数量、研究的意义和目的，进一步凝练并最终确定拟验证的模型和竞争模型。

### 3.3.2 收集数据、编码和整理相关系数矩阵

明确MASEM模型之后，需要开始收集分析数据，主要包括文献检索、文献筛选、文献编码、数据录入和整理、数据计算等环节。首先是文献检索。有着较多定量研究成果是MASEM应用的前提，广泛式的文献检索是MASEM具备高效度和信度的基础。MASEM要求检索所有已发表或尚未公开发表的研究成果。文献检索主要在EBSCO之类的学术型数据库（或Google）中进行。检索可用标题、关键词等方式展开，将检索而来的文献全部归类阅读，注明测量类别、样本大小等特征。其次是文献筛选和编码。在文献阅读的基础上，多位研究者将依据样本规模、测量信度、是否报告了效应值而对文献进行筛选，剔

---

[1] Viswesvran C, Ones D S. Theory testing: combining psychometric meta-analysis and structural equations modeling [J]. Personnel Psychology, 1995, 48(4): 865-885.

[2] Bergh D D, Aguinis H, Heavey C, et al. Using Meta-analytic structural equation modeling to advance strategic management research: guidelines and an empirical illustration via the strategic leadership-performance relationship [J]. Strategic Management Journal, 2016, 37(3): 477-497.

除信度低或不符合要求的文献,并进行说明。如果研究者之间剔除文献的结果不一致,需要进行文献回看。继此,研究者要对文献进行编码。编码主要涉及研究变量的测量类型、构成维度、文献发表时间、行业类型。在编码过程往往采用分组独立编码和比较的方法,弱化研究者的主观影响,提升研究的信度。[1] 在文献和数据编码后,获得各个变量之间的相关系数矩阵。

### 3.3.3 分析数据和报告结果

数据整理后,利用 MASEM 将相关(或协议差)矩阵转制为联合相关(或协方差)矩阵,并在此基础上依据联合相关(协方差)矩阵验证结构方程模型,通过 RMSEA、CFI 等指标对假设模型进行验证。在此基础上,通过图表将路径系数、样本量、样本构成、竞争模型指数比较结果等方面的情况展现给读者。以下部分是结构方程元分析的示例,请读者参考。

1. 研究假设

1983 年 Miller 提出创业导向的概念。创业导向反映了管理人员的创业精神,反映了管理者进行战略决策的方法、实践和风格,反映了企业创新性、超前性和风险承担性方面的战略态势,它会引导企业探索和挖掘新市场机会等活动。[2] 创业导向对企业绩效的影响可用动态能力理论解释。由创业导向概念可知,创业导向水平高的企业既须识别甚至创造有效的新市场机遇,还须能有效地重新定义现有资源以维持现有的市场机遇,维持未来和现在的平衡。[3-4] 创业导向水平越高的企业,创新性和风险承担性程度会更高,其主动和广泛搜集内外部环境信息,对影

---

[1] 魏江,赵立龙,冯军政. 管理学领域中元分析研究现状述评及实施过程 [J]. 浙江大学学报:人文社会科学版,2012,42(5):144-156.

[2] Covin J G,Slevin D P. Strategic management of small firms in hostile and benign environments [J]. Strategic Management Journal,1989,10(1):75-87.

[3] Arend R J. Entrepreneurship and dynamic capabilities: how firm age and size affect the capability enhancement-SME performance relationship [J]. Small Business Economics,2014,42(1):33-57.

[4] Kollmann T,Stöckmann C. Filling the entrepreneurial orientation-performance gap: the mediating effects of exploratory and exploitative innovations[J]. Entrepreneurship Theory and Practice,2012,38(5):1001-1026.

响竞争态势的外在力量的扫描行为就会越多,信息获取和传播的行为也会更多[1],依据信息调整企业行为的能力就越强,企业绩效表现也会越好。创业导向反映了公司创新、承担风险和开拓新事业的能力,它对绩效有积极影响。[2] 据此,提出以下两个假设。

**假设1:创业导向与组织绩效正相关**

组织学习是指组织在应对环境变化的过程中,对其组织的心智模式、行为或结构等方面所做的调整活动,并提出了著名的双环学习理论。组织学习可分为探索式和挖掘式学习两种类型:前者是指搜索和尝试发现新知识,并愿意承担风险进行创新的过程;后者是指筛选、挖掘和充分利用现有知识的过程。尽管存在争议,但多数学者研究表明组织学习对组织的适应性、生存和绩效改进至关重要,因为它可以促进企业重新构建组织结构、分配组织资源、促进新产品的商业化,可以提升组织的智力资本和动态能力,因而组织学习与组织绩效往往正相关。[3-6]

创业导向对组织学习的影响可用社会学习理论来阐释。[7-8] 创业导向特别反映了高层承担风险、积极进攻和展开创新的意愿和风格。依据社会学习理论,高层管理者的组织学习行为会展现得比较多,他们的行为会引发员工和团队的学习行为。这种影响有三种路径:(1)创业导向会促使员工和团队认识到组织学习的重要性和价值;(2)创业导向能促使高层管

---

[1] Huber G P. Organizational learning: the contribution processes and the literatures [J]. Organization Science, 1991, 2(1): 88-115.

[2] Engelen A, Gupta V, Strenger L, et al. Entrepreneurial orientation, firm performance, and the moderating role of transformational leadership behaviors[J]. Journal of Management, 2015, 41(4): 1069-1097.

[3] Hoy F. Organizational learning at the marketing/entrepreneurship interface [J]. Journal of Small Business Management, 2008, 46(1): 152-158.

[4] Rao R D, Argote L. Organizational learning and forgetting: the effects of turnover and structure [J]. European Management Review, 2006, 3(2): 77-85.

[5] Pérez L S, Peón J M, Ordás C V. Organizational learning as a determining factor in business performance[J]. Organizational Learning, 2005, 12(3): 227-245.

[6] Inkpen A, Crossan M. Believing is seeing: organizational learning in joint ventures [J]. Journal of Management Studies, 1995, 32(5): 595-618.

[7] Bandura A. Social learning theory [M]. Englewood Cliffs, N J: Prentice-Hall, 1977: 11.

[8] Chiva R, Alegre J. Organizational learning and organizational knowledge[J]. Management Learning, 2005, 36(1): 49-68.

理者的行业知识向个人迁移，同时也会影响个体知识向团体和组织层面转化，可以促进组织学习过程；（3）创业导向可以创造一种学习氛围，促进组织学习过程的知识收集、共享、创造和应用。[1] 创业导向对组织学习的影响也得到了众多学者的理论和实证研究支持。[2-6] 综合上述分析，假设如下。

**假设2：组织学习是创业导向和组织绩效的中介变量**

基于元分析结果经常受到样本范围、测评特征等因素的影响，假设组织绩效测量（是财务绩效还是非财务绩效）、发表年份、产业范围（样本涉及产业范围多元还是单一）、国家（中国还是外国）对各变量之间的关系有影响。据此，本研究的框架如图3-2所示。

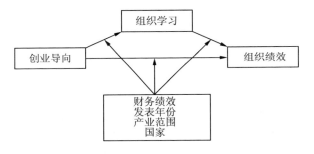

**图3-2　研究框架图**

2. 文献检索

本研究通过以下程序搜索文献。（1）综合先前对创业导向进行综述

---

[1] De Long D, Fahey L. Diagnosing cultural barriers to knowledge management[J]. Academy of Management Executive, 2000, 14(4):113-127.

[2] Zhao Yongbin, Li Yuan, Lee S H, et al. Entrepreneurial orientation, organizational learning, and performance: evidence from China[J]. Entrepreneurship Theory and Practice, 2009, 35(2):293-317.

[3] Altinay L, Madanoglu M, De Vita G, et al. The interface between organizational learning capability, entrepreneurial orientation and SME growth[J]. Journal of Small Business Management, 2016, 54(3):871-891.

[4] Liu S S, Luo X, Shi Y Z. Integrating customer orientation, corporate entrepreneurship, and learning orientation in organizations-in-transition: an empirical study[J]. International Journal of Research in Marketing, 2002, 19(4):367-382.

[5] Covin J G, Green K M, Slevin D P. Strategic process effects on the entrepreneurial orientation-sales growth rate relationship[J]. Entrepreneurship Theory and Practice, 2006, 30(1):57-81.

[6] Wang C L. Entrepreneurial orientation, learning orientation, and firm performance[J]. Entrepreneurship Theory and Practice, 2008, 32(4):635-657.

性研究和元分析的典型论文[1-4]进行认真阅读。英文搜索关键词有 EO、entrepreneurial orientation、strategic orientation、strategic posture、entrepreneurial behavior、corporate entrepreneurship、intrapreneurship、entrepreneurial proclivity 等；中文搜索关键词有创业导向、公司创业、内部创业、战略导向、创业意愿等。对组织学习文献[5-7]搜索采用与创业导向文献搜索相似的过程。搜索的关键词有组织学习、探索式学习、挖掘式学习、组织学习导向、组织学习能力等。（2）搜索的英文电子数据库主要有 EBSCO、ScienceDirect、Elsevier、Wiley、ProQuest Dissertations and Theses、Ovid 等，中文数据库主要是中国知网（核心期刊和优秀博士论文数据库）。为确保文献的完备性，在上述数据库的基础上还手工搜索了涉及创业、管理和战略管理的重要期刊，如 *Academy of Management Journal*、*Entrepreneurship Theory and Practice*、*Journal of Business Venturing*、*Strategic Entrepreneurship Journal*、《管理世界》、《科研管理》等。（3）为保证文献的完整性，数据库文献搜索的时间从数据库建立之日至 2017 年 6 月，同时利用 Google Scholar 去识别尽可能多的相关文献，并认真阅读相关综述性论文和实证文献的参考文献，以查看是否有遗漏的文献。在此基础上，共搜索到创业导向的实证性文献 218 篇，综述和概念性文献 54 篇；共搜索到组织学习的实证性文献 238 篇，综述和概念性文献 75 篇。

[1] 朱秀梅，孔祥茜，鲍明旭. 国外创业导向研究脉络梳理与未来展望［J］. 外国经济与管理，2013，35（8）：2-13.

[2] 张骁，胡丽娜. 创业导向对企业绩效影响关系的边界条件研究：基于元分析技术的探索［J］. 管理世界，2013（6）：99-110.

[3] Bierwerth M, Schwens C, Isidor R, et al. Corporate entrepreneurship and performance: a meta-analysis［J］. Small Business Economy, 2015, 45（1）: 255-278.

[4] Miao Chao, Coombs J E, Qian Shangshan, et al. The mediating role of entrepreneurial orientation: a meta-analysis of resource orchestration and cultural contigencies［J］. Jounal of Business Research, 2017, 77（c）: 68-80.

[5] Huber G P. Organizational learning: the contribution processes and the literatures［J］. Organization Science, 1991, 2（1）: 88-115.

[6] Goh S, Richards G. Benchmarking the learning capability of organizations［J］. European Management Journal, 1997, 15（5）: 575-583.

[7] 陈国权. 组织学习和学习型组织：概念、能力模型、测量及对绩效的影响［J］. 管理评论，2009（1）：107-116.

3. 文献筛选标准

为满足结构方程模型元分析的技术要求，入选文献需要符合以下条件。(1) 所有文献必须是定量研究论文，定性研究的论文从论文池中剔除。(2) 定量研究必须全部包含创业导向、组织学习和组织绩效三者之间的相关系数，如果其中有相关系数缺乏的，将看此论文是否可以通过回归系数和相关系数的转换方法测算出相关系数。如果信息不完全，则也剔除。(3) 各研究之间的样本是独立的，没有相关性。

4. 文献编码和分析文献

对研究的核心概念创业导向、组织学习和组织绩效进行编码。编码主要包括相关系数值和研究特征。研究特征包括作者、论文刊发日期、刊发期刊、样本数量、样本国家来源、样本行业、3个核心概念（创业导向、组织学习和组织绩效）的测量量表和测量方式、研究变量的Cronbach alpha 值、变量间相关系数效应值和显著性水平。为了减少编码错误，本研究探讨的每篇论文分别由两位老师进行编码，两位老师完成编码后再进行对比，如果发现不一致的地方，则回溯原文进行讨论，最后达成一致意见。在编码过程中发现创业导向的测量方式主要是基于Miller Covin 与 Slevin 的三维度或五维度模型，组织学习的测量方式多数采纳 March 的探索式和挖掘式学习量表、Sinkula 等的三维度量表、Goh 的学习能力量表及 Baker 与 Sinkula 的学习导向量表，前两者占据80%的文献。组织绩效的测量量表主要有客观和主观绩效两种类型，反映了组织财务、销售和能力提升等方面的情况。经过编码，纳入创业导向与组织绩效假设验证的文献有 90 篇，验证创业导向与组织学习关系的文献有 38 篇，验证组织学习与组织绩效关系的文献有 109 篇，纳入中介关系假设验证的文献共 27 篇。

5. 假设验证

本研究首先应用基本的 Meta 分析程序，对创业导向与组织学习、组织学习与组织绩效、创业导向与组织学习之间的关系进行验证。其次假定组织绩效测量（是财务绩效还是非财务绩效）、发表年份、产业范围（样本涉及产业范围多元还是单一）、国家（中国还是外国）对这些关系有影响，应用 Meta 回归分析验证这些变量的影响，前两个假设应用 R 软件的 metafor 分析程序包，每个假设依次用固定效应模型、随机效应模型、混合效应模型进行分析。三个假设应用的每个模型的数据结果如表 3-2 所示。最后，应用 R 软件 metaSEM 包对中介效应进行验证。

表 3-2　假设分析数据

| 模型 | 指标 | 创业导向与组织绩效 | 组织学习与组织绩效 | 创业导向与组织学习 |
| --- | --- | --- | --- | --- |
| 固定效应模型 | $Q$ 值（$df$） | 3 383.96（89） | 3 740.43（108） | 3 104.82（37） |
|  | 效应值 | 0.567*** | 0.599*** | 0.713*** |
| 随机效应模型 | $Q$ 值（$df$） | 3 383.96（89） | 3 740.43（108） | 3 104.82（37） |
|  | $I^2$ | 94.56% | 96.48% | 97.83% |
|  | 效应值 | 0.379 9*** | 0.461*** | 0.417*** |
| 混合效应模型 | $Q$ 值（$df$） | 2 474.49（85） | 3 250.99（104） | 2 789.31（34） |
|  | $I^2$ | 94.08% | 95.85% | 97.22% |
|  | 截距 | −10.430 8 | −8.193 6 | −8.341 |
|  | 财务绩效 | 0.003 1 | 0.040 1 | — |
|  | 发表年份 | 0.005 4 | 0.004 2 | 0.004 4 |
|  | 产业单一 | 0.031 8 | 0.064 1 | −0.049 2 |
|  | 国家 | −0.017 7 | 0.036 2 | −0.039 4 |

注：***表示 $P<0.001$ 显著。

由表 3-2 可知，三个变量之间的两两相关系数均超过 0.375（$P<0.001$），组织绩效测评类型、发表年份、样本产业范围和样本来源国家对相关系数的影响均不显著。在此基础上对中介效应进行验证。首先对联合相关系数矩阵进行估计和假设检验。TSSEM 第一阶段固定模型估计结果如下：样本数是 6 430，目标模型的 Chi-square 值为 950.23，目标模型自由度是 78，独立模型的 Chi-square 值是 3 188.23，独立模型的自由度是 81，RMSEA=0.216 7，SRMR=0.164 2，TLI=0.708 5，CFI=0.719 3，AIC=794.230 7。由这些数据可知模型拟合效果不佳，违反了同质性假设。为此，继续采用随机模型来估计联合相关系数矩阵。随机模型表明整体异质性的指标 $Q=1\,825.62$，各个相关系数之间异质性指标分别

0.9269、0.9335 和 0.9266，异质性存在。应用随机模型估计出的联合相关系数矩阵如表 3-3 所示。

表 3-3　联合相关系数估计

| | 创业导向 | 组织学习 | 组织绩效 |
|---|---|---|---|
| 创业导向 | 1 | | |
| 组织学习 | 0.3967*** ［0.3278，0.4656］ | 1 | |
| 组织绩效 | 0.3399*** ［0.2649，0.41507］ | 0.3106*** ［0.2356，0.3855］ | 1 |

注：括号中为 95% 的置信区间，*** 表示 $P<0.001$ 显著，表中数据由 27 个相关系数矩阵和 6 430 个样本计算而来。

由表 3-3 可知，创业导向和组织学习之间的相关系数是 0.3967，创业导向和组织绩效的相关系数是 0.3399，组织学习与组织绩效的相关系数是 0.3106。假设 1 得到初步验证。为进一步对假设进行验证，继续应用 metaSEM 软件包进行 TSSEM 第二阶段分析。首先模型假设组织学习是创业导向和组织绩效的完全中介变量，模型分析结果见图 3-3 上半部分。

其次，假设组织学习是创业导向和组织绩效的部分中介变量，模型分析在图 3-3 下半部分。部分中介变量模型属于饱和模型，所以计算出来的参数值 CFI 等于 1，RMSEA 指标值等于 0。然而，由完全中介模型可知，尽管 RMSEA 的效果比较好，但其他指标并不理想，进行模型比较，部分中介模型的结果更佳。据此，假设 1 和假设 2 都到了验证，即创业导向与组织绩效正相关，组织学习是创业导向和组织绩效的部分中介变量。

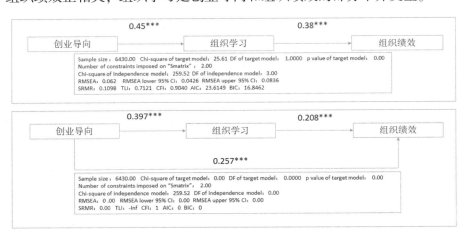

图 3-3　中介效应检验模型比较图

## 3.4 文献计量法——基于 Citespace 的文献综述

文献计量法是一种定量研究文献的分析方法，它以科技文献的各种外在特征作为研究对象，采用数学与统计学方法来描述、评价和预测研究对象的发展趋势。[1] 它涉及的指标有研究的引用率、发表时间趋势、文件中心图等。当下研究中常用的文献计量软件是 Citespace 分析。下面应用该软件对情绪劳动研究的文献进行计量分析示例。

首先，依据布拉德福文献离散规律，利用 Web of Science 搜索文献，搜索的主题词是 "Emotional Labor"，时间跨度为 1983—2019 年。在对文献整理并用 Endnote 查重的基础上，最终获得 316 条有关情绪劳动的文献。我们利用软件生成了情绪劳动热点图（图3-4）。我们发现，2015 年前针对情绪劳动的研究并不多，每年发文不超过 10 篇。2016 年情绪劳动研究进入深化时期，2018 年论文年发表量达到最高峰。最紧密合作圈是 Sandra、Leila、Timothy 3 人研究圈。

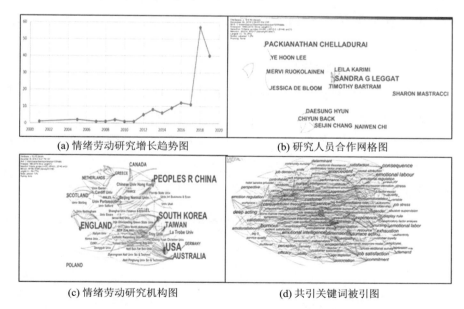

(a) 情绪劳动研究增长趋势图　　(b) 研究人员合作网格图

(c) 情绪劳动研究机构图　　(d) 共引关键词被引图

图 3-4　情绪劳动 Citespace 热点示意图

---

[1] 朱亮，孟宪学. 文献计量法与内容分析法比较研究 [J]. 图书馆工作与研究，2013 (6)：64-66.

我们研究发现，情绪劳动论文发表国度主要是美国（36 篇）、中国（26 篇）、韩国（23 篇）、英格兰（19 篇）等。为了解情绪劳动的研究热点，本研究对与情绪劳动相关的关键词进行了共词分析，研究数据表明，与情绪劳动相关的高频关键词是工作（50，0.09）、精疲力竭（50，0.16）等。在高频关键词统计图谱中，中心性大于 0.1 的节点共有 4 个，分别是精疲力竭（50，0.16）、后果（36，0.20）、前因变量（34，0.11）和工作满意度（26，0.11）。

为直观反映情绪劳动研究的动态演进过程，本研究绘制了研究热点演进知识图谱（图 3-5）。我们发现，在 2001—2005 年，研究热点主要是情绪劳动的后果，主要研究对象是护士。2006—2013 年节点开始分布密集，研究热点为情绪衰竭、情绪劳动的前因变量和工作满意度。2014—2019 年图谱中没有较大的节点，但情绪劳动领域发表论文数量持续走高，它表明研究方向和主题更为发散。2015 年后的研究热点与情绪衰竭、工作体验、顾客等节点有紧密连线，说明情绪衰竭、工作满意度等变量一直是情绪劳动研究的核心关键词。共被引分析数据表明，Hulsheger、Grandey、Humphrey、Scott、Kammever 等作者文献共被引次数排在前列，其发表的文献在情绪劳动领域起着引领作用。

利用同样的分析流程，对国内情绪劳动的研究进行了分析，数据来源主要是中国期刊网的核心期刊，得到 91 条有效信息。高频词统计发现：国内主要关注工作倦怠、情绪劳动策略等主题；国内情绪劳动研究在 2009—2014 年保持稳定的热度，在 2018—2019 年文献发表达到高峰，关键词为衰竭、后果（cosequence）等，与国外学者研究一致。由 Citespace

(a) 情绪劳动研究动态热点示意图　　(b) 情绪劳动研究高引示意图

图 3-5　情绪劳动研究热点演进知识图谱

分析可知，近期理论界主要关注情绪劳动与情绪衰竭、工作表现等结果变量之间的关系，以及情绪智力等前因变量对情绪劳动策略使用的影响。

## 附件　元分析语法

1. 相关系数元分析 R 语法

```
nstall.packages('metafor')
library('metafor')
setwd("C:/Users/dell/Desktop")
song<- read.table(" entper.csv",header = TRUE,sep =",")
res<- rma(ri=r,ni=sample,measure="COR",method="FE",data=song)
res<- rma(ri=r,ni=sample,measure="COR",method="REML",data=song)
res<- rma(ri=r,ni=sample,measure="COR",mods = ~fin+year+indu+nation,method="REML",data=song)
```

2. 结构方程元分析语法

**模型一：有直接作用模型**

```
library('metaSEM')
setwd("C:/Users/dell/Desktop")
my.df4<- readLowTriMat("sisuan.txt",no.var=3)
my.n4<-c(264,259,140,182,268,350,101,213,458,231,116,160,304,150,110,151,350,70,607,137,181,387,361,201,91,176,299,158,348,110,348,202)
random1 <- tssem1(my.df4,my.n4,method=" REM ",RE.type="Diag")
fixed1<- tssem1(my.df4,my.n4,method='FEM')
random1<- rerun(random1)
summary(random1)
```

```
vec2symMat(coef(random1,select='fixed'),diag=
FALSE)
    A1 <- create.mxMatrix(c(0,0,0,"0.1*EO1",0,0,"0.1*
EO2","0.1*OL1",0),type="Full",byrow=TRUE,ncol=3,
nrow=3,as.mxMatrix=FALSE)
    s1<- create.mxMatrix(c(1,"0.1*errol","0.1*
errpf"),type="Diag")
    random2<-tssem2(random1,Amatrix = A1,Smatrix = s1,
intervals.type="LB",diag.constraints = TRUE)
    summary(random2)
```

**模型二：无直接作用模型**

```
    my.df4<- readLowTriMat("sisuan002.txt",no.var=3)
    my.n4<-c(264,140,182,268,350,101,213,231,160,304,
150,151,350,70,607,137,181,387,361,201,91,176,299,158,
348,348,202)
    fixed1<- tssem1(my.df4,my.n4,method='FEM')
    random1 <- tssem1(my.df4,my.n4,method=" REM ",
RE.type="Diag")
    random1<- rerun(random1)
    summary(random1)
    vec2symMat(coef(random1,select='fixed'),diag=
FALSE)
    A1 <- create.mxMatrix(c(0,0,0,"0.1*EO1",0,0,0,"0.1
*OL1",0),type=" Full ",byrow=TRUE,ncol=3,nrow=3,
as.mxMatrix=FALSE)
    s1<- create.mxMatrix(c(1,"0.1*errol","0.1*
errpf"),type="Diag")
    random2<-tssem2(random1,Amatrix = A1,Smatrix = s1,
intervals.type="LB",diag.constraints = TRUE)
    summary(random2)
```

结构方程元分析相关系数矩阵输出格式:

1
.37 1
.40 .35 1

# 第 4 章 测量：变量与构念的显化

测量是公共管理实证研究的基础，因为一个理论如果无法用数据进行验证，那么它就很难称得上是一个好的理论。为此，测量在现代公共管理研究中受到的重视程度越来越高。

## 4.1 构念及测量

### 4.1.1 构念的定义

管理科学经常用抽象的理论来解释管理现象，组成理论的基本元素是变量与变量之间的关系。之所以称为"变量"，是因为它们在不同的时间或者不同的人身上是会改变的。但是在测量学中较少使用"变量"这个词。测量学家关注的是这些会变化的概念的另外一个特点，它们被称为"构念"。

顾名思义，"构念"就是构想出来的概念的意思。它是由研究者构造出来的，但并不是任何一个抽象词都可以作为构念。构念需要具备下面三个特征：构念是抽象的、不可直接观察的；构念是与理论和模型相联系的；构念的定义是清晰而明确的。

首先，因为构念包含了一定量的复杂信息，所以一般都是抽象和不能直接观察的。例如，我们对加热程度不同的水有不同的冷热感受，但是现实中没有一个实质的和可观测的东西来描述它。为了描述这个现象，研究者使用了"温度"这个词语。温度是科学家在研究物理和化学现象时创造出的一个抽象概念。同样道理，管理研究者们创造出"组织承诺"这个概念，用它来代表一个员工对他所在组织的依赖关系。这里要强调，现实世界中是没有一个叫作"组织承诺"的东西的，它是研究者为了做研究而专门创造出来的。我们为了发展理论而构造出的一些特殊的变量，就被称作"构念"。

其次，构念是用于建构理论的。如果没有任何一个理论可以用"温度"这个概念来解释观察到的现象，那么"温度"这个概念就没有什么意义。我们提出"组织承诺"这个构念，就是因为我们发现一些员工对于他们所在的组织比其他员工有更强的心理依赖感。因此只有当构念被用于一个理论中，并可以解释和预测我们观察到的现象时，这个构念才是有用的。

最后，一个构念应该是清晰的、有明确定义的。换句话说，也就是构念所代表的范围应该是适当和清晰的。首先，范围既不能太宽泛，也不能太狭窄。例如，如果我想建立一个新的构念，称为"员工感受"，这个构念包含了一切员工与企业有关的感觉。这样的一个构念就很成问题了。因为"员工感受"谈的是哪一方面的感受呢？对什么的感受呢？如果我在企业中认识了一个同事，发现自己很喜欢她，并希望她与我成为男女朋友，这样的恋情是"员工感受"的一部分吗？反过来说，构念也不可以太窄。如果我发展一个新的构念，称为"员工对上司能力的满意度"，就很难用这个构念发展理论。同时构念一定要是简单、清晰的。我们不可以建立一个如"员工因为工作的压力，而产生的离职倾向"这样的构念。这样做的话，就把理论因果都定义在构念里面，无须再建构任何理论了。

### 4.1.2 构念的测量

管理构念本身是抽象的，如果没有方法把它们与具体现象联系起来，并且用数字把它们的程度表示出来，我们就不能够使用这些构念做实证研究。

测量是研究者根据一种规则或惯例，用数量的方式描述研究对象所具备的某种特征或行为。一个最直观的例子就是对质量的测量，在刻度表上我们总有一个数字与物体的质量实现一一对应。通过这些直观的数字,研究者才能够探究一些复杂的社会现象,并可通过数据的计算得出变量彼此间的关系,从而得出精确且有意义的结论。

在管理学研究中,我们对研究对象的测量通常有两种方式:实验操纵和问卷。在本章中,我们的讨论主要集中于应用问卷法时的测量问题。

1. 不同类型的测量

在测量学中,有4种不同的度量尺度,分别是定类变量、定序变量、定距变量和定比变量。第一种度量尺度是定类变量。它们没有大小的比较,也不可以做数学的运算。例如:性别有两种,男与女;企业所有权性质有5种,国有企业、合资企业、私人企业、乡镇企业、外资企业。第二种度量尺度是定序变量,或称"排序尺度"。它其实就是排序的数据。例如,我们可能给应答者3个选择工作的标准,就是工资、前途和人际关系,请他们排序。"1"为最重要,"3"为最不重要。顺序量只有排序的分别,或是高与低、好与坏的分别。第三种度量尺度是定距变量,或称"等距尺度"。例如1、2、3、4,在这样的尺度中是有相对的差距的,也就是"2减1"等于"3减2"等于"4减3"。对于等距量表来说,理论上可以加或减,但是不能乘或除。在自然科学中,摄氏温度或华氏温度就是很好的等距尺度的例子。第四种度量尺度是定比变量,或称"等比尺度"。等比尺度就代表"3"是"1"的3倍,"4"是"2"的2倍,等等。显然,加、减、乘、除都可以应用在等比尺度中。

2. 效果指标与构成指标

效果指标(effect indicator)是用抽象构念的"效果"作为这个构念的指标。换句话说,效果指标是看不见的构念的外在表现。从下式中可以看到,$x_1$、$x_2$ 和 $x_3$ 都表示了同一个潜在变量 $\theta$ 的效果。

$$x_1 = \theta + \varepsilon_1$$
$$x_2 = \theta + \varepsilon_2$$
$$x_3 = \theta + \varepsilon_3$$

但是,我们不能把"效果"与"结果"混淆起来。一个构念的结果,是因这个构念而产生的另外一个构念,而效果指标是利用这个构念的效果作为它的指标,构念与它的效果指标唯一的区别是,构念是抽象的概念，效果指标是可观测的指标。如果员工的高离职倾向（构念A）是由于他们的组织承诺（构念B）水平较低引起的，员工离职倾向就是组织承诺的一个结果。这里的因果关系发生在构念A和构念B之间，这两个构念都是不可直接观察的。一个效果指标（如我不喜欢留在这个机构工作）和它所代表的构念（离职倾向）之间的关系是可观测的指标与不可观测的构念之间的关系。所以，效果指标不是由它们所表示的构念产生的结果。

虽然研究中使用的指标大多是效果指标，但也存在一些其他的情况。例如，用来测量社会经济地位的指标就不是上面说的效果指标。社会经济地位是表示一个人的社会阶层、财富或经济地位的一个构念。衡量社会经济地位的两个可能指标是收入和教育水平。MacCallum和Browne认为：一个人的收入和教育水平并不是其社会经济地位的反映或结果；相反，是收入和教育水平决定了一个人的社会经济地位。这种类型的指标，与效果指标相比具有相反的特征，我们称之为"构成指标"（construction indicator）。一个构念与它的构成指标之间的关系可以用下式表示：

$$\theta = \gamma_1 x_1 + \gamma_2 x_2 + \zeta$$

以"社会经济地位"构念为例，$\theta$是不可直接观测的构念"社会经济地位"；$x_1$是个人收入水平；$x_2$是个人教育水平；$\gamma_1$是收入水平（$x_1$）影响社会经济地位（$\theta$）的权重；$\gamma_2$是教育水平（$x_2$）影响社会经济地位（$\theta$）的权重；$\zeta$是随机测量误差。

总结一下，效果指标和构成指标主要有以下几方面的区别（表4-1）。

表4-1 效果指标和构成指标的区别

| 效果指标 | 构成指标 |
| --- | --- |
| 测量指标是理论构念的外在表现形式 | 测量指标构成了理论构念 |
| 当构念发生变化时，测量指标也会发生变化 | 如果缺少某个指标，对构念的测量就不完整 |
| 效果指标之间高度相关 | 构成指标之间可以不相关 |

第一，构成指标"构成了"被测量的不可观测的构念。换句话说，

不可观测的构念是由这些可观测的指标引起的，这种关系和效果指标与构念的关系恰好相反。

第二，效果指标不是构念的结果，同样，构成指标并不是所测量的构念的前因。如果一个人的社会经济地位在很大程度上依赖于其父母的社会经济地位，那么就可以说父母的社会经济地位（构念 A）是个人社会经济地位（构念 B）的前因。因为"因果关系"是发生在两个不可直接观测的构念之间的。而构成指标与它们所测量的构念之间是可观测的指标与不可观测的构念之间的关系。所以，构成指标不是构念的前因，它们只是在一起共同表示一个构念而已。

第三，与效果指标不同，我们对于构成指标之间的关系没有特别的要求。严格地说，构成指标之间可以完全没有关系。我们以社会再适应量表（SRRS）为例，"丧偶"这一指标与另一个指标"怀孕"可以完全没有关系。当然，一个人可以同时丧偶和怀孕，但两者之间并不存在任何必然关系。

## 4.2 测量的误差

### 4.2.1 误差的定义

在测量时，测量结果与实际值之间的差值叫误差。真实值或真值是客观存在的，是在一定时间及空间条件下体现事物的真实数值，但很难确切表达。测得值是测量所得的结果。真值与测量值之间总是或多或少存在一定的差异，这种差异就是测量误差，简称"误差"。误差的大小反映了测量的准确程度。测量误差的大小可以用绝对误差表示，也可用相对误差表示。

从测量的要求来说，人们总希望测量的结果能很好地符合客观实际。但在实际测量过程中，由于测量仪器、测量方法、测量条件和测量人员的水平及种种因素的局限性，测量结果与客观存在的真值不可能完全相同，我们所测得的只能是近似值。

$$绝对误差 = 测量值 - 真值$$

$$相对误差 = 绝对误差 / 真值$$

测量总是存在着一定的误差，但实验者应该根据要求和误差限度来制定合理的测量方案和选择合适的测量仪器。不能不切实际地认为：实验仪器的精度越高越好；环境条件总是恒温、恒湿，越稳定越好；测量次数总是越多越好。一个优秀的实验工作者，应该是在一定的要求下，以最低的代价来取得最佳的实验结果。要做到既保证必要的实验精度，又能合理地节省人力与物力。误差自始至终贯穿于整个测量过程之中，为此必须通过分析找出测量中可能产生各种误差的因素，尽可能消除其影响，并对测量结果中未能消除的误差做出评价。

### 4.2.2 误差的分类

误差的产生有多方面的原因，根据误差的来源和性质可将其分为系统误差和偶然误差两大类。

**1. 系统误差**

在相同条件下，多次测量同一物理量时，测量值对真值的偏离（包括大小和方向）总是相同的，这类误差称为系统误差。系统误差的来源大致有以下几种。

（1）仪器结构不完善：例如温度计的刻度不准，天平的两臂不等长，示零仪表存在灵敏阈，等等。

（2）环境条件的改变：例如在 20 ℃ 条件下将校准的仪器拿到 −20 ℃ 环境中使用。

（3）测量者生理、心理因素的影响：例如记录某一信号时有滞后或超前的倾向，读取刻度时总是偏左或偏右、偏上或偏下等。

系统误差的特点是恒定性，不能用增加测量次数的方法使它减小。在实验中发现和消除系统误差是很重要的，因为它常常是影响实验结果准确程度的主要因素。能否用恰当的方法发现和减小系统误差，是衡量测量者实验水平高低的重要方面。目前，尚没有一种普遍适用的方法去消除误差，因此，测量者需要对具体问题作具体的分析，采用不同的处理方式来减小误差，这需要实验经验的积累。

**2. 偶然误差**

偶然误差是指在相同条件下，多次测量同一物理量，其测量误差的绝对值和符号以不可预知的方式变化。这种误差是由实验中多种因素的微小变动而引起的，如实验装置和测量机构在各次调整操作上的变动，测量仪器指示数值的变动，观测者本人在判断和估计读数上的变动，等等。在这些因素的共同影响下，测量值围绕着测量的平均值发生涨落，这个变化量就是各次测量的偶然误差。偶然误差就某一测量值来说是没有规律的，其大小和方向都是不能预知的，但如果对一个量进行足够多次的测量，就可以发现它们的偶然误差是按一定的统计规律分布的。常见的分布有正态分布、均匀分布、$T$分布等。

常见的一种情况是：正方向误差和负方向误差出现的次数大体相等，数值较小的误差出现的次数较多，数值很大的误差在没有错误的情况下通常不出现。这一规律在测量次数越多时表现得越明显，它就是一种最典型的分布规律——正态分布规律。

3. 系统误差和偶然误差的关系

系统误差和偶然误差的区别不是绝对的，在一定条件下，它们可以相互转化。比如测量对象的不均匀性（如小球直径、金属丝的直径等），既可以当作系统误差，又可以当作偶然误差。有时系统误差和偶然误差混在一起，难以严格区分。

## 4.3 测量的信度及效度

问卷调查法是管理研究中广泛采用的一种调查方法，其质量高低对调查结果的真实性、适用性等具有决定性作用。为了保证问卷具有较高的可靠性和有效性，在形成正式问卷之前，应当先对问卷进行试测，并对试测结果进行信度和效度分析，再根据分析结果筛选问卷题项，调整问卷架构，从而提升问卷的信度和效度。

我们对于问卷的要求其实很简单，只有两条：首先，这个问卷确实测量了我们希望它测量的构念；其次，这个问卷是稳定可靠的。就好像一把尺子，我们希望它上面的刻度是准确的，不会随气温、环境或其他因素的变化而变化。这两个方面也正是评价一个问卷好坏的标准，我们分别称为信度和效度。信度和效度都跟测量时的误差有关。有系统误差称为缺乏效度；有随机的测量误差称为缺乏信度。

### 4.3.1 信度

信度（Reliability）即可靠性，它是指采用同样的方法对同一对象重复测量时所得结果的一致性程度。它也被定义为一个测量工具免于随机误差影响的程度。

若以信度系数来表示信度的大小，则信度系数越大，表示测量的可信程度越高。究竟信度系数要多少才算有高的信度？学者 DeVellis 认为：0.60~0.65（最好不要）；0.65~0.70（最小可接受值）；0.70~0.80（相当好）；0.80~0.90（非常好）。一份信度系数好的量表或问卷，最好在 0.80 以上，0.70 至 0.80 之间是算可以接受的范围；分量表最好在 0.70 以上，0.60 至 0.70 之间可以接受。如果分量表的内部一致性系数在 0.60 以下或者总量表的信度系数在 0.80 以下，那么应考虑重新修订量表或增删题项。

信度分析的方法主要有以下四种。

1. 重测信度法

这一方法是用同样的问卷对同一组被调查者间隔一定时间重复施测，计算两次施测结果的相关系数。显然，重测信度属于稳定系数。重测信度法特别适用于事实式问卷，如性别、出生年月等在两次施测中不应有任何差异，大多数被调查者的兴趣、爱好、习惯等在短时间内也不会有十分明显的变化。如果没有突发事件导致被调查者的态度、意见突变，这种方法也适用于态度、意见式问卷。重测信度法需要对同一样本试测两次，被调查者容易受到各种事件、活动和他人的影响，而且间隔时间长短也有一定限制，因此在实施中有一定困难。

2. 复本信度法

复本信度法是让同一组被调查者一次填答两份问卷复本，计算两个复本的相关系数。复本信度属于等值系数。复本信度法要求两个复本除表述模式不同外，在内容、格式、难度和对应题项的提问方向等方面要完全一致，而在实际调查中，调查问卷很难达到这种要求，因此采用这种方法者较少。

### 3. 折半信度法

折半信度法是将调查项目分为两半，计算两半得分的相关系数，进而估计整个量表的信度。折半信度属于内在一致性系数，测量的是两半题项得分间的一致性。这种方法一般不适用于事实式问卷，常用于态度、意见式问卷的信度分析。在问卷调查中，态度测量最常见的形式是5级李克特量表。进行折半信度分析时，如果量表中含有反意题项，应先将反意题项的得分做逆向处理，以确保各题项得分方向的一致性；然后将全部题项按奇偶或前后分为尽可能相等的两半，计算二者的相关系数（即半个量表的信度系数）；最后用斯皮尔曼-布朗公式求出整个量表的信度系数。

### 4. α 信度系数法

Cronbach's α 信度系数是目前最常用的信度系数，其公式为

$$\alpha = \frac{K}{K-1}\left(1 - \frac{\sum S_i^2}{S_x^2}\right)$$

式中，α 为信度系数，$K$ 为测验题目数，$S_i^2$ 表示所有被试在第 $i$ 题上的分数变异，$S_x^2$ 为所有被试所得总分的方差。

此公式可以处理任何测验的内部一致性系数的计算问题。它不要求测验题目仅是（0，1）计分。

一般来说，该系数愈高，工具的信度就愈高。在基础研究中，信度至少应达到 0.80 才可接受；在探索性研究中，信度只要达到 0.70 就可接受；介于 0.70~0.98 均属高信度，而低于 0.35 则为低信度，必须予以拒绝。

α 系数是所有可能的分半信度的平均数，它只是测验信度的一个估计值，即 α 值大，必有较高的信度，但 α 值小并不能判定信度不高。

#### 4.3.2 效度分析

效度（Validity）即有效性，它是指测量工具或手段能够准确测出所需测量的事物的程度。效度分为：内容效度、效标效度、内部结构效度、聚合效度和区分效度。效度分析有多种方法，其测量结果反映效度的不同方面。常用于调查问卷效度分析的方法主要有以下四种。

1. 单项与总和相关效度分析

这种方法用于测量量表的内容效度。内容效度又称表面效度或逻辑效度，它是指所设计的题项能否代表所要测量的内容或主题。对内容效度常采用逻辑分析与统计分析相结合的方法进行评价。逻辑分析一般由研究者或专家评判所选题项是否"看上去"符合测量的目的和要求。统计分析主要采用单项与总和相关分析法获得评价结果，即计算每个题项得分与题项总分的相关系数，根据相关是否显著判断题项是否有效。若量表中有反意题项，则应将其逆向处理后再计算总分。

2. 准则效度分析

准则效度又称为效标效度或预测效度。准则效度分析是根据已经得到确定的某种理论，选择一种指标或测量工具作为准则（效标），分析问卷题项与准则的联系，若二者相关显著，或者问卷题项对准则的不同取值、特性表现出显著差异，则题项有效。评价准则效度的方法是相关分析或差异显著性检验。在调查问卷的效度分析中，选择一个合适的准则往往十分困难，这使得这种方法的应用受到一定限制。

3. 结构效度分析

结构效度是指测量结果体现出来的某种结构与测值之间的对应程度。结构效度分析所采用的方法是因子分析。有的学者认为，效度分析最理想的方法是利用因子分析测量量表或整个问卷的架构效度进行分析。因子分析的主要功能是从量表全部变量（题项）中提取一些公因子，各公因子分别与某一群特定变量高度关联，这些公因子即代表了量表的基本架构。通过因子分析可以考察问卷是否能够测量出研究者设计问卷时假设的某种架构。在因子分析的结果中，用于评价架构效度的主要指标有累积贡献率、共同度和因子负荷。累积贡献率反映公因子对量表或问卷的累积有效程度，共同度反映由公因子解释原变量的有效程度，因子负荷反映原变量与某个公因子的相关程度。

4. 聚合效度和区分效度分析

聚合效度，也叫作收敛效度，是指运用不同测量方法测定同一特征时测量结果的相似程度，即测量相同构念的测验指标会落在同一共同因素上。平均方差提取值（Average Variance Extracted，AVE）和建构信度

（Construet Reliability，CR）是用于判断聚合效度的常用指标。若 AVE>0.5，并且 CR>0.7，则说明具有良好的聚合效度。如果 AVE 或 CR 的值较低，那么可考虑移除某题项因子后重新分析聚合效度。

区分效度指的是在应用不同方法测量不同构念时，所观测到的数值之间能够加以区分的程度。判断区分效度的常用做法是将 AVE 根号值与"相关系数值"进行对比，如果每个因子的 AVE 根号值均大于"该因子与其他因子的相关系数最大值"，说明具有良好的区分效度。

## 4.4　验证性因子分析

### 4.4.1　CFA 原理介绍

验证性因子分析（Confirmatory Factor Analysis，CFA）是用于测量因子与测量项之间的对应关系是否与研究者预测保持一致的一种研究方法。验证性因子分析是结构方程模型的一种方法，它试图确定因子的数量，以及观测变量在因子上的载荷是否符合基于既定理论的预期。验证性因子分析从先验知识出发，预先确定一组简单的因子结构，包括假定潜在的因子数量和组成，以及因子间的影响方式等，并通过拟合优度对假设结构进行数据相关性评估。

验证性因子分析常用于检验问卷的效度，通过 R 语言相关包可以实现其功能，本章简要介绍 R 包 lavaan 的 CFA 方法。

### 4.4.2　一阶验证性因子分析在 R 语言中操作示例

1. 数据集

本章使用的数据集 level_1 来自江苏省内部分市区、乡镇行政审批局窗口工作人员的调查问卷，由来自不同地区的窗口工作人员的服务导向、认知重塑和主动服务行为的测试得分组成（变量 A1—A5、B1—B5、C1—C6），还包括了窗口工作人员的性别、年龄等信息。数据集如下：

```
> library(lavaan)
> head(level_1)
```

| | ID | gender | age | education | marriage | job time | job nature | A1 | A2 | A3 | A4 | A5 |
|---|----|--------|-----|-----------|----------|----------|------------|----|----|----|----|----|
| 1 | 1 | 2 | 1 | 2 | 1 | 4 | 3 | 5 | 5 | 5 | 5 | 5 |
| 2 | 1 | 2 | 1 | 2 | 1 | 3 | 3 | 5 | 5 | 5 | 5 | 4 |
| 3 | 1 | 2 | 3 | 3 | 2 | 1 | 3 | 5 | 5 | 5 | 5 | 5 |
| 4 | 1 | 2 | 1 | 2 | 1 | 4 | 5 | 4 | 4 | 4 | 3 | 5 |
| 5 | 1 | 2 | 1 | 2 | 1 | 4 | 5 | 4 | 4 | 4 | 4 | 4 |
| 6 | 1 | 1 | 4 | 3 | 2 | 1 | 4 | 5 | 5 | 5 | 5 | 5 |
| 7 | 1 | 2 | 1 | 2 | 1 | 4 | 4 | 5 | 5 | 5 | 5 | 5 |
| 8 | 2 | 2 | 2 | 2 | 2 | 3 | 3 | 5 | 5 | 5 | 4 | 4 |
| 9 | 2 | 2 | 2 | 2 | 2 | 3 | 3 | 5 | 5 | 5 | 5 | 5 |

已知变量 A1、A2、A3、A4、A5 的分数和窗口人员的服务导向有关，B1、B2、B3、B4、B5 的分数和窗口人员的认知重塑有关，C1、C2、C3、C4、C5、C6 的分数和窗口人员的主动服务行为有关。因此，服务导向、认知重塑和主动服务行为可视为代表该数据集测验得分的潜在因子。

2. CFA 模型

接下来对该数据集执行 CFA，分析使用假定的三种因子能否有效代表原数据集中 16 种测验得分之间的关系。语句如下：

```
> cfamodel <- ' F1 =~ A1+A2+A3+A4+A5
+                F2 =~ B1+B2+B3+B4+B5
+                F3 =~ C1+C2+C3+C4+C5+C6 '

> cfafit <- cfa(cfamodel, level_1)
> summary(cfafit,fit.measures="TRUE")
lavaan 0.6-7 ended normally after 75 iterations

  Estimator                                         ML
  Optimization method                           NLMINB
  Number of free parameters                         35

  Number of observations                           236

Model Test User Model:

  Test statistic                               575.908
  Degrees of freedom                               101
  P-value (Chi-square)                           0.000

Model Test Baseline Model:

  Test statistic                              4919.994
  Degrees of freedom                               120
  P-value                                        0.000
```

```
User Model versus Baseline Model:

  Comparative Fit Index (CFI)                        0.901
  Tucker-Lewis Index (TLI)                           0.882

Root Mean Square Error of Approximation:

  RMSEA                                              0.141
  90 Percent confidence interval - lower             0.130
  90 Percent confidence interval - upper             0.152
  P-value RMSEA <= 0.05                              0.000

Parameter Estimates:

  Standard errors                                 Standard
  Information                                     Expected
  Information saturated (h1) model              Structured

Latent Variables:
                   Estimate   Std.Err   z-value   P(>|z|)
  F1 =~
    A1              1.000
    A2              1.083     0.051     21.408    0.000
    A3              0.812     0.044     18.650    0.000
    A4              0.900     0.047     19.329    0.000
    A5              0.865     0.052     16.493    0.000
  F2 =~
    B1              1.000
    B2              1.008     0.042     23.787    0.000
    B3              1.029     0.043     23.786    0.000
    B4              1.027     0.040     25.878    0.000
    B5              1.063     0.047     22.777    0.000
  F3 =~
    C1              1.000
    C2              1.033     0.040     25.649    0.000
    C3              1.006     0.038     26.408    0.000
    C4              0.802     0.045     17.884    0.000
    C5              0.962     0.050     19.224    0.000
    C6              1.032     0.048     21.478    0.000

Covariances:
                   Estimate   Std.Err   z-value   P(>|z|)
  F1 ~~
    F2              0.257     0.030     8.545     0.000
    F3              0.232     0.026     8.940     0.000
  F2 ~~
    F3              0.228     0.028     8.272     0.000

Variances:
                   Estimate   Std.Err   z-value   P(>|z|)
   .A1              0.064     0.008     8.044     0.000
   .A2              0.086     0.010     8.404     0.000
   .A3              0.079     0.008     9.370     0.000
   .A4              0.087     0.009     9.182     0.000
   .A5              0.130     0.013     9.834     0.000
   .B1              0.085     0.009     9.259     0.000
   .B2              0.068     0.008     8.812     0.000
   .B3              0.070     0.008     8.812     0.000
   .B4              0.045     0.006     7.624     0.000
   .B5              0.091     0.010     9.176     0.000
   .C1              0.049     0.006     8.732     0.000
   .C2              0.045     0.005     8.384     0.000
   .C3              0.037     0.005     8.019     0.000
```

```
.c4                    0.091     0.009    10.136    0.000
.c5                    0.107     0.011     9.971    0.000
.c6                    0.087     0.009     9.606    0.000
 F1                    0.296     0.033     8.949    0.000
 F2                    0.379     0.042     8.977    0.000
 F3                    0.269     0.029     9.241    0.000
```

以上分析主要包含了拟合度指标和统计检验结果，包括如下几个部分：

（1）比较拟合指数（Comparative Fit Index, CFI），在 0 和 1 之间。根据一般经验，良好拟合模型的阈值通常要求 CFI>0.9。

（2）近似值的均方根误差（Root Mean Square Error of Approximation, RMSEA）。值等于 0.01、0.05 和 0.08 分别表示优秀、良好和中等的拟合度，RMSEA<0.08 通常用作合理拟合模型的临界值。

（3）参数估计（Parameter Estimates）。观测变量到潜在因子的标准化权重。

（4）潜在变量（Latent Variables）。估计的潜在因子的因子得分。

（5）因子协方差（Covariances）。潜在因子之间的协方差。

（6）误差方差（Variances）。每个观测变量的误差方差的估计值。

整体来看，模型基本通过检验。

下面，调用 semTools 包（如果没有安装，需要先安装），计算 AVE、CR 等值。语句如下：

```
> library(semTools)

> reliability(cfafit)
              F1         F2         F3
alpha   0.9324622  0.9651476  0.9550747
omega   0.9349720  0.9653472  0.9565355
omega2  0.9349720  0.9653472  0.9565355
omega3  0.9348536  0.9656518  0.9571872
avevar  0.7440470  0.8478872  0.7869027
```

AVE 衡量收敛效度。CR 反映了每个潜变量中所有题目是否一致地解释该潜变量，当该值高于 0.70 时表示该潜变量具有较好的建构信度。

3. 通过树状图评估因子和变量间的关系

调用 semPlot 包来画图。边的粗细代表参数估计值或标准化的参数估计值。对于变量和因子，边越粗代表变量在因子上的载荷越高；对于因子，边越粗代表因子间的相关性越强。语句如下：

```
> library(semPlot)
> semPaths(cfafit,whatLabels="std", intercepts=FALSE, style="lisrel",
+          nCharNodes=0,
+          nCharEdges=0,
+          curveAdjacent = TRUE,title=TRUE, layout="tree2",curvePivot=TRUE)
```

输出结果见图 4-1。

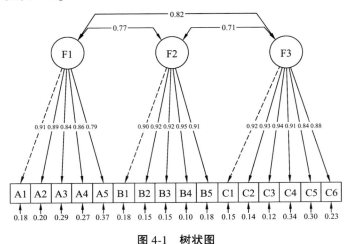

图 4-1　树状图

### 4.4.3　二阶验证性因子分析在 R 语言中操作示例

**1. 数据集**

数据集继续沿用一阶验证性因子分析的数据，包括不同地区的窗口工作人员的服务导向、认知重塑和主动服务行为的测试得分（变量 A1—A5、B1—B5、C1—C6），以及窗口工作人员的性别、年龄等信息。

与一阶验证性因子分析不同的是，二阶验证性因子分析需要构建更高层次的构念，两者关系如下。

（1）在理论上，这些一阶因子可以提炼出一个高阶的因子，比如语文能力、历史能力、政治能力在理论上可以统称为文科能力。对于结构方程，理论前提十分重要。尽管做出了漂亮的模型，但没有合理的理论支持也是不行的，所以如果这些多维理论无法合成一个更广的概念，那么就不需要做二阶验证性因子分析。

（2）一阶因子间需要中等以上的相关性。如果一阶因子之间完全独立，毫无关联，那就不能统一起来，所以二阶验证性因子分析需要看一阶因子之间的维度相关性程度。

（3）如果一阶因子过多，模型看起来偏复杂，那么可以构建二阶模型，来达到简化模型、释放自由度的效果。

因此，一阶验证性因子分析是二阶验证性因子分析的前提。只有当原先的一阶验证性因子构念间有中高度的关联程度，且一阶验证性因素分析模型与样本数据适配时，才可以做二阶验证性因子分析。

2. CFA 模型

与一阶 CFA 模型不同的是，二阶 CFA 模型将 F1、F2 和 F3 聚合成更高层次的构念 F4。语句为

```
> library(lavaan)
> cfamodel <- ' F1 =~ A1+A2+A3+A4+A5
+                F2 =~ B1+B2+B3+B4+B5
+                F3 =~ C1+C2+C3+C4+C5+C6
+                F4 =~ F1+F2+F3 '
```

使用"summary（cfafit，fit. measures = "TRUE"）"命令显示 CFA 的总体结果。需要注意的指标有比较拟合指数（CFI）、近似值的均方根误差（RMSEA）、参数估计、潜在变量、因子协方差和误差方差。语句及输出结果如下：

```
User Model versus Baseline Model:

  Comparative Fit Index (CFI)                    0.901
  Tucker-Lewis Index (TLI)                       0.882

Loglikelihood and Information Criteria:

  Loglikelihood user model (H0)              -1313.152
  Loglikelihood unrestricted model (H1)      -1025.198

  Akaike (AIC)                                2696.304
  Bayesian (BIC)                              2817.538
  Sample-size adjusted Bayesian (BIC)         2706.602

Root Mean Square Error of Approximation:

  RMSEA                                          0.141
  90 Percent confidence interval - lower         0.130
  90 Percent confidence interval - upper         0.152
  P-value RMSEA <= 0.05                          0.000

Parameter Estimates:

  Standard errors                             Standard
  Information                                 Expected
  Information saturated (h1) model          Structured
```

```
User Model versus Baseline Model:

  Comparative Fit Index (CFI)                          0.901
  Tucker-Lewis Index (TLI)                             0.882

Loglikelihood and Information Criteria:

  Loglikelihood user model (H0)                    -1313.152
  Loglikelihood unrestricted model (H1)            -1025.198

  Akaike (AIC)                                      2696.304
  Bayesian (BIC)                                    2817.538
  Sample-size adjusted Bayesian (BIC)               2706.602

Root Mean Square Error of Approximation:

  RMSEA                                                0.141
  90 Percent confidence interval - lower               0.130
  90 Percent confidence interval - upper               0.152
  P-value RMSEA <= 0.05                                0.000

Parameter Estimates:

  Standard errors                                   Standard
  Information                                       Expected
  Information saturated (h1) model                Structured

Latent Variables:
                   Estimate  Std.Err  z-value  P(>|z|)
  F1 =~
    A1                1.000
    A2                1.083    0.051   21.407    0.000
    A3                0.812    0.044   18.650    0.000
    A4                0.900    0.047   19.329    0.000
    A5                0.865    0.052   16.493    0.000
  F2 =~
    B1                1.000
    B2                1.008    0.042   23.787    0.000
    B3                1.029    0.043   23.786    0.000
    B4                1.027    0.040   25.878    0.000
    B5                1.063    0.047   22.777    0.000
  F3 =~
    C1                1.000
    C2                1.033    0.040   25.649    0.000
    C3                1.006    0.038   26.408    0.000
    C4                0.802    0.045   17.884    0.000
    C5                0.962    0.050   19.224    0.000
    C6                1.032    0.048   21.478    0.000
  F4 =~
    F1                1.000
    F2                0.984    0.075   13.044    0.000
    F3                0.887    0.063   14.098    0.000
```

```
Variances:
              Estimate    Std.Err    z-value    P(>|z|)
     .A1        0.064      0.008      8.044      0.000
     .A2        0.086      0.010      8.404      0.000
     .A3        0.079      0.008      9.370      0.000
     .A4        0.087      0.009      9.182      0.000
     .A5        0.130      0.013      9.834      0.000
     .B1        0.085      0.009      9.259      0.000
     .B2        0.068      0.008      8.812      0.000
     .B3        0.070      0.008      8.812      0.000
     .B4        0.045      0.006      7.624      0.000
     .B5        0.091      0.010      9.176      0.000
     .C1        0.049      0.006      8.732      0.000
     .C2        0.045      0.005      8.384      0.000
     .C3        0.037      0.005      8.019      0.000
     .C4        0.091      0.009     10.136      0.000
     .C5        0.107      0.011      9.971      0.000
     .C6        0.087      0.009      9.606      0.000
     .F1        0.034      0.012      2.919      0.004
     .F2        0.126      0.018      7.049      0.000
     .F3        0.063      0.011      5.660      0.000
      F4        0.261      0.033      7.808      0.000
```

使用"standardizedSolution（cfafit）"命令显示标准化之后的结果。语句及输出结果如下：

```
> standardizedSolution(cfafit)
   lhs op  rhs  est.std    se       z pvalue ci.lower ci.upper
1   F1 =~  A1    0.906 0.014  63.652  0.000    0.878    0.934
2   F1 =~  A2    0.895 0.015  57.865  0.000    0.864    0.925
3   F1 =~  A3    0.843 0.021  40.184  0.000    0.802    0.884
4   F1 =~  A4    0.857 0.020  43.906  0.000    0.819    0.895
5   F1 =~  A5    0.794 0.026  30.411  0.000    0.743    0.845
6   F2 =~  B1    0.904 0.013  68.731  0.000    0.879    0.930
7   F2 =~  B2    0.922 0.011  83.173  0.000    0.901    0.944
8   F2 =~  B3    0.922 0.011  83.167  0.000    0.901    0.944
9   F2 =~  B4    0.949 0.008 116.035  0.000    0.933    0.965
10  F2 =~  B5    0.908 0.013  71.503  0.000    0.883    0.933
11  F3 =~  C1    0.920 0.012  79.807  0.000    0.897    0.942
12  F3 =~  C2    0.930 0.010  89.328  0.000    0.909    0.950
13  F3 =~  C3    0.938 0.010  98.731  0.000    0.919    0.957
14  F3 =~  C4    0.810 0.024  34.261  0.000    0.764    0.856
15  F3 =~  C5    0.837 0.021  40.234  0.000    0.796    0.877
16  F3 =~  C6    0.875 0.017  52.821  0.000    0.843    0.908
17  F4 =~  F1    0.940 0.021  44.110  0.000    0.898    0.982
18  F4 =~  F2    0.817 0.028  29.127  0.000    0.762    0.872
19  F4 =~  F3    0.875 0.024  36.318  0.000    0.828    0.922
20  A1 ~~  A1    0.179 0.026   6.916  0.000    0.128    0.229
21  A2 ~~  A2    0.199 0.028   7.207  0.000    0.145    0.254
22  A3 ~~  A3    0.289 0.035   8.175  0.000    0.220    0.359
23  A4 ~~  A4    0.266 0.033   7.948  0.000    0.200    0.331
24  A5 ~~  A5    0.370 0.041   8.929  0.000    0.289    0.451
25  B1 ~~  B1    0.182 0.024   7.658  0.000    0.136    0.229
```

```
26  B2 ~~ B2   0.149 0.020   7.288  0.000   0.109  0.189
27  B3 ~~ B3   0.149 0.020   7.288  0.000   0.109  0.189
28  B4 ~~ B4   0.100 0.016   6.458  0.000   0.070  0.131
29  B5 ~~ B5   0.175 0.023   7.584  0.000   0.130  0.220
30  C1 ~~ C1   0.154 0.021   7.258  0.000   0.112  0.195
31  C2 ~~ C2   0.136 0.019   7.001  0.000   0.098  0.173
32  C3 ~~ C3   0.120 0.018   6.744  0.000   0.085  0.155
33  C4 ~~ C4   0.344 0.038   8.989  0.000   0.269  0.419
34  C5 ~~ C5   0.300 0.035   8.623  0.000   0.232  0.368
35  C6 ~~ C6   0.234 0.029   8.073  0.000   0.177  0.291
36  F1 ~~ F1   0.116 0.040   2.899  0.004   0.038  0.195
37  F2 ~~ F2   0.333 0.046   7.257  0.000   0.243  0.422
38  F3 ~~ F3   0.234 0.042   5.557  0.000   0.152  0.317
39  F4 ~~ F4   1.000 0.000     NA     NA    1.000  1.000
```

下面，调用 semTools 包。"reliability（cfafit）"这条命令用于计算一阶因素的 AVE、CR 等值；"reliabilityL2（cfafit,"F4"）"这条命令用于计算二阶因素的 CR 值。语句如下：

```
> library(semTools)

> reliability(cfafit)

              F1        F2        F3
alpha   0.9324622 0.9651476 0.9550747
omega   0.9349719 0.9653472 0.9565354
omega2  0.9349719 0.9653472 0.9565354
omega3  0.9348529 0.9656509 0.9571845
avevar  0.7440468 0.8478873 0.7869023

> reliabilityL2(cfafit, "F4")
      omegaL1         omegaL2    partialOmegaL1
    0.8863124       0.9060533         0.9793568
```

**3. 通过树状图评估因子和变量间的关系**

下面，调用 semPlot 包画图。可以看出 F1、F2、F3 与 F4 高度相关，因此，F1、F2、F3 可以聚合成更高层次的构念 F4。语句如下：

```
> library(semPlot)

> semPaths(cfafit,
+          title=F, what = "std", residuals = FALSE,
+          intercepts = FALSE, layout = "tree2",
+          label.cex=1, edge.label.cex=0.9, font=2,
+          edge.color="black", fixedStyle = c("black",1),freeStyle
  = c("black",1), esize = 0.01,
+          rotation=4)
```

输出结果见图 4-2。

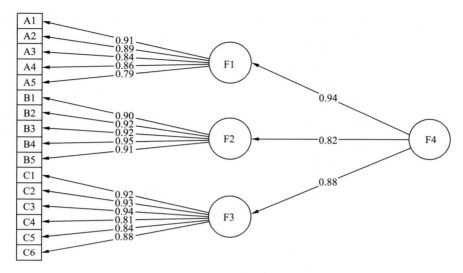

图 4-2 树状图

## 4.5 共同方法偏差

共同方法偏差是一种能够影响研究有效性的系统误差。在数据来源或评分者、测量环境、项目语境等条件相同的情况下,当预测变量和效标变量之间因事物特性而产生人为共变时,它们形成的差值就为共同方法偏差变化。而当单一的研究数据只能以自我报告的收集资料方式作答时,也会产生共同方法偏差。[1] 这种人为因素产生的结论和实际研究结果之间的差异,就是所谓的系统误差。共同方法偏差在心理学、行为科学研究等尤其是采用问卷法的调查中广泛存在,现在仍是学界关注的一个热门课题。下面主要从共同方法偏差的来源、发生机制及控制方法三方面来介绍共同方法偏差,希望引起读者对研究中产生的共同方法偏差的重视。

### 4.5.1 共同方法偏差的来源

共同方法偏差的一个重要来源就是自我报告偏差(self-report bias),也就是同一个人对预测变量和效标变量之间因事物特性而产生的人为共

---

[1] Lindell M K, Whitney D J. Accounting for common method variance in cross-sectional research designs [J]. Journal of Applied Psychology, 2001, 86(1): 114-121.

变。这里主要从同一数据来源或评分者导致的方法偏差、项目特征所导致的方法偏差、项目语境所导致的方法偏差、测量环境所导致的方法偏差这四个角度来分别分析共同方法偏差的来源。

同一数据来源或评分者导致的方法偏差有七种，见图4-3，其偏差的产生主要与反应者自身的行为或情绪有关。而项目特征、项目语境及测量环境所导致的方法偏差则来源于研究者对反应者的引导、测量工具本身及测量环境等外部影响和约束。

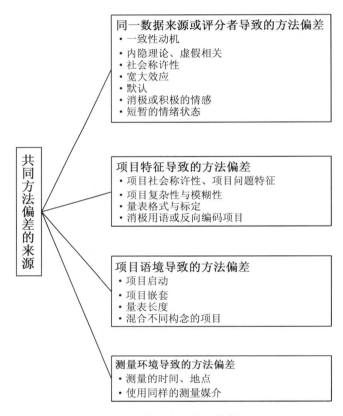

图 4-3　共同方法偏差的来源

### 4.5.2　共同方法偏差的发生机制

在弄清楚共同方法偏差的来源后，我们还需要进一步弄明白这些偏差是如何影响人们对于项目的反应过程的，进而才能有针对性地减少它们的影响。共同方法偏差的发生机制的基本步骤包括理解、提取、判断、反应选择、做出反应（图4-4）。这些反应过程一般不太容易被人们意识到，是一个自发过程。每个阶段最大效应的方法偏差源也是不同的。

理解阶段最大方法偏差源是项目的模糊性。提取阶段最大方法偏差源是情绪。判断阶段运用推理来填补会议空白的过程都会受到方法偏差的影响。而在反应选择阶段，同样的量表格式和标定是最重要的方法偏差源。

### 4.5.3 共同方法偏差的控制方法

为了控制或减少共同方法偏差的大小，通常采用程序控制和统计控制两种方法。研究者应首先考虑程序控制。程序控制是在研究设计上，事先提出各种可能的方法偏差来源并加以控制。研究者往往使用多种施测方式

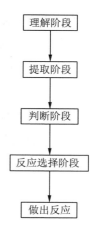

图4-4 共同方法偏差的发生机制的基本步骤

（如纸笔测验和网络测验），以及不同的Likert等级数、异时或异地测量、选取多个数据来源等方法，对共同方法偏差进行程序控制。程序控制技术一般有以下几种：可以从不同来源测量预测变量与效标变量；对测量进行时间上、空间上、心理上、方法上的分离；保护反应者的匿名性，减小随测量目的的猜度；平衡项目的顺序效应，改进量表项目。在程序控制中，关键是识别预测变量与效标变量在测量上的共同之处，进而通过研究设计减少、消除这种影响。[1-4]

统计控制就是通过统计手段，减少方法变异对测验内或测验间研究结果的影响。有六类统计方法进行控制，包括Harman单因素检验、偏相关法、潜在误差变量控制法、多质多法模型、误差独特性相关模型和

---

［1］ Podsakoff P M, Mackenzie S B, Lee J Y, et al. Common method biases in behavioral research: a critical review of the literature and recommended remedies[J]. Journal of Applied Psychology, 2003, 88(5): 879-903.

［2］ 周浩, 龙立荣. 共同方法偏差的统计检验与控制方法[J]. 心理科学进展, 2004(6): 942-950.

［3］ 杜建政, 赵国祥, 刘金平. 测评中的共同方法偏差[J]. 心理科学, 2005, 28(2): 420-422.

［4］ 熊红星, 张璟, 郑雪. 方法影响结果？方法变异的本质、影响及控制[J]. 心理学探新, 2013, 33(3): 195-199.

直积模型。使用统计控制方法时可依次考虑以下三个因素：（1）能否识别共同方法偏差的主要来源；（2）所识别的方法偏差是单个还是多个；（3）所识别的方法偏差能否被有效测量。在大多数情况下，研究者无法识别偏差来源，因此研究者通常只采用 Harman 单因素检验、偏相关法及潜在误差变量控制法这三类方法对共同方法偏差进行检验。图4-5 为共同方法偏差的统计控制法选择程序。

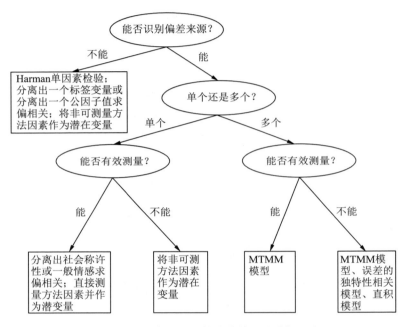

**图 4-5　共同方法偏差的统计控制法选择程序**

共同方法偏差问题对问卷调查的影响很大，如果在实证研究过程中不加以考虑，就很难产生高质量的研究成果。

# 第 5 章 回归分析：实证研究的基础

## 5.1 简单回归分析

管理研究常常寻找变量与变量之间的关系。在研究一个变量如何影响另外一个变量时，一般用的方法是回归分析（regression analysis）。回归分析中被解释和预测的变量称为因变量（dependent variable），用来解释和预测其他变量的变量为自变量（independent variable）。回归分析用于研究自变量与因变量之间的关系，考察因变量如何随着自变量变化而变化。

如果因变量是分类变量，需要使用 Logistic/Probit 回归，但我们的研究中通常使用连续型变量，故本章不对 Logistic/Probit 回归展开讨论。根据回归变量的多少，回归方程可分为一元回归方程（只有一个自变量）和多元回归方程（不止一个自变量）；根据回归方程的形式，可分为线性回归和非线性回归。在管理学研究中，大部分变量之间的关系都是线性的，故本章只讨论线性回归。通常，一元线性回归方程的假设形式是

$$y = a + bx + \varepsilon$$

其中，$\varepsilon$ 代表随机误差。由于回归方程最终形式为一条直线，参数只有一个斜率和一个截距，所以，我们也经常把它简写为 $y = a + bx$ 的形式，此时截距项 $a$ 已经包含了随机误差 $\varepsilon$。

## 5.2 回归统计量

**1. 残差与最小二乘法**

如图 5-1 所示,将变量真实的观测值记为 $(x_1, y_1)$、$(x_2, y_2)$、$(x_3, y_3)$ 等。当自变量取值为 $x_1$ 时,因变量的实际值为 $y_1$,而代入回归方程得到的预测值为 $\hat{y_1}$。通常,$y_1$ 和 $\hat{y_1}$ 并不会完全一致,把 $(y_1-\hat{y_1})^2$ 作为预测值和观测值的误差。$y_1$ 可能比 $\hat{y_1}$ 大,也可能比 $\hat{y_1}$ 小,即它们的差有可能是正的,也可能是负的。为了避免正、负差相抵消,所以取差的平方。所有自变量对应的因变量预测值和观测值的差的平方和,就是总误差平方。"误差"代表的是回归方程不能完全反映实际情况,所以很多学者更喜欢用"残差"(residual)来表述,也就是残余不能估计的差额。

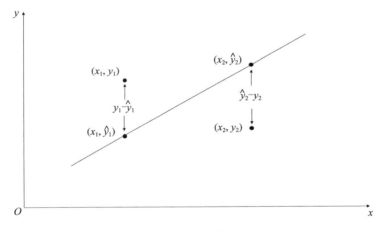

**图 5-1 残差**

如图 5-2 所示,把各点的残差总相加,我们可以得出观测值与预测值之间距离的总长度,以此判断回归方程与真实情况的拟合度。残差越小,线性回归方程与真实情况越贴近,拟合度越好。当总残差平方最小时,对应的回归方程就是我们期望中最能反映实际变量关系的一条直线。这种方法叫作最小二乘法(Ordinary Least Square, OLS, 或称最小平方法)。用数学的形式写,最小二乘法的公式为

$$\min \sum_i (y_i - \hat{y})^2$$

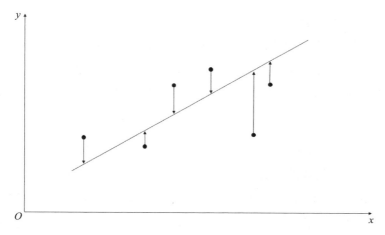

图 5-2 总残差

为求出此时参数,我们将 $y=a+bx$ 的回归方程代入,然后分别对 $a$ 和 $b$ 求一阶偏导:

$$\sum (y_i - \hat{y})^2 = \sum (y_i - a - bx)^2$$

$$\frac{\partial}{\partial a}\sum (y_i - a - bx_i)^2 = \sum \frac{\partial}{\partial a}(y_i - a - bx_i)^2 = -2\left(\sum y_i - na - b\sum x_i\right)$$

$$\frac{\partial}{\partial b}\sum (y_i - a - bx_i)^2 = \sum \frac{\partial}{\partial b}(y_i - a - bx_i)^2 =$$
$$-2\left(\sum x_i y_i - a\sum x_i - b\sum x_i^2\right)$$

令偏导等于 0,便形成一个有关 $a$ 和 $b$ 的二元一次方程组

$$\sum y_i - na - b\sum x_i = 0 \quad (1)$$

$$\sum x_i y_i - a\sum x_i - b\sum x_i^2 = 0 \quad (2)$$

在(1)式中,左右两边同时乘上 $\bar{x}\left(=\dfrac{\sum x_i}{n}\right)$ 并代入(2)式,可得

$$\bar{x}\sum y_i - a\sum x_i - b\bar{x}\sum x_i = 0$$

$$\sum x_i y_i - b\sum x_i^2 = \bar{x}\sum y_i - b\bar{x}\sum x_i$$

由此解得

$$b = \frac{\sum x_i y_i - \bar{x}\sum y_i}{\sum x_i^2 - \bar{x}\sum x_i} = \frac{n\sum x_i y_i - \sum x_i \sum y_i}{n\sum x_i^2 - \left(\sum x_i\right)^2}$$

$$a = \bar{y} - b\bar{x}$$

## 2. 分解平方和

如果我们仔细观察 $y$ 的观测值与均值的差 $(y-\bar{y})$，可以发现这个距离可以分解成两部分，即 $y-\bar{y} = (\hat{y}-\bar{y}) + (y-\hat{y})$。前文已述，为防止正、负差抵消，我们需要使用平方形式求和。结合分解等式，数学家推导出

$$\sum(y-\bar{y})^2 = \sum(\hat{y}-\bar{y})^2 + \sum(y-\hat{y})^2$$

等式左边的"差数的平方和"在回归中称为"总平方和"（total sum of square，$SS_{tot}$），它反映了样本观测值与平均值的离散程度。右边第一个部分称为"回归的平方和"（regression sum of sqrare，$SS_{reg}$），反映了回归预测值与样本均值的离散程度。第二个部分称为"残差的平方和"（residual sum of square，$SS_{res}$），是实际观测值与回归预测值的离差平方和，也就是我们的估计误差。不难发现，$SS_{res}$ 越小，回归直线越能反映数据的实际关系。如果我们将上述公式整体除以 $SS_{tot}$，可得到

$$1 = \frac{SS_{reg}}{SS_{tot}} + \frac{SS_{res}}{SS_{tot}}$$

这里 $SS_{reg}/SS_{tot}$ 表示回归方程能够解释因变量方差的百分比，$SS_{res}/SS_{tot}$ 表示回归方程不能解释因变量方差的百分比。事实上，$SS_{reg}/SS_{tot}$ 一般称为"模型的 $R^2$"。在数值上，它等于我们研究中最常用的一个统计量——相关系数的平方，即

$$R^2 = r_{xy}^2$$

## 5.3 回归分析的前提假设

线性回归分析在使用时需要满足一定的前提假设，概括起来基本假定包括以下几种：

**假设 1：变量没有测量误差。**

众所周知，变量如果在测量时存在误差，必然会对统计量、估计结果产生影响。一般在做回归分析时，都默认假设不存在测量误差。

**假设 2：回归模型需要正确设定。**

回归分析得到的结果具有统计学意义，但是，统计学上显著并不代

表关系一定合理。回归分析只能帮助研究者验证假设，而非创造理论。因此，研究者需要基于理论、常识、推理等，首先建构一个正确的模型。在设定模型时，应尽可能包含影响因变量的主要因素。

**假设3：自变量 $X$ 是确定的变量而非随机变量。**

对于给定的 $X$，其对应的 $Y$ 是随机的。

**假设4：随机误差 $\varepsilon$ 均值为0。**

随机误差代表未囊括进模型的其他因素影响之和。假设随机误差均值为0，实际上是假设这些影响相互抵消，从而对被解释变量没有系统性影响。随机误差 $\varepsilon$ 均值为0可表示为

$$E(\varepsilon) = 0$$

**假设5：随机误差 $\varepsilon$ 没有自相关。**

回归分析假设一个观察点的估计误差与另外一个观察点的残差没有关系，这称为没有"自相关"，也称"序列不相关性"。在管理学研究中，"自相关"问题是可能存在的。例如，在主管评价员工时，一名主管给几名员工评价普遍偏高，另一名主管给另几名员工评价普遍偏低，这种情况下很可能存在"自相关问题"。涉及时间序列数据时，自相关问题更加需要注意。随机误差的序列不相关性可表示为

$$\mathrm{cov}(\varepsilon_i, \varepsilon_j) = 0 \, (i \neq j)$$

**假设6：随机误差 $\varepsilon$ 方差齐性。**

在回归分析中，一个自变量的取值会对应不同的 $y$，如果用图形呈现，这些 $y$ 会形成一列竖的分布。回归分析假设的就是在每一个自变量取值上，其对应的 $y$ 竖列分布的方差是一样的，这称为"同方差"或"方差齐性"。事实上，如果这个方差越小，那么不同 $x$ 对应的 $y$ 会越靠近回归方程估计的 $\hat{y}$，回归方程拟合度越好。这个方差与模型 $R^2$ 的作用是一致的。随机误差的方差齐性可表示为

$$\mathrm{var}(\varepsilon_i) = \sigma^2$$

除了上述假设外，还有许多地方会提到正态性假设，也就是要求随机误差项服从正态分布。对于参数置信区间估计和假设检验而言，残差服从正态分布这一假设是必需的。如果仅是通过最小二乘法（OLS）求得回归参数估计值，那正态假定并非必需，但如果要使用极大似然估计

法，那么正态假定就是必需的。

还有一条常见的假设为随机误差项与自变量 $X$ 不相关，即
$$\text{cov}(\varepsilon, x) = 0$$
虽然这一点也很重要，但是，当上述假设都满足时，这一假设也必定会满足。

## 5.4 多元回归

在前一节，我们讨论了最基本的一元线性回归方程。在实际研究中，因变量往往受到多个因素共同影响，这时就需要使用多元回归（multiple regression）。方程模型为
$$y = a + b_1 x_1 + b_2 x_2 + \cdots + b_k x_k + \varepsilon$$

在多元回归中，同样可以使用最小二乘法求解。假设我们共有 $n$ 个观察数据代入上述模型，可以得到
$$y_1 = a + b_1 x_{11} + b_2 x_{21} + \cdots + b_k x_{k1} + \varepsilon$$
$$y_2 = a + b_1 x_{12} + b_2 x_{22} + \cdots + b_k x_{k2} + \varepsilon$$
$$\vdots$$
$$y_n = a + b_1 x_{1n} + b_2 x_{2n} + \cdots + b_k x_{kn} + \varepsilon$$

参数的最小二乘法估计可通过解正规方程组得到：
$$na + b_1 \sum x_{1i} + b_2 \sum x_{2i} + \cdots + b_k \sum x_{ki} = \sum y_i$$
$$a \sum x_{1i} + b_1 \sum x_{1i} x_{1i} + b_2 \sum x_{2i} x_{1i} + \cdots + b_k \sum x_{ki} x_{1i} = \sum_{y_i} x_{1i}$$
$$\vdots$$
$$a \sum x_{ki} + b_1 \sum x_{1i} x_{ki} + b_2 \sum x_{2i} x_{ki} + \cdots + b_k \sum x_{ki} x_{ki} = \sum_{y_i} x_{ki}$$

显然，这一方程组求解的过程是极为复杂的，实际使用中，我们都是借助计算机软件来获取结果。此外，在数学上，我们可以用矩阵的形式得到更为简洁的表达。将函数记为 $\boldsymbol{Y} = \boldsymbol{B} \cdot \boldsymbol{X}$。通过数学推导，我们可得到参数的解为
$$\boldsymbol{B} = (\boldsymbol{X}^\mathrm{T} \cdot \boldsymbol{X})^{-1} \boldsymbol{X}^\mathrm{T} \cdot \boldsymbol{Y}$$

其中

$$X = \begin{bmatrix} 1 & x_{11} & x_{21} & \cdots & x_{k1} \\ 1 & x_{12} & x_{22} & \cdots & x_{k2} \\ \vdots & \vdots & \vdots & & \vdots \\ 1 & x_{1n} & x_{2n} & \cdots & x_{kn} \end{bmatrix}, \quad B = \begin{bmatrix} a \\ b_1 \\ \vdots \\ b_k \end{bmatrix}, \quad Y = \begin{bmatrix} y_1 \\ y_2 \\ \vdots \\ y_n \end{bmatrix}$$

在一元回归中，我们将总平方和分解为回归平方和与残差平方和。在多元回归中，这个等式依然成立。但是，由于观测值和自变量增加会导致 $R^2$ 增加，所以需要对其进行修正，得到调整后的 $R^2$（Adjusted-$R^2$），公式如下（$k$ 为自变量个数，$n$ 为样本量）：

$$R^2 = 1 - (1 - R^2)\frac{n-1}{n-k-1}$$

需要注意的是，多元线性回归比一元线性回归增加了一个前提假设：不存在严重的共线性问题。共线性是指，在回归模型中，有两个或以上的变量有很高的相关性，这时回归系数估计可能出现严重误差。虽然现实中也很难出现自变量之间完全独立、不存在相关性的绝对情况，但我们仍然需要一个标准来判断自变量的相关性大小，从而决定相关性大到什么程度是不可接受的。这一指标即为变异膨胀系数（Variance Inflation Factor，VIF）。它的倒数称为宽容度（tolerance，也称容忍度、允差）。

$$\text{VIF} = \frac{1}{1 - R_i^2}$$

其中，$R_i^2$ 是自变量 $x_i$ 对其余自变量做回归分析得到的模型的 $R^2$。$R_i^2$ 越大，该自变量与其他自变量的相关度越高，VIF 值越大，多重共线性越严重。VIF 值的判断是经验标准，不同学者给出的标准也有所不同。有学者认为，VIF>5 为高共线性，VIF>10 为危险程度的共线性临界值。也有学者认为，0<VIF<10 时不存在共线性问题，10≤VIF<100 时共线性较强，VIF≥100 时共线性严重。总体而言，较多学者通用的标准是以 10 为临界值。当 VIF≥10 时，表明数据共线性问题严重，需要进行调整。

## 5.5 回归分析 R 语言操作

### 5.5.1 简单回归分析

作为一种基础统计方法，回归分析在各种统计软件中均可实现。在本节中，我们将以 R 语言为例，展示回归分析的过程。

1. 阅读数据

我们使用 R 内置的数据集 cars 作为示例。cars 共有 50 行观察数据，两个变量 speed（速度）和 dist（距离）。语句如下：

```
head(cars) #查看前 6 行
speed dist
1    4    2
2    4   10
3    7    4
4    7   22
5    8   16
6    9   10
summary(cars) #查看数据整体情况
    speed            dist
 Min.   : 4.0    Min.   :  2.00
 1st Qu.: 12.0   1st Qu.: 26.00
 Median : 15.0   Median : 36.00
 Mean   : 15.4   Mean   : 42.98
 3rd Qu.: 19.0   3rd Qu.: 56.00
 Max.   : 25.0   Max.   :120.00
```

2. 数据预处理

首先，我们需要判断数据是否符合线性回归，这可以通过绘制散点图（scatter plot）来初步判断。语句如下：

```
plot(cars$speed,cars$dist,main='scatter plot') #speed 为自变量,dist 为因变量
```

输出结果见图 5-3。

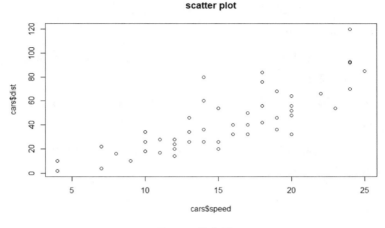

图 5-3　散点图

3. 构建线性回归模型

在 R 中,通过 lm( ) 函数实现 OLS 线性回归。最基础的语法格式为 lm(y~x, data= )。其中 $y$ 代表因变量,$x$ 代表自变量,~是连接符,表示 $y$ 与 $x$ 的关系,最后表明数据来源的位置。在本例中,语句如下:

　　fit <- lm(dist~speed,data = cars)#用 lm( ) 拟合,结果存储于 fit 变量中
　　Call:
　　lm(formula = dist ~ speed,data = cars)
　　Coefficients:
　　(Intercept)　　　speed
　　　-17.579　　　3.932

fit 中存储的数据显示,截距(Intercept)为 -17.579,斜率为 3.932,因变量 dist 和自变量 speed 的回归方程为 dist = 3.932 * speed -17.579。

4. 回归方程的显著性检验

在计算过程中,我们并不需要知道 $y$ 和 $x$ 是否有线性相关的关系。如果 $y$ 会随着 $x$ 的变化而线性变化,这个时候一元线性回归方程才有意义。所以,我们需要用假设检验的方法,来验证方程的有效性。通常,

显著性检验的方法有三种。

① $t$ 检验法：检验模型中某个自变量对于因变量的显著性，通常用 $P$ 值（$P$-value）判断显著性。

② $F$ 检验法：$F$ 检验用于所有的自变量 $x$ 对于 $y$ 的线性显著性，也是用 $P$-value 判断显著性。

③ $R^2$ 检验法：用来判断回归方程的拟合程度，$R^2$ 越接近 1 说明拟合程度越好。

在 R 中，三种方法的相关统计量都已给出，我们调用回归拟合的详情即可查看。语句如下：

```
summary(fit) #查看拟合的具体信息
Call:
lm(formula = dist ~ speed,data = cars)
Residuals:
    Min      1Q  Median      3Q     Max
-29.069  -9.525  -2.272   9.215  43.201
Coefficients:
            Estimate Std.Error t value Pr(>|t|)
(Intercept) -17.5791    6.7584  -2.601  0.0123 *
speed         3.9324    0.4155   9.464 1.49e-12 ***
---
Signif.codes: 0 '***' 0.001 '**' 0.01 '*' 0.05 '.' 0.1 ' ' 1


Residual standard error: 15.38 on 48 degrees of freedom
Multiple R-squared: 0.6511, Adjusted R-squared: 0.6438
F-statistic: 89.57 on 1 and 48 DF,  p-value: 1.49e-12
```

"Call"列出了回归模型的公式。"Residuals"列出了残差的最小值点、四分之一分位点、中位数点、四分之三分位点、最大值点。"Coefficients"表示参数估计结果。"Estimate"为估计数值列,"Intercept"行表示截距的估计值。"Std. Error"为参数的标准差。"t value"为 $t$ 检验的值。"Pr(>|t|)"为"$P$"值,用于 $t$ 检验判定,其后,"*"为显著性标记,下方有各档显著性注释。"Residual standard error"表示残差的标准误差,自由度为 $n-2$。"Multiple R-squared"为 $R^2$,"Adjusted R-squared"是修正的 $R^2$,主要效用体现于多元回归。"F-statistic"表示 $F$ 统计量,自由度为 $(1, n-2)$,"p-value"用于 $F$ 检验判定。

### 5.5.2 多元回归分析

使用 R 自带的 swiss 数据集作为多元回归分析的演示数据。Swiss 数据集展示了 1888 年瑞士生育率和社会经济指标,共有 Fertility、Agriculture、Examination、Education、Catholic、Infant.Mortality 六个变量。

1. 查看相关性

在多元回归之前,首先检查一下变量间的相关性。我们通过默认的 cor() 函数查看相关系数矩阵。语句如下:

```
cor(swiss)
```

输出结果如下:

|  | Fertility | Agriculture | Examination | Education | Catholic | Infant.Mortality |
|---|---|---|---|---|---|---|
| Fertility | 1.0000000 | 0.35307918 | -0.6458827 | -0.66378886 | 0.4636847 | 0.41655603 |
| Agriculture | 0.3530792 | 1.00000000 | -0.6865422 | -0.63952252 | 0.4010951 | -0.06085861 |
| Examination | -0.6458827 | -0.68654221 | 1.0000000 | 0.69841530 | -0.5727418 | -0.11402160 |
| Education | -0.6637889 | -0.63952252 | 0.6984153 | 1.00000000 | -0.1538589 | -0.09932185 |
| Catholic | 0.4636847 | 0.40109505 | -0.5727418 | -0.15385892 | 1.0000000 | 0.17549591 |
| Infant.Mortality | 0.4165560 | -0.06085861 | -0.1140216 | -0.09932185 | 0.1754959 | 1.00000000 |

在多元回归中,我们也可以像一元回归时那样,通过散点图来观察。car 包中的 scatterplotMatrix() 函数可以绘制散点图矩阵。如图 5-4 所示,非对角线区域是变量间散点图,图上标有平滑和线性拟合曲线;对角线区域是各变量的密度图。函数可以添加参数以控制图形呈现样式,感兴趣的读者可以通过 scatterplotMatrix 命令查看函数的语法说明。语句如下:

```
scatterplotMatrix(swiss)
```

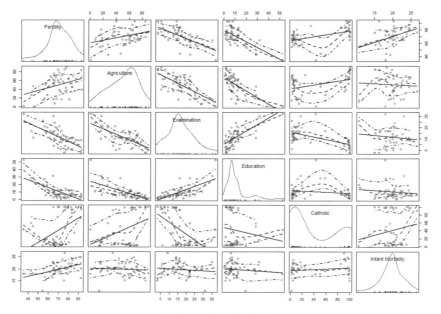

图 5-4　散点图矩阵

2. 构建模型

多元回归分析仍然使用 lm（ ）函数进行拟合，基本形式为 lm（y~$x_1+x_2+\cdots+x_n$, data= ），加号是预测变量的分隔符。但是，如果涉及交互作用，需要使用"："号。例如，自变量 A、B 和交互项 AB 都对因变量 Y 有影响，应写成 Y~A+B+A：B。" * "号是表示所有可能交互项的简洁形式，Y~A * B * C 可展开为 Y~A+B+C+A：B+A：C+B：C+A：B：C。在本例中，语句如下：

```
fit<- lm(Fertility~Agriculture+Examination+Ed-
ucation+Catholic+Infant.Mortality,data=swiss)
    fit <- lm(Fertility~.,data=swiss) #此为上行代码的
简写形式,在该变量与其他所有变量间多元回归时可用"."代替
    summary(fit) #查看回归指标
    Call:
    lm(formula = Fertility ~ .,data = swiss)
```

Residuals:
| Max | Min | 1Q | Median | 3Q |
|---|---|---|---|---|
| -15.2743 | -5.2617 | 0.5032 | 4.1198 | 15.3213 |

| Coefficients: | Estimate | Std. Error | t value | Pr(>\|t\|) | |
|---|---|---|---|---|---|
| (Intercept) | 66.91518 | 10.70604 | 6.250 | 1.91e-07 | *** |
| Agriculture | -0.17211 | 0.07030 | -2.448 | 0.01873 | * |
| Examination | -0.25801 | 0.25388 | -1.016 | 0.31546 | |
| Education | -0.87094 | 0.18303 | -4.758 | 2.43e-05 | *** |
| Catholic | 0.10412 | 0.03526 | 2.953 | 0.00519 | ** |
| Infant.Mortality | 1.07705 | 0.38172 | 2.822 | 0.00734 | ** |

---

Signif.codes: 0 '***' 0.001 '**' 0.01 '*' 0.05 '.' 0.1 ' ' 1

Residual standard error: 7.165 on 41 degrees of freedom

Multiple R-squared: 0.7067, Adjusted R-squared: 0.671

F-statistic: 19.76 on 5 and 41 DF, p-value: 5.594e-10

### 3. 模型比较与选择

结果显示,Examination 项并不显著,于是我们自然会考虑:在模型中纳入所有变量是否必要？我们可以将 Examination 从回归模型中删除,比较查看模型情况。语句如下:

```
fit2 <- lm(Fertility ~ Agriculture + Education + Catholic+Infant.Mortality,data=swiss)
summary(fit2)
Call:
lm(formula = Fertility ~ Agriculture + Education + Catholic +
    Infant.Mortality,data = swiss)
```

```
Residuals:
    Min      1Q   Median      3Q     Max
-14.6765 -6.0522  0.7514  3.1664 16.1422
Coefficients: Estimate Std. Error t value Pr(>|t|)
(Intercept)     62.10131  9.60489   6.466  8.49e-08 ***
Agriculture     -0.15462  0.06819  -2.267   0.02857 *
Education       -0.98026  0.14814  -6.617  5.14e-08 ***
Catholic         0.12467  0.02889   4.315  9.50e-05 ***
Infant.Mortality 1.07844  0.38187   2.824   0.00722 **
---
Signif.codes: 0'***' 0.001'**' 0.01'*' 0.05'.' 0.1' ' 1
```

Residual standard error: 7.168 on 42 degrees of freedom

Multiple R-squared: 0.6993, Adjusted R-squared: 0.6707

F-statistic: 24.42 on 4 and 42 DF, p-value: 1.717e-10

对比两个模型发现，去除 Examination 后，虽然模型 $R^2$ 减小，但调整后的 $R^2$ 差距不大。我们可以通过 AIC 和 anova() 函数进一步比较模型。语句如下：

```
AIC(fit,fit2) #比较模型 AIC
     df    AIC
fit   7 326.0716
fit2  6 325.2408
anova(fit,fit2) #对两个模型做方差分析
Analysis of Variance Table
Model 1: Fertility ~ Agriculture + Examination + Education + Catholic + Infant.Mortality
Model 2: Fertility ~ Agriculture + Education + Catholic + Infant.Mortality
  Res.Df    RSS Df Sum of Sq      F Pr(>F)
```

```
1    41 2105.0
2    42 2158.1 -1    -53.027 1.0328 0.3155
```

结果显示，与模型1相比，模型2的AIC更小。方差分析显示两个模型差异并不显著，这表明我们可以放心地将变量从模型中剔除。不过需要注意的是，anova（）只能用于嵌套模型比较，而AIC没有这个限制。

本例涉及的变量较少，如果涉及的变量较多，我们就需要更好的方法。一般常用两种方法：逐步回归法（stepwise method）和全子集回归法（all-subsets regression）。

逐步回归法是指在模型中每次增加或减少一个变量，直到满足某个标准为止。逐步回归分为向前和向后两种：向前逐步回归指每次向模型中加入一个变量，直到模型没有改进；向后逐步回归指从完整模型开始每次删除一个变量，直到模型质量下降为止。还可以将两种方法结合：每次添加一个变量时都对变量重新评估，删除不必要的变量，在这个动态过程中，变量会被反复添加或删除，直到组合最优为止。语句如下：

```
install.packages('MASS') #首次使用需安装MASS包
library(MASS) #调用MASS包库
stepAIC(fit,direction = 'backward') #此处使用向后
```
回归，调整direction参数可以实现其他方向的逐步回归
```
Start:  AIC=190.69
Fertility ~ Agriculture + Examination +
Education + Catholic +
    Infant.Mortality
```

|                    | Df | Sum of Sq | RSS    | AIC    |
|--------------------|----|-----------|--------|--------|
| - Examination      | 1  | 53.03     | 2158.1 | 189.86 |
| <none>             |    |           | 2105.0 | 190.69 |
| - Agriculture      | 1  | 307.72    | 2412.8 | 195.10 |
| - Infant.Mortality | 1  | 408.75    | 2513.8 | 197.03 |
| - Catholic         | 1  | 447.71    | 2552.8 | 197.75 |
| - Education        | 1  | 1162.56   | 3267.6 | 209.36 |

```
Step:  AIC=189.86
```

```
Fertility ~ Agriculture + Education + Catholic + 
Infant.Mortality
                    Df    Sum of Sq      RSS        AIC
       <none>                          2158.1     189.86
     - Agriculture  1       264.18     2422.2     193.29
 - Infant.Mortality 1       409.81     2567.9     196.03
        - Catholic  1       956.57     3114.6     205.10
       - Education  1      2249.97     4408.0     221.43
Call:
   lm(formula = Fertility ~ Agriculture + Education 
+ Catholic + 
       Infant.Mortality,data = swiss)
   Coefficients:
   (Intercept)  Agriculture    Education    CatholicInfant.Mortality
       62.1013      -0.1546      -0.9803       0.1247         1.0784
```

结果显示，最初的 start 模型是 5 个变量，最终的 call 模型删除了 Examination，这一结果与我们之前的判断是一致的。逐步回归法有其缺陷：它并没有将所有可能的模型情况都纳入考虑，因此全子集回归法更为准确。

全子集回归可以展示任意 n 个不同子集大小的最佳模型，通过 leaps 包中的 regsubsets（）函数可以实现。当 "nbest" 设定为 k 时，会展示 k 个最佳的单预测变量模型、k 个最佳的双预测变量模型，直到 k 个最佳的 k 数量预测变量模型或者所有的预测变量都已被包含。根据 $R^2$、调整 $R^2$、Mallows Cp、BIC 等指标，选择理想模型。对好的模型而言，Cp 统计量非常接近模型的参数数目（包括截距项）。语句如下：

```
   install.packages('leaps') #首次使用需安装 leaps 包
   library(leaps)#调用 leaps 包
   fit3 <- regsubsets(Fertility ~ .,data = swiss,
nbest = 5)
   summary(fit3)
```

```
Subset selection object
Call: regsubsets.formula(Fertility ~ ., data = swiss, nbest = 5)
5 Variables  (and intercept)
                 Forced in  Forced out
Agriculture        FALSE      FALSE
Examination        FALSE      FALSE
Education          FALSE      FALSE
Catholic           FALSE      FALSE
Infant.Mortality   FALSE      FALSE
5 subsets of each size up to 5
Selection Algorithm: exhaustive
```

|   | Agriculture | Examination | Education | Catholic | Infant.Mortality |
|---|---|---|---|---|---|
| 1 ( 1 ) | " " | " " | "*" | " " | " " |
| 1 ( 2 ) | " " | "*" | " " | " " | " " |
| 1 ( 3 ) | " " | " " | " " | "*" | " " |
| 1 ( 4 ) | " " | " " | " " | " " | "*" |
| 1 ( 5 ) | "*" | " " | " " | " " | " " |
| 2 ( 1 ) | " " | " " | "*" | "*" | " " |
| 2 ( 2 ) | " " | " " | "*" | " " | "*" |
| 2 ( 3 ) | " " | "*" | " " | " " | "*" |
| 2 ( 4 ) | " " | "*" | "*" | " " | " " |
| 2 ( 5 ) | "*" | " " | "*" | " " | " " |
| 3 ( 1 ) | " " | " " | "*" | "*" | "*" |
| 3 ( 2 ) | "*" | " " | "*" | "*" | " " |
| 3 ( 3 ) | " " | "*" | "*" | " " | "*" |
| 3 ( 4 ) | " " | "*" | "*" | "*" | " " |
| 3 ( 5 ) | "*" | " " | "*" | " " | "*" |
| 4 ( 1 ) | "*" | " " | "*" | "*" | "*" |
| 4 ( 2 ) | " " | "*" | "*" | "*" | "*" |

```
4  ( 3 ) "*"      "*"      "*"      "*"      " "
4  ( 4 ) "*"      "*"      "*"      " "      "*"
4  ( 5 ) "*"      "*"      " "      "*"      "*"
5  ( 1 ) "*"      "*"      "*"      "*"      "*"
```

输出结果中，第一竖列为变量个数，括号中的数字表示在特定变量数目下的情形编号，标"*"表示该变量包含于模型中。接下来，我们可以通过图形直观比较，见图5-5。语句如下：

plot(fit3, scale='adjr2') #以调整 $R^2$ 作为判标 scale

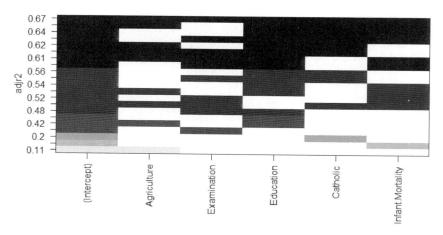

图 5-5　模型调整 $R^2$ 指标图

输出图形中，横坐标为对应的各自变量，纵坐标为指标调整 $R^2$。黑色部分表示变量被选择，白色部分表示未选择。模型的调整 $R^2$ 自上而下依次减小。第一行是调整 $R^2$ 最高的情况，所有自变量均为黑色，对应全模型。第二行 Examination 为白色而其他变量均为黑色，表明从模型中剔除了 Examination，这也是四变量模型时表现最好的。第三行从模型中剔除了 Agriculture 和 Examination，三变量模型时表现最好。第四行虽然也是四变量模型，删除的是 Agriculture，但是模型表现不及前面的模型。

我们还可以通过 car 包中的 subset() 函数绘图。图中横坐标代表子集大小，纵坐标为 Cp 统计量。图中给出了不同子集大小下，Cp 统计量最好的模型。越好的模型离斜率和截距均为 1 的直线越近。语句如下：

```
library(car)#调用 car 包,第一次使用需自行安装
subsets(fit3,statistic='cp')
abline(1,1,lty=2) #在图中绘制一条直线和斜率均为 1 的
```
直线,线类型为第 2 种

运行 subset 后,光标会变为十字形,在图中选择位置点击即可显示图例。从结果图 5-6 中可看到,子集数量为 5 时自然全模型表现最好,子集数量为 4 时 A-Ed-C-I 表现最好,因为与绘出的虚线最贴近。

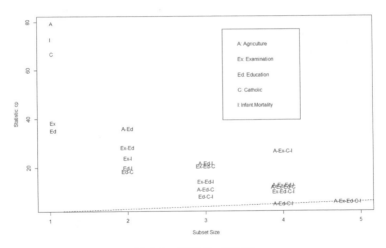

图 5-6　模型 Cp 指标图

理论上讲,全子集回归法遍历过所有可能情况,因而最终选择结果必然是最优解,从效果上优于逐步回归法。但是,当变量增加时,全子集回归法的计算量也会明显增大($2^n$),因此全子集回归法一般只用于变量较少的情况。

### 5.5.3　回归诊断

细心的读者可能已经注意到,前面我们着重讲了回归分析的假设,但是到现在我们一直没有提过操作。这是因为在软件中前提假设不是先验的,而是在回归拟合后再进行检验的。R 软件已经帮我们计算了结果并以图形呈现。语句如下：

```
par(mfrow=c(2,2)) #将图形显示面板切分为 2*2 的矩阵
plot(fit)#绘制拟合图
```

R 软件一共提供了四幅图，分别是残差图、正态分位图、位置尺度图、曲式距离图（也称残差杠杆图）。根据这四幅图，我们可以判断回归假设的前提是否成立。

残差图（Residuals vs Fitted）横坐标为拟合值 $y$，纵坐标为残差。如果图中散点看不出什么规律，分布随机，则表示残差与估计值无关，因变量与自变量线性相关。若存在明显的曲线形状，则表明模型非线性，很可能需要加上多项式。残差图如图 5-7 所示。

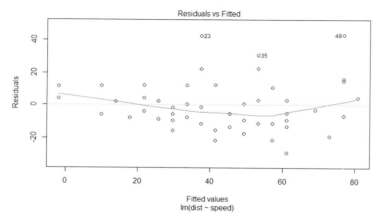

图 5-7　残差图

正态分位图（Normal Q-Q，也称 QQ 图）用于检测残差是否服从正态分布。当图中的点集中分布于 $y=x$ 这条对角直线时，说明残差服从正态分布。正态分位图如图 5-8 所示。

位置尺度图（Scale-location）纵坐标为标准化残差的平方根，残差越大，点的位置越高。位置尺度图用于检验同方差假设，如果点在曲线周围随机分布，则符合同方差假设。但如果散点分布呈明显规律，比如方差逐渐增大时，越往右的散点上下间距越大，方差差异越明显，这时便无法通过方差齐性检验。位置尺度图如图 5-9 所示。

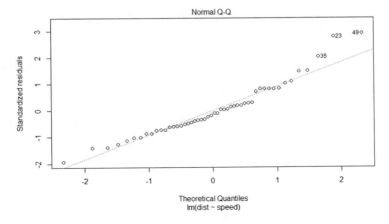

图 5-8　正态分位图

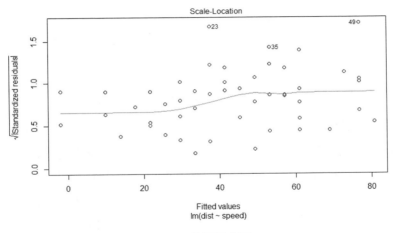

图 5-9　位置尺度图

残差杠杆图（Residuals vs Leverage）用于检查极端点，如图 5-10 所示。从图形可以鉴别出离群点（Outlier）、高杠杆点（High Leverage Point）和强影响点（Influential Point）。离群点是 y 远离主体区域的点，表明拟合方程对其预测效果不佳，产生了巨大的残差。高杠杆点是远离样本空间中心的点，表明自变量 x 的值是极端值的观测值。强影响点是对模型有较大影响的点，删除该点能改变拟合回归方程。图 5-10 中的 Cook's distance 表示每一个数据点对回归线的影响力，一般大于 0.5 就需要引起注意了。图中的红线为距离 0.5 或 1 的等高线。

除了 R 软件自带的基础函数外，我们还可以通过加载包库工具，达到更为精确的效果。例如，可以使用 car 包中提供的函数实现。语句如下：

```
install.packages('car')#第一次使用需要安装 car 包
library(car) #调用 car 包
```

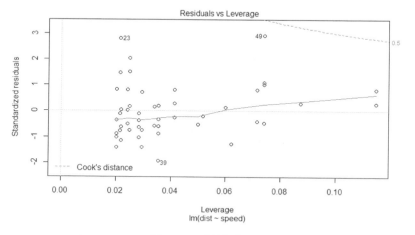

图 5-10　残差杠杆图

1. 正态性

car 中提供的 qqPlot（） 函数比 R 基础的 plot（） 函数更为精确，它提供了在 $n-p-1$ 自由度的 $t$ 分布下的学生化残差（studentized residual）图，其中 $n$ 是样本大小，$p$ 是回归参数的数目（包括截距项）。与前文提到的 QQ 图（图 5-8，正态分位图）原理相同，如果满足正态假设，那么图中的点应该落在 $y=x$ 的对角线上（实线），图中虚线则是 95% 置信区间的范围。语句如下：

```
qqPlot(fit) #对拟合结果绘制 QQ 图
```

2. 独立性

Durbin-Watson 检验，又称 DW 检验，可考察回归分析中残差的自相关性（尤其是时间序列数据）。若检验 P 值不显著，则说明无自相关。语句如下：

```
durbinWatsonTest(fit) #对拟合结果做 DW 检验
```

3. 线性

通过成分残差图（component plus residual plot），也称偏残差图

(partial residual plot)，可判断因变量和自变量间的线性关系。通过 crPlots（）函数即可绘制。语句如下：

```
crPlots(fit) #对拟合结果绘制 CR 图
```

4. 同方差性

car 包提供了两个函数可用于判断方差齐性假设：ncvTest（）函数和 spread LevelPlot（）函数。ncvTest（）函数生成一个计分检验，零假设为误差方差不变，备择假设为误差方差随着拟合值水平的变化而变化。若检验显著，则说明存在异方差性（误差方差不恒定）。语句如下：

```
ncvTest(fit) #对拟合结果做 Non-constant Variance Score Test
```

spreadLevelPlot（）函数创建一个添加了最佳拟合曲线的散点图，展示标准化残差绝对值与拟合值的关系。异方差不明显时，点应该在水平的最佳拟合曲线周围水平随机分布；异方差明显时，曲线非水平。运行结果会显示建议幂次变化（suggested power transformation），即经过幂变换后残差方差趋于平稳。例如，建议值为 0.5，那么用平方根代替原数据将满足方差齐性假设。语句如下：

```
spreadLevelPlot(fit)
```

5. 共线性

car 包中的 vif（）函数提供 VIF 值。根据 VIF 值的大小即可诊断共线性问题。语句如下：

```
vif(fit)
```

# 第6章 结构方程模型：调查研究的利器

在先前章节中我们讨论了一元回归和多元回归。二者的区别在于自变量数量的不同，但因变量都只有一个。在现实生活中，我们必然要考虑更复杂的情形：如果因变量不止一个呢？

有读者可能会说，通过多次回归分析，一样可以解决。但是，这一方法最大的问题是割裂了因变量之间的关系。在我们的研究中，因变量之间并不一定是完全独立的，如常见的中介变量问题。最好的估计方法应该是同时估计出所有的参数。

在现实生活中，我们还会碰到"潜变量"问题。例如"创新自我效能感"（creative self-efficacy），我们并不能直接测量出员工的创新自我效能感到底是多少，因为这是一个人为创造的构念。我们只能通过生活中常规可见的东西来测量，如"我觉得我擅长提出新颖的想法""我对自己创造性解决问题的能力有信心""我有进一步补充完善别人观点的窍门""我擅长发现新的方法去解决问题"，也就是量表中所展示的题项。这些能够直接进行测量的具体问题称为"测量项目"，不能直接进行测量的变量称为"潜变量"。在涉及潜变量时，我们不能简单地通过回归分析估计出参数。

为此，我们需要引入结构方程模型（SEM）。结构方程模型是应用线性方程表示观测变量与潜变量之间，以及潜变量之间关系的一种多元统计方法。事实上，在我们的研究中大多数的构念都是潜变量。也正因此，结构方程模型在研究中是非常重要的工具，读者们有必要掌握。

## 6.1 结构方程模型的原理

结构方程模型基于"方差-协方差"矩阵,通过模拟估计得出参数。一方面,在特定的变量关系下,总体的"方差-协方差矩阵"有特定的规律存在,通过抽样获得研究样本时,这一规律会反映到样本的"方差-协方差"矩阵中。另一方面,我们也可以根据结构方程模型设定的变量关系和估计的参数得到一个"方差-协方差"矩阵。我们可以比较模型估计的和实际观测到的两个"方差-协方差"矩阵。最理想的结果自然是二者完全一样,因为我们总是期望估计模型能够反映真实情况。虽然实际中很难达到完全一致,但我们仍然希望二者的差异越小越好。两个矩阵间的"误差",统计上称为拟合函数(fit function)。结构方程模型从参数的一组初始值开始,不断调整参数的值,便可以寻找到拟合函数最小的情况,最终得出的参数模型就是拟合最好的模型。有关拟合程度的更多指标,我们将在后续的部分详细介绍。

## 6.2 测量模型与结构模型

结构方程模型可以视为由两部分组成:测量模型(Measurement Model)与结构模型(Structural Model)。顾名思义,测量模型体现的是"测量关系",即变量与其测量题项之间的关系。以前文的"创新自我效能感"为例,我们将四个测量题项分别命名为 $x_1$、$x_2$、$x_3$、$x_4$,如图 6-1 所示的关系即是测量模型。结构模型体现的是变量间的关系,例如变量 $B$ 在变量 $A$ 对变量 $C$ 的影响中起部分中介作用,这一结构模型如图 6-2 所示。

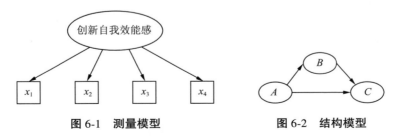

图 6-1　测量模型　　　　　图 6-2　结构模型

我们的研究往往都是涉及潜变量的研究,因此使用的结构方程模型都是测量模型和结构模型的结合,这也符合大多数人的理解。只有测量模型而没有结构模型,就相当于验证性因子分析;只有结构模型而没有测量模型,就相当于路径分析。

## 6.3 结构方程模型的基本知识

1. 因果关系

首先,在结构方程模型的图示中,我们始终按照从左到右的顺序来绘制和读取。自变量一定在最左边,因变量一定在最右边,如有中介变量则置于中间。

其次,结构方程模型中的因果关系是用箭头表示的。箭头是果,箭尾是因,从自变量到因变量。对于潜变量测量模型,由于测量项目是构念的表现和反映形式,所以构念是因,项目是果,箭头从构念指向项目。同理,测量项目是果,误差是因,箭头从误差指向项目。

2. 内生变量与外生变量

如果一个变量在结构方程模型中没有能够解释它的前因关系的变量,就把这个变量命名为"外生变量"或者"外因性变量"(exogenous variable)。一般而言,模型中最左边的自变量就是外生变量。与之相对的概念叫"内生变量"或者"内因性变量"(endogenous variable),即能够从结构方程模型中找到解释它的前因关系的变量。除了内生变量以外的变量都是外生变量,如因变量和中介变量就属于内生变量。

3. 图例表示

在结构方程模型中,潜变量和显变量在模型图中的表示是不同的。潜变量用圆圈来表示,显变量则用方框表示。一般我们研究中的构念都是潜变量,用圆圈表示,而测量项目则用方框表示。结构方程模型如图 6-3 所示。

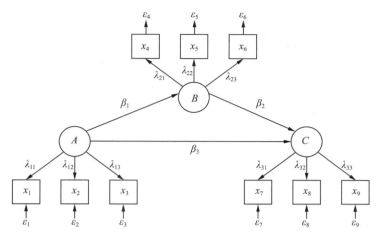

图 6-3　结构方程模型

4. 自由度与模型识别问题

自由度（degree of freedom，df）是统计学的概念，指的是计算某一统计量时，可以自由取值的变量个数。这可以通过做差的方法来定义，即在我们所有可用的数据信息量中，减去"不自由"的约束条件，剩下的便是自由的程度。我们以图 6-3 的例子来具体解释自由度的计算问题。

在结构方程模型中，可用的数据信息量是来自样本提供的方差和协方差个数。在图 6-3 的模型中，我们有 3 个构念，每个构念有 3 个测量项目，那我们总共具有 9 个观察项（$x_1$ 到 $x_9$）。9 个观察项目，共形成 9 个方差，各项与其他项构成不重复的协方差共 36 个（8+7+6+5+4+3+2+1=36），因此总的"方差-协方差"数目为 45 个。用数学的形式来表达，当我们有 $n$ 个观测项目时，在对角线为方差、非对角线位置为协方差的"方差-协方差"三角形矩阵中，可用等差数列求和公式得到总数目为 $\frac{n(n+1)}{2}$。

约束条件数量是我们要估计的参数的总量。在图 6-3 的模型中，我们总共要估计 3 个因子相关（$\beta$）、9 个因子权数（$\lambda$）、9 个随机误差（$\varepsilon$），一共 21 个参数。因此，这个模型的自由度是 45−21=24。

自由度的问题，关系到结构方程模型是否能够被"识别"的问题。所谓识别，即结构方程模型能够估计出我们所需要的参数。如果已知信息的数目比需要估计的参数量还少，我们就无法完成估计；只有当已知信息的数目大于或等于需要估计的参数量时，我们才能对需要的参数进行估计。在结构方程模型中，我们将自由度等于 0 的模型称为"恰好识别模型"，模型自由度大于 0 时称为"充足识别"，小于 0 时称为"不能识别"。尽管模型为"恰好识别"时仍可进行参数估计，但模型的自由度为 0，不能进行统计检验。

另外，模型识别的必要条件之一是设立测量尺度，即为潜变量指定单位。常用的设定方法有两种：将第一个观测指标的因子载荷固定为常数 1；将潜变量的方差固定为 1。目前几乎所有的 SEM 分析软件均会自动设立测量尺度。

## 6.4 结构方程模型拟合指标

在结构方程模型估计时，我们必然希望估计值与实际值越贴近越好。因此，我们需要评判结构方程模型拟合优劣的指标（拟合指数），通过拟合指数寻找理想的匹配模型。拟合指数可以分为三大类。第一类是绝对拟合指标（absolute index），只基于理论模型本身，衡量理论模型与样本数据的相似度，常见的有卡方自由度比、拟合指数、标准化残差均方根、近似误差均方根等。第二类是比较拟合指标，通过将理论模型与基准模型比较得出拟合的改进情况，常用的有比较拟合指数、规范拟合指数、塔克-刘易斯指数等。第三类是信息指标，考察模型的简约度，典型指标如赤池信息准则、贝叶斯信息准则。接下来，我们将逐一介绍常用拟合指标。

1. 卡方统计量

最基础的拟合指标是卡方（Chi-square，$\chi$）。卡方统计量可以通过如下公式得到：

$$\chi = (N - 1)F$$

其中 $F$ 指使用极大似然法（Maximum Likelihood，ML）等估计方法所得到的最小拟合函数值，$N$ 为样本量。然而在实际研究中，通过卡方统计量容易得到显著结果，即拒绝研究模型。这是因为卡方统计量容易受到样本量、数据分布形态、观测数据质量等因素影响。因此我们在研究中一般不直接使用卡方,而是使用卡方与自由度的比 ($X/df$) 来校正影响、评价拟合。

不同学者对"卡方自由度比"的评判标准不尽相同。按严格的标准来看,卡方自由度比小于 2 比较好;也有学者建议,小于 5 模型即可接受。总体而言,卡方自由度比应该尽可能小。但是,研究中不应过分追求数据表现的完美,更不可本末倒置、唯数据论。因为现实情况复杂,很难达到完美的理想状态,各种指标有其优点也各有缺点,我们在判断拟合程度时需要综合多个指标进行评判。

2. 拟合指数

拟合指数(Goodness of Fit Index,GFI)与回归模型中的 $R^2$ 类似,表明整个模型可以解释样本方差-协方差的程度。计算公式为

$$\text{GFI} = 1 - \frac{c_{\text{res}}}{c_{\text{total}}}$$

其中 $c_{\text{res}}$ 表示样本方差-协方差矩阵中的残差,$c_{\text{total}}$ 表示样本方差-协方差矩阵的总变异。当整个模型可解释总变异的比例增大时,残差减小,$c_{\text{res}}/c_{\text{total}}$ 的值减小,GFI 值增大。因此,GFI 值越大,模型的拟合程度就越好。一般认为,GFI 值要大于 0.9。

调整后的拟合指数(Adjusted Goodness of Fit Index,AGFI)消除了自由度对 GFI 的影响。计算公式为

$$\text{AGFI} = 1 - (1 - \text{GFI})\frac{k(k+1)}{2df}$$

AGFI 与 GFI 一样,数值越大越好。但一般软件报告的是 GFI,因此 AGFI 使用较少。

3. 规范拟合指数与非规范拟合指数

规范拟合指数(Normed Fit Index,NFI)指研究模型与拟合最差情况的独立模型相比,改善程度的多少,计算公式为

$$\text{NFI} = \frac{\chi^2_{M_0} - \chi^2_{M_1}}{\chi^2_{M_0}}$$

其中 $\chi^2_{M_0}$ 指变量之间不相关的独立模型的卡方值,$\chi^2_{M_1}$ 指研究模型的卡方值。模型拟合程度越好,$\chi^2_{M_1}$ 越小,NFI 值越大。一般而言,NFI 值大于

0.9 时可认为模型拟合程度较好。由于卡方受样本量影响大，NFI 值同样易受到样本量的影响。此外，模型的复杂程度也对 NFI 值有影响，因此学者们提出了校正模型复杂度影响的非规范拟合指数（Non-Normed Fit Index，NNFI），也称为塔克-刘易斯指数（Tucker-Lewis Index，TLI）。TLI 的计算公式为

$$\text{TLI} = \frac{\dfrac{\chi^2_{M_0}}{df_{M_0}} - \dfrac{\chi^2_{M_1}}{df_{M_1}}}{\dfrac{\chi^2_{M_0}}{df_{M_0}} - 1}$$

NFI 的取值范围是 0 到 1 之间，但 TLI 的取值可能超出 0 至 1 的范围，因此 NFI 称为规范拟合指数，TLI 称为非规范拟合指数。一般而言，TLI 值以 0.9 为临界值，大于 0.9 可接受，大于 0.95 模型拟合较好。

4. 比较拟合指数

比较拟合指数（Comparative Fit Index，CFI）表示相对于变量不相关的独立模型而言，研究模型的改进程度。计算公式为

$$\text{CFI} = 1 - \frac{\chi^2_{M_1} - df_{M_1}}{\chi^2_{M_0} - df_{M_0}}$$

一般而言，CFI 值要大于 0.9。但需要注意的是，CFI = 1 并不代表模型拟合完美。

5. 标准化残差均方根

标准化残差均方根（Standardized Root Mean Square Residual，SRMR）通过残差的大小来衡量模型的拟合程度。残差越大，模型拟合程度越差。SRMR 的值越小，模型拟合越理想。SRMR 的计算公式为

$$\text{SRMR} = \sqrt{\frac{2\sum_{i=1}^{n}\sum_{j=1}^{i}\left(S_{ij} - \dfrac{\sigma_{ij}}{S_{ii}S_{jj}}\right)^2}{p(p+1)}}$$

其中，$p$ 为观测变量的个数，$S_{ij}$ 为观测的协方差，$\sigma_{ij}$ 为拟合模型的协方差，$S_{ii}$ 和 $S_{jj}$ 为观测变量的标准差。SRMR 的取值范围在 0 到 1 之间，取值越小，模型拟合度越好。有学者认为 SRMR 值应小于 0.05，也有学者认为 SRMR 值小于 0.08 可以接受。

### 6. 近似误差均方根

近似误差均方根（Root Mean Square Error of Approximation，RMSEA）的计算公式为

$$\text{RMSEA} = \sqrt{\frac{\chi_M^2 - df_M}{df_M(N-1)}} \sqrt{G}$$

其中，$\chi_M^2$ 表示研究模型的卡方值，$df_M$ 表示研究模型的自由度，$G$ 为组别数。RMSEA 受样本量影响比较小，但对模型假设错误更为敏感，它同时考虑到了模型的复杂度，总体而言是较为理想的拟合指数。在使用多种指标综合考量模型拟合度时，RMSEA 应具有较高的优先级。有学者认为 RMSEA 值应小于 0.05，但也有学者建议小于 0.08 可以接受。

### 7. 赤池信息准则

赤池信息准则（Akaike Information Criterion，AIC）是基于信息理论发展而来的指标。基于熵的概念，AIC 可以衡量估计模型的复杂度和模型拟合数据的优良性，从而寻找能够最好地解释数据但包含最少自由参数的模型。AIC 有不同的计算公式，一般情况下，AIC 的计算公式为

$$\text{AIC} = 2k - 2\log L$$

其中，$k$ 为自由参数的个数，$\log L$ 为模型极大对数似然函数值。在选择模型时，应优先考虑 AIC 值较小的模型。

### 8. 贝叶斯信息准则

贝叶斯信息准则（Bayesian Information Criterion，BIC）与 AIC 类似。在模型拟合时，如果增加参数数量，也就是增加模型复杂度，似然函数值会增大，但是也会导致过度拟合。针对该问题，BIC 和 AIC 引入了与模型参数个数相关的惩罚项。BIC 的惩罚度比 AIC 强，当样本数量过多时，它可有效防止模型精度过高造成的模型复杂度过高。

## 6.5 结构方程模型的构建和修正

完整的结构方程模型使用过程包括四个步骤：模型构建、模型拟合、模型评价、模型修正。模型构建是定义研究模型，包括潜变量与指标、潜变量间的关系等构建；模型拟合是对模型求解，估计参数；模型

评价考察载荷系数、拟合指标的表现情况。经过前面三个步骤，我们所得到的模型不一定是最理想的，这时候，就需要对模型进行修正。

模型修正包括模型扩展（Model Building）或模型限制（Model Trimming）。模型扩展是指通过释放部分限制路径或添加新路径，使模型结构更加合理，一般用于提高模型拟合度。模型限制是指通过删除或限制部分路径，使模型结构更为简洁，一般用于提高模型的识别度。

模型扩展依据的指标是修正指数（Modification Index，MI）。修正指数是指，对于模型中某个受限制的参数，若容许自由估计，则整个模型改良将会降低卡方值。一般每次只调整一个参数，从 MI 值最大的，也就是最能减少卡方值的调整开始。这里须注意的是，我们在修正模型时需要保持谨慎。MI 是纯粹从数学角度提供修正建议，我们在增删模型路径时一定要结合理论和实际意义，而不是单纯地追求数学指标的完美。

## 6.6 结构方程模型 R 语言操作

通过 1.3 节的理论学习我们已经知道，验证性因子分析是结构方程模型中的测量模型。第一章中，我们已经学会了验证性因子分析的 R 语言操作。因此，只要在 CFA 的基础上加上结构模型的部分，即可完成 SEM 模型分析。在此部分，我们继续使用 lavaan（latent variable analysis）包，以内置的 Political Democracy 数据集作为演示数据。数据集包含了发展中国家政治民主和工业化的各种措施，共含有三个潜变量：ind60（1960 年工业化情况）、dem60（1960 年民主情况）、dem65（1965 年民主情况）。ind60 通过 $x_1$（1960 年每单位资本 GNP）、$x_2$（每单位资本的物质能量消费）、$x_3$（1960 年工业劳动力占比）测量。dem60 通过 $y_1$（1960 年专家对新闻出版自由的评价）、$y_2$（1960 年的政治反对自由）、$y_3$（1960 年选举的公平性）、$y_4$（1960 年选举产生的立法机关效率）测量。dem65 通过 $y_5$（1965 年专家对新闻出版自由的评价）、$y_6$（1965 年的政治反对自由）、$y_7$（1965 年选举的公平性）、$y_8$（1965 年选举产生的立法机关效率）测量。数据集见图 6-4。

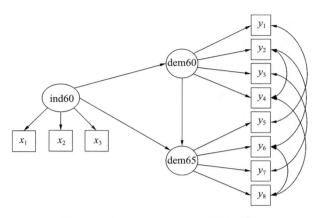

图 6-4 Political Democracy 数据集图示

1. 读取数据

为了方便使用，我们将其存储到"df"变量中，并用 scale（）函数对数据做中心化处理。语句为

```
library(lavaan) #调用 lavaan 包
df <- scale(PoliticalDemocracy) #中心化数据
```

2. 定义模型

lavaan 包的基本语法格式在验证性因子分析时已经讲解过，这里不再赘述。根据本案例的图示关系，我们定义模型，语句如下：

```
model <- '
ind60 =~ x1 + x2 + x3 #定义潜变量(测量模型)
dem60 =~ y1 + y2 + y3 + y4
dem65 =~ y5 + y6 + y7 + y8
dem60 ~ ind60 #定义回归路径(结构模型)
dem65 ~ ind60 + dem60
y1 ~~ y5 #定义方差/协方差
y2 ~~ y4 + y6
y3 ~~ y7
y4 ~~ y8
y6 ~~ y8'
```

## 3. 模型拟合

通过 sem（）函数完成模型拟合。同样，我们将结果存储于"fit"中，并查看拟合结果。语句如下：

```
fit <- sem(model,data = df)
summary(fit)
lavaan 0.6-7 ended normally after 48 iterations
  Estimator                                          ML
  Optimization method                            NLMINB
  Number of free parameters                          31
  Number of observations                             75
Model Test User Model：
  Test statistic                                 38.125
  Degrees of freedom                                 35
  P-value (Chi-square)                            0.329
Parameter Estimates：
  Standard errors                              Standard
  Information                                  Expected
  Information saturated (h1) model
                                             Structured
```

| Latent Variables： | Estimate | Std.Err | z-value | P(>\|z\|) |
|---|---|---|---|---|
| ind60 =~ | | | | |
|   x1 | 1.000 | | | |
|   x2 | 1.058 | 0.067 | 15.742 | 0.000 |
|   x3 | 0.948 | 0.079 | 11.967 | 0.000 |
| dem60 =~ | | | | |
|   y1 | 1.000 | | | |
|   y2 | 0.835 | 0.121 | 6.889 | 0.000 |
|   y3 | 0.846 | 0.121 | 6.987 | 0.000 |

|  | | | | |
|---|---|---|---|---|
| y4 | 0.990 | 0.114 | 8.722 | 0.000 |
| dem65 =~ | | | | |
| y5 | 1.000 | | | |
| y6 | 0.918 | 0.131 | 7.024 | 0.000 |
| y7 | 1.017 | 0.127 | 8.002 | 0.000 |
| y8 | 1.019 | 0.127 | 8.007 | 0.000 |

Regressions:

|  | Estimate | Std.Err | z-value | P(>\|z\|) |
|---|---|---|---|---|
| dem60 ~ | | | | |
| ind60 | 0.414 | 0.112 | 3.715 | 0.000 |
| dem65 ~ | | | | |
| ind60 | 0.161 | 0.062 | 2.586 | 0.010 |
| dem60 | 0.841 | 0.099 | 8.514 | 0.000 |

Covariances:

|  | Estimate | Std.Err | z-value | P(>\|z\|) |
|---|---|---|---|---|
| .y1 ~~ | | | | |
| .y5 | 0.091 | 0.052 | 1.741 | 0.082 |
| .y2 ~~ | | | | |
| .y6 | 0.162 | 0.055 | 2.934 | 0.003 |
| .y4 | 0.099 | 0.053 | 1.871 | 0.061 |
| .y3 ~~ | | | | |
| .y7 | 0.074 | 0.056 | 1.308 | 0.191 |
| .y4 ~~ | | | | |
| .y8 | 0.032 | 0.041 | 0.787 | 0.431 |
| .y6 ~~ | | | | |
| .y8 | 0.124 | 0.052 | 2.386 | 0.017 |

Variances:

|  | Estimate | Std.Err | z-value | P(>\|z\|) |
|---|---|---|---|---|
| .x1 | 0.152 | 0.036 | 4.184 | 0.000 |
| .x2 | 0.052 | 0.031 | 1.718 | 0.086 |
| .x3 | 0.236 | 0.046 | 5.177 | 0.000 |
| .y1 | 0.275 | 0.065 | 4.256 | 0.000 |
| .y2 | 0.473 | 0.088 | 5.366 | 0.000 |

|  |  |  |  |  |
|---|---|---|---|---|
| .y3 | 0.471 | 0.088 | 5.324 | 0.000 |
| .y4 | 0.281 | 0.066 | 4.261 | 0.000 |
| .y5 | 0.344 | 0.070 | 4.895 | 0.000 |
| .y6 | 0.436 | 0.080 | 5.419 | 0.000 |
| .y7 | 0.318 | 0.066 | 4.814 | 0.000 |
| .y8 | 0.309 | 0.066 | 4.685 | 0.000 |
| ind60 | 0.835 | 0.161 | 5.173 | 0.000 |
| .dem60 | 0.575 | 0.134 | 4.295 | 0.000 |
| .dem65 | 0.025 | 0.031 | 0.803 | 0.422 |

输出结果展示了 lavaan 版本、估计方法、观测数量、自由度、模型检验统计量等信息。Parameter Estimates 展示了参数估计结果，可以从中查看路径系数。

4. 查看拟合指标

默认的 summary 命令不展示 CFI、TLI、SRMR、RMSEA 等拟合指标。如需查看，只要在命令中加上"fit. measure = TRUE"即可。我们还可以加上"standardized = TRUE"以展示标准化参数结果。下面我们加入函数命令查看，语句如下：

summary(fit,fit.measure = TRUE) #显示拟合指标

summary(fit,standardized = TRUE)#显示标准化结果

summary(fit,standardized = TRUE,standardized = TRUE)#显示拟合指标及标准化结果

```
lavaan 0.6-7 ended normally after 48 iterations
  Estimator                                      ML
  Optimization method                        NLMINB
  Number of free parameters                      31
  Number of observations                         75
Model Test User Model：
  Test statistic                             38.125
  Degrees of freedom                             35
  P-value (Chi-square)                        0.329
```

```
Model Test Baseline Model:
  Test statistic                              730.654
  Degrees of freedom                               55
  P-value                                       0.000
User Model versus Baseline Model:
  Comparative Fit Index (CFI)                   0.995
  Tucker-Lewis Index (TLI)                      0.993
Loglikelihood and Information Criteria:
  Loglikelihood user model (H0)              -818.823
  Loglikelihood unrestricted model (H1)
                                             -799.760
  Akaike (AIC)                               1699.646
  Bayesian (BIC)                             1771.488
  Sample-size adjusted Bayesian (BIC)
                                             1673.784
Root Mean Square Error of Approximation:
  RMSEA                                         0.035
  90 Percent confidence interval - lower
                                                0.000
  90 Percent confidence interval - upper
                                                0.092
  P-value RMSEA <= 0.05                         0.611
Standardized Root Mean Square Residual:
  SRMR                                          0.044
Parameter Estimates:

  Standard errors                            Standard
  Information                                Expected
  Information saturated (h1) model
                                           Structured
```

```
Latent
Variables:
                   Estimate  Std.Err  z-value  P(>|z|)  Std.lv  Std.all
  ind60 =~
    x1             1.000                                0.914   0.920
    x2             1.058     0.067    15.742   0.000    0.967   0.973
    x3             0.948     0.079    11.967   0.000    0.866   0.872
  dem60 =~
    y1             1.000                                0.848   0.850
    y2             0.835     0.121    6.889    0.000    0.708   0.717
    y3             0.846     0.121    6.987    0.000    0.717   0.722
    y4             0.990     0.114    8.722    0.000    0.839   0.846
  dem65 =~
    y5             1.000                                0.805   0.808
    y6             0.918     0.131    7.024    0.000    0.739   0.746
    y7             1.017     0.127    8.002    0.000    0.819   0.824
    y8             1.019     0.127    8.007    0.000    0.820   0.828
Regressions:
                   Estimate  Std.Err  z-value  P(>|z|)  Std.lv  Std.all
  dem60 ~
    ind60          0.414     0.112    3.715    0.000    0.447   0.447
  dem65 ~
    ind60          0.161     0.062    2.586    0.010    0.182   0.182
    dem60          0.841     0.099    8.514    0.000    0.885   0.885
Covariances:
                   Estimate  Std.Err  z-value  P(>|z|)  Std.lv  Std.all
 .y1 ~~
   .y5             0.091     0.052    1.741    0.082    0.091   0.296
 .y2 ~~
   .y4             0.099     0.053    1.871    0.061    0.099   0.273
   .y6             0.162     0.055    2.934    0.003    0.162   0.356
 .y3 ~~
   .y7             0.074     0.056    1.308    0.191    0.074   0.191
 .y4 ~~
   .y8             0.032     0.041    0.787    0.431    0.032   0.109
 .y6 ~~
   .y8             0.124     0.052    2.386    0.017    0.124   0.338
Variances:
                   Estimate  Std.Err  z-value  P(>|z|)  Std.lv  Std.all
   .x1             0.152     0.036    4.184    0.000    0.152   0.154
```

|       |       |       |       |       |       |       |
|-------|-------|-------|-------|-------|-------|-------|
| .x2   | 0.052 | 0.031 | 1.718 | 0.086 | 0.052 | 0.053 |
| .x3   | 0.236 | 0.046 | 5.177 | 0.000 | 0.236 | 0.239 |
| .y1   | 0.275 | 0.065 | 4.256 | 0.000 | 0.275 | 0.277 |
| .y2   | 0.473 | 0.088 | 5.366 | 0.000 | 0.473 | 0.486 |
| .y3   | 0.471 | 0.088 | 5.324 | 0.000 | 0.471 | 0.478 |
| .y4   | 0.281 | 0.066 | 4.261 | 0.000 | 0.281 | 0.285 |
| .y5   | 0.344 | 0.070 | 4.895 | 0.000 | 0.344 | 0.347 |
| .y6   | 0.436 | 0.080 | 5.419 | 0.000 | 0.436 | 0.443 |
| .y7   | 0.318 | 0.066 | 4.814 | 0.000 | 0.318 | 0.322 |
| .y8   | 0.309 | 0.066 | 4.685 | 0.000 | 0.309 | 0.315 |
| ind60 | 0.835 | 0.161 | 5.173 | 0.000 | 1.000 | 1.000 |
| .dem60| 0.575 | 0.134 | 4.295 | 0.000 | 0.800 | 0.800 |
| .dem65| 0.025 | 0.031 | 0.803 | 0.422 | 0.039 | 0.039 |

从"Model Test Baseline Model"到"Standardized Root Mean Square Residual"部分就是"fit.measure = TRUE"展示的部分，我们介绍过的指标都可以从中找到。"Std. lv"和"Std. all"两列则是"standardized = TRUE"展示的标准化数据。

如果认为完整的输出结果太多，查找较为麻烦，我们也可以高度定制输出的结果，直接显示我们需要的常用指标。例如，如果想知道模型的卡方、自由度、$P$值、CFI、TLI、SRMR、RMSEA 和 AIC 这些指标，我们可以输入直接查看，语句如下：

```
fitMeasures(fit,c('chisq','df','pvalue','cfi',
'tli','srmr','rmsea','aic'))
```

```
  chisq      df  pvalue     cfi     tli    srmr   rmsea     aic
 38.125  35.000   0.329   0.995   0.993   0.044   0.035 1699.646
```

**5. 绘制图形**

R 语言中需要使用 semPlot 包中的 semPaths（ ）函数绘制结构方程模型图。语句为

```
library(semPlot)
semPaths(fit)
```

它绘制的模型的默认图如图 6-5 所示。

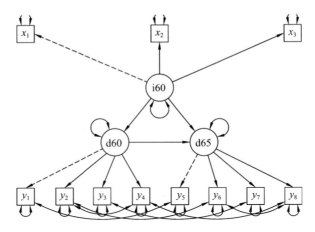

图 6-5　semPaths 默认图

默认的图形美观度较为一般，需要通过添加参数对图形进行定制。通过"？semPaths"命令可查看详细语法及参数说明。在此我们只介绍常用的部分参数。

参数 whatLabels 设定图中线的标签。设为 name、label、path、diagram 时，将边名作为展示标签。设为 est 或 par 时，参数估计值作为边的标签。设为 stand 或 std 时，显示标准参数估计值。

参数 nCharNodes 和 nCharEdges 表示是否使用缩写，默认为使用，若手动设置为 0，则不使用缩写形式。

参数 rotation 可以旋转图片，可选的值有：1、2、3、4，分别表示默认、逆时针旋转 90°、180° 及 270°。通过旋转，可以实现因子指标在右的 AMOS 图片风格。

参数 layout 为布局，默认为"tree"型。树型布局有 tree 和 tree2 两种，环型布局有 circle 和 circle2 两种。此外还有 spring 型布局。

参数 edge.label.cex 可设置路径线上字体的大小，默认为 0.8。参数 edge.color 可设置路径线的颜色。color 则是对潜变量或指标着色。

我们可以进行设置，语句如下：

```
semPaths(fit,whatLabels="std",rotation=2,nCh-
arNodes=0,
    nCharEdges=0,layout='tree2',edg.lable.cex=1)
```

得到的自定义图见图 6-6。

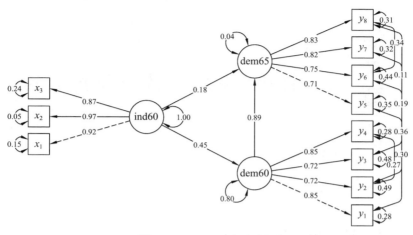

图 6-6　semPaths 自定义图

semPaths（）这一函数优点是简单易用，其缺点在于：如果变量项目数量较多，那么画出的图形将会非常糟糕。如果模型涉及比较多的变量，最好还是通过专业软件进行制图。

6. 模型修正

如果需要对模型做出调整，可以参考修正指数。通过 modificationindices（）函数即可获得。函数默认展示全路径的修正结果，我们可以总体浏览一遍，从大到小做出调整。为方便查看，我们可以设定一个较高的标准线，提取出 MI 超过标准的修正路径。语句如下：

```
MI<- modificationindices(fit) #修正指数存储于MI 中
```

```
subset(MI,mi>4)#提取符合 mi>4 条件的子集
```

|  | lhs | op | rhs | mi | epc | sepc.lv | sepc.all | sepc.nox |
|---|---|---|---|---|---|---|---|---|
| 38 | ind60 | =~ | y4 | 4.796 | 0.189 | 0.172 | 0.174 | 0.174 |
| 39 | ind60 | =~ | y5 | 4.456 | 0.234 | 0.214 | 0.215 | 0.215 |
| 56 | dem65 | =~ | y4 | 4.260 | 1.108 | 0.892 | 0.898 | 0.898 |

在以上结果中，共筛选出 3 条 MI 大于 4 的路径，可以参考这一结果来修正我们的模型。但是，理论基础仍然是我们修改的首要条件。没有理论依据，不能擅自修改模型。

# 第7章 HLM：多层次数据分析工具

## 7.1 多层线性模型的基本介绍

### 7.1.1 概述

多层次研究（multilevel research）可以说是当代社会科学领域最热门的新兴研究方法之一，而多层线性模型（Hierarchical Linear Modeling，HLM）则是一种将回归扩展到阶层数据结构（hierarchical data structure）的统计分析技术。

对于多层次资料结构的分析技术，它经过半个世纪的发展，在不同领域各有不同的专业用语。本书主要采用 Lindley 与 Smith 及 Raudenbush 与 Bryk 的多层线性模型（HLM）来说明多层次数据的分析技术，主要配合 HLM 软件的运用。因为 HLM 背后的统计语言最容易被理解，同时可以应用在多种不同的研究情境中，如成长研究、组织效能、多变量分析等，这些资料均存在着相同的结构特征——阶层结构。

多层线性模型最早是由 Lindley 与 Smith 利用线性模型的贝氏估计技术来处理复杂的误差结构所发展出来的概念，后来被 Bryk 与 Raudenbush 应用到 HLM 软件中而普及。事实上，Lindley 与 Smith 最初提出的 HLM 模型当时并没有获得重视，因为他们的模型需要对非平衡资料进行共变量成分估计，复杂的估计程序使得这个概念仅能应用在一些简单的问题上。直到期望最大化演算法取得了进步，它使得共变量成分估计的运用得以具体实现于一般研究议题中，进而被导入多层次数据结构的分析。后来，又出现了其他通过迭代与加权的一般化最小平方法的共变量成分估计方法和 Fisher 得分算法，这些方法使得多层线性模型的数学模型与分析技术得以完备，并导入统计软件，如 HLM、MIxor、MLwiN、SAS 子程序 ProcMixed、VARCL。完全贝氏方法则可应用 BUGs 来进行分析。

### 7.1.2 基本回归原理

一般回归分析探讨一群来自母体抽样下的样本，研究一些自变量对因变量的影响，是否这些自变量能够显著或是有效地解释因变量的变异，或是这些自变量能够提供对因变量的了解，进而对其预测。当仅有单一解释变量（$X$）来解释单一结果变量（$Y$）时，回归方程式为

$$Y_i = \beta_0 + \beta_1 X_i + \varepsilon_i \tag{7-1-1}$$

在回归分析中，随机抽样非常重要，因为随机抽样使得式（7-1-1）的误差项 $\varepsilon_i$ 服从以 0 为平均数、$\sigma_\varepsilon^2$ 为变异数的常态分配。如果对母群采用的是简单随机抽样，那么这些样本是反映母体的部分集合。例如如果我们关心父母的社会经济地位（$X$）是否对学童的学业成绩（$Y$）产生影响，那么我们必须对测量单位（学童）进行随机抽样，通过对母体（某地区全体学童）采用简单随机抽样进行调查，根据父母亲的教育程度、职业阶层，计算出父母亲的社会经济地位分数，并搜集学童的学业成绩，最后取学业成绩（$Y$）对父母社会经济地位（$X$）作回归，检验学童父母亲的社会经济地位对其学业成绩的影响，其影响力由斜率（$\beta_1$）参数反映，$\beta_0$ 为方程式的截距。

在最小二乘法或是最大概率似然法求解中，回归系数 $\beta_1$ 的意义为共变量占解释变量变异数的比值，其数值大小会受到 $X$ 与 $Y$ 单位的影响，它是未标准化系数。从几何意义来看，未标准化的斜率是指当 $X$ 每变化一个单位时，$Y$ 所变化的数量。

将未标准化系数乘以 $X$ 变量的标准差再除以 $Y$ 变量的标准差，即可去除单位的影响，得到一个标准化回归系数（standardized regression coefficient），如式（7-1-2）中的 $\beta'_1$，即为一般俗称的 Beta 系数（未标准化系数习惯上以英文小写字母 $b$ 来表示）。标准化回归系数也可视为将

$X$ 与 $Y$ 变量所有数值转换成标准化 $Z$ 分数后，所得到的 OLS 回归斜率。

$$\beta'_1 = \beta_1 \frac{s_x}{s_y} \qquad (7\text{-}1\text{-}2)$$

在一般研究实务中，解释变量的影响力为研究者所关心的焦点所在，因此研究者所关注的焦点在于斜率而非截距。当自变量数目只有一个时所进行的回归分析称为简单回归（simple regression），斜率值经过标准化后恰等于相关系数。换言之，当解释变量只有一个时，可以直接取相关系数作为 $X \to Y$ 的影响力。当解释变量超过一个时，解释变量效果就可能包含多种不同的解释效果项，每一个解释效果项的净影响由个别的斜率参数所反映。例如，对于式（7-1-3），在以 $X_1$ 与 $X_2$ 两个解释变量所进行的多元回归中，$\beta_1$ 与 $\beta_2$ 反映了简单效果（simple effect），$\beta_3$ 反映了交互作用效果（interaction effect）。

$$Y_i = \beta_0 + \beta_1 X_{1i} + \beta_2 X_{2i} + \beta_3 X_{1i} X_{2i} + \varepsilon_i \qquad (7\text{-}1\text{-}3)$$

当反映交互作用的 $\beta_3$ 数值为 0 或其效果可以被忽略时，可以将交互作用项自式（7-1-3）中移除，此时它就成为一个带有两个解释变量的多元回归（multiple regression）。但是当 $\beta_3$ 数值不为 0 或其效果不可被忽略时，式（7-1-3）中的交互作用项就具有重要的讨论价值，这种回归称为交互作用多元回归（Multiple Regression with Interaction，MRI），它可以进行调节效果（moderation effect）讨论，因此又称为调节多元回归（Moderated Multiple Regression，MMR）。

### 7.1.3 截距参数的意义

在一般的回归方程式中，如式（7-1-1），截距是指当解释变量为 0 的因变量数值。例如，如果 $Y_i$ 是孩童的学业成绩，$X_i$ 是父母亲的社会经济地位，$\beta_0$ 为截距项，$\beta_1$ 为斜率，那么当学生父母的社会经济地位等于 0 时，学生学业成绩的预测值才会等于 $\beta_0$。

为了解释的缘故，进行回归分析时须进行一些修正：不直接用父母亲的社会经济地位原始数值作为自变量，而是以父母亲社会经济地位的标准分数作为自变量，也将学童学业成绩标准化。这种设计就是标准化的回归分析，截距项的解释就不必进行特殊处理，即能反映因变量的平均情形——标准分数为 0。另一种方法是以解释变量中心化来移动截距的位置。例如，将父母亲社会经济地位（$X$）距离所有样本中父母亲社会经济地位的平均值（$\bar{X}$）的差距，亦即离均差分数（$X-\bar{X}$）作为回归分析的自变量，这一离均差分数的获得过程称为中心化（centering），又称为平减（因为是减去平均数）。

传统上，研究者所关注的是回归方程式中的斜率而非截距，因为斜率 $\beta_1$ 代表 $X$ 对 $Y$ 的影响力，经显著性验证若证明 $\beta_1$ 显著不等于 0，研究者可宣称 $X$ 对 $Y$ 的影响具有统计意义。相比之下，研究者对截距 $\beta_0$ 的估计与显著性验证并不关心。但是在多层次模式中截距具有重要的意义，随机截距用来反映各组平均的差异，因此，截距的意义与检验不可忽略。

### 7.1.4 斜率参数的意义

不论是一般的多元回归还是带有交互作用项的回归分析，对于斜率参数的解释，必须注意其统计上的特性。如果模型中只有一个解释变量，在一般情况下，斜率的计算不受截距与误差项的影响，此时斜率是一种零阶估计数（zero-order estimator），对其解释不必考虑其他因素。但是如果模型中有一个以上的解释项，此时 $\beta_1$ 是指当其他解释项对因变量的影响力被估计完毕之后 $X_1$ 对 $Y$ 的边际解释力（marginal effect）。以式（7-1-3）为例，参数 $\beta_1$ 是指当其他解释项（$X_2$ 与 $X_1X_2$ 交互作用项）被估计后的额外解释力（incremental effect），而非该解释项原始的零阶影响力。

用统计术语来说，多元回归方程式中的斜率参数是指当其他解释变量的效果维持固定时的净解释力，此时其他解释变量的混淆或干扰效果通过统计方法排除或被统计加以控制，使得 $X_1$ 对 $Y$ 的解释不受其他解释项的干扰，因此又称为非零阶的净效果（partial effect）。在式（7-1-3）中，因存在 $X_1X_2$ 交互作用项，$X_1$ 对 $Y$ 的解释不称为主要效果（main effect），而称为简单效果。如果不存在交互作用项，此时其他解释变量又可称为控制变量（control variables）。在社会科学研究中，不论是实验研究还是非实验研究，经常将一些会对研究结果可能产生干扰作用的变量加以测量（如年龄、智力、年资），然后放入方程式加以控制，借以观测研究者所关心的解释变量如何对因变量产生"真正的""干净"解释力。

前面所提及的控制效果，是指在一般多元回归中，多个解释项之间的相互干扰效果进行统计排除下，对于斜率进行解释的一种特殊状况。另一种更为特殊的状况是，当两个解释变量对于因变量具有交互作用时，对于斜率的解释。这又比前面所介绍的控制效果更为复杂，在方法学上称为调节效果分析。

以式（7-1-3）为例，$X_1 X_2$ 是一个由两个解释变量相乘所得到的交互作用项。这一项不仅是多元回归的第三个解释项，更是一个由前面两个解释项所衍生出来的解释项，因此其性质迥异于一般的解释项。

在式（7-1-3）中，如果没有交互作用项，$\beta_1$ 都是指当 $X_2$ 固定时 $X_1$ 的斜率，$\beta_2$ 也都是指当 $X_1$ 为固定时 $X_2$ 的斜率，$\beta_1$ 与 $\beta_2$ 是控制彼此后对 $Y$ 的净解释力，我们可以把此模型称为控制模型。

但是，如果式（7-1-3）的交互作用项存在，$\beta_1$ 与 $\beta_2$ 就是控制彼此并控制高阶交互作用项（$X_1 X_2$）后的解释力。由于 $X_1 X_2$ 与 $X_1$ 及 $X_1 X_2$ 与 $X_2$ 之间具有相依性，所以带有交互作用项的 $\beta_1$ 与 $\beta_2$ 并非控制模型中的"净"效果，一般的回归系数的解释策略——控制其他变量后的解释变量影响力，通常无法合理解释 $\beta_1$ 与 $\beta_2$ 的意义。如果改为采用调节效果的概念，把数学中的条件化概念加以导入，就能正确解释回归系数的意义，因此交互作用回归又称为调节模型。

在调节模型中，各解释变量的解释力是一种条件化解释力，亦即其中一个解释变量对因变量的影响在另一个解释变量（作为调节变量）的不同水准下会有不同的解释力，称为调节解释力。式（7-1-3）中的回归系数 $\beta_3$ 表示了调节效果的强弱。

从前述的讨论中可以得到两个结论：第一，控制模型巢套在交互作用模型中，因为控制模型比交互作用少了交互作用参数，或是说，控制模型是将交互作用项参数设为 0 的一个特殊模型；第二，交互作用模型中斜率的意义的解释方式与控制模型不同。如果交互作用显著，那么必须对斜率参数进行条件化解释。一般在研究实务中，对于调节效果的解释必须取其中一个解释变量作为调节变量,另一个解释变量则作为主要解释变量,进行简单效果的讨论,分析在不同的调节变量水准下的斜率与截距,称为简单斜率(simple slope)与简单截距(simple intercept)分析。

### 7.1.5 多层线性模型的基本原理

当研究资料具有内属特性时,对个体层次结果变量的解释效果可能会来自不同层次。此时,传统的一般线性模式无法处理多层次的数据结构。例如,研究社会经济地位($X$)对于学业成绩($Y$)的影响时,社会经济地位作为解释变量,研究者的假设为社会经济地位的高低影响学业成绩。但是,如果样本来自不同的学校,每一个学校的整体社会经济地位可能有所不同。此时,社会经济地位就有个体(Level 1)与总体(Level 2)两个层次的影响。总体层次的社会经济地位以 $Z$ 表示,$Z$ 对结果变量的影响以方程式(7-1-5)与(7-1-6)表示,方程式(7-1-4)、(7-1-5)与(7-1-6)的组合即称为多层线性模型:

Level 1: $\qquad Y_{ij} = \beta_{0j} + \beta_{1j}X_{ij} + \varepsilon_{ij}$  (7-1-4)

Level 2: $\qquad Y_{0j} = \gamma_{00} + \gamma_{01}Z_j + u_{0j}$  (7-1-5)

$\qquad\qquad \beta_{1j} = \gamma_{10} + \gamma_{11}Z_j + u_{1j}$  (7-1-6)

方程式(7-1-4)代表第一层的回归模式,也就是个体层次解释变量与个体层次结果变量的关系。方程式(7-1-5)与(7-1-6)代表第二层的回归模式,$u_{0j}$ 与 $u_{1j}$ 表示第二层回归模式的误差项。值得注意的是,式(7-1-5)与(7-1-6)的结果变量是第一层回归模式的参数,亦即以各校个体层次的回归分析截距项与斜率项作为结果变量进行高阶回归分析,而不是个体层次的结果变量数据。若将这三个式子结合,将式(7-1-5)与(7-1-6)代回式(7-1-4),所得到的整合方程式称为混合模型(mixed model)。

Mixed: $\quad Y_{ij} = \gamma_{00} + \gamma_{10}X_{ij} + \gamma_{01}Z_j + \gamma_{11}Z_jX_{ij} + u_{0j} + u_{1j}X_{ij} + \varepsilon_{ij}$  (7-1-7)

式(7-1-7)中,回归系数 $\gamma_{00}$ 为平均截距,$\gamma_{01}$ 就是总体层次解释变量对结果变量的直接影响,$\gamma_{10}$ 为个体层次解释变量对结果变量的影响,而 $\gamma_{11}$ 为跨层级交互作用效果(cross-level interaction effect)。如果将式

(7-1-7)倒数第二项与第三项拿掉,就是一般的多元回归分析,有总体层次的解释变量 $Z_j$、个体层次的解释变量 $X_{ij}$ 及交互作用项 $Z_j X_{ij}$。

如果将式(7-1-4)、(7-1-5)与(7-1-6)的解释变量 $X_{ij}$ 与 $Z_j$ 都拿掉,那么这三个方程式缩减为两个:

Level 1: $\qquad Y_{ij} = \beta_{0j} + \varepsilon_{ij}$ (7-1-8)

Level 2: $\qquad \beta_{0j} = \gamma_{00} + u_{0j}$ (7-1-9)

这就是最简单的 HLM 模型,称为零模型(null model)或是随机效果变异数分析模型(random effect ANOVA model)。所有的 HLM 分析都是从零模型开始的。其假设为

(1)$\varepsilon_{ij}$ 为独立且服从以 0 为平均数、$\sigma^2$ 为变异数的常态分配;

(2)$u_{0j}$ 为独立且服从以 0 为平均数、$\tau_{00}$ 为变异数的常态分配;

(3)$\varepsilon_{ij}$ 与 $u_{0j}$ 相互独立。

让模型稍微复杂一点,以最常用的简单回归为例,它比零模型多一个个体层次的解释变量 $X_{ij}$[方程式(7-1-10)]。此外,第二层的两个回归方程式,一个有误差项[方程式(7-1-11)],另一个则无误差项[方程式(7-1-12)],其设定如下:

Level 1: $\qquad Y_{ij} = \beta_{0j} + \beta_{1j} X_{ij} + \varepsilon_{ij}$ (7-1-10)

Level 2: $\qquad \beta_{0j} = \gamma_{00} + u_{0j}$ (7-1-11)

$\qquad\qquad \beta_{1j} = \gamma_{10}$ (7-1-12)

式(7-1-10)为一般的简单回归分析,差别只在于回归系数有下标符号。式(7-1-11)称为随机效果模式,式(7-1-12)称为固定效果模式。这三个方程式在 HLM 模型系列中称为随机截距模型或具随机效果的共变量分析模型。

## 7.2 组内相关系数

### 7.2.1 组内相关系数的意义

组内相关系数(Intraclass Correlation Cofficient,ICC)用于衡量数据违反独立性的程度,它代表任一群体内任两位受试者结果变量间相关的期望值,用来捕捉组内数据的相似性或是数据的非独立性。换言之,组

内相关系数是个体间相依程度的测量指标。

在数据分析时,如果忽略了 ICC 的存在,那么组内相关会影响传统线性回归模型的误差变异数,使得所估计的误差变异数膨胀。误差变异数代表了所有遗漏的解释变量与测量误差的影响,而且这些误差具有相互独立的基本假设。在传统的一般线性模型中,解释变量的遗漏被假设为随机、非结构性的现象。但是当资料具有嵌套结构的特性时,此假设是具有争议性的。例如,在学校效能的研究中,学校气氛或同侪压力可能是一个没有被测量到的具有结构性影响的变量,此时,存在于同一个学校或班级的学生其误差项的共同项就会以组内相关系数的形式出现。

### 7.2.2 ICC 的判断

在具有随机效果的单因子变异数分析中,可以导出组内相关系数$\rho$,见式(7-2-1):

$$\rho = \frac{\sigma_B^2}{\sigma_B^2 + \sigma_W^2} \tag{7-2-1}$$

此方程式是在 HLM 为零模型,即没有任何解释变量,仅分成不同层次的随机效果的条件下计算得出的。公式(7-2-1)中的$\sigma_W^2$称为误差项均方和,在 HLM 中为第一阶回归方程式的误差项变异数,亦即组内变异数$\sigma^2$,$\sigma_B^2$是组间变异数,在 HLM 中代表总体层次误差项的变异数$\tau_{00}$。以 HLM 统计模型来说明 ICC 运算方式如下:

$$\rho = \frac{\tau_{00}}{\tau_{00} + \sigma^2} \tag{7-2-2}$$

前述公式(7-2-1)之所以须以零模型为基础来计算,不仅是因为 HLM 的分析都是从零模型开始的,更重要的是 ICC 的计算必须在模型中没有任何解释变量的情况下,来估计组间变异数占总变异数的大小。ICC 所代表的是结果变量的总变异数中可以被组与组之间差异所解释的百分比,ICC 很大,代表结果变量存在组间差异,亦即各组的平均数之间明显不同,组或群的效果不可被忽略。

在 HLM 中,通过检查零模型的 ICC 来判断是否必须以多层次统计技术来分析多层次的数据。Cohen 认为,ICC 在不同的研究范畴下差异很大，因此在不同领域有不同的 ICC 判断值。不过，他提出了 3 个数字，这 3 个数字反映出组内相关系数的效果大小：当 ICC 小于 0.059 时，算是相当小的组内相关系数，其效果可以忽略不计；其次是介于 0.059~0.138，这样的大小算是中度相关；至于高于 0.138，算是高度的组内相关。他认为中度程度以上的组内相关就不能忽略其存在，它对回归系数估计标准误差与检验的影响就不能被忽视，因此若 ICC 大于 0.059，则必须考虑多层次的统计分析，亦即必须以 HLM 来分析而不能以 GLM 进行分析。

## 7.3 多层次中介与调节

### 7.3.1 固定效果与随机效果

固定与随机效果的概念普遍应用在实验研究的资料分析中。在一个实验中，研究者操控自变量来观察因变量的变化。自变量称为因子（factor），是影响因变量变化的来源，通过变异数分析（Ananlysis of Variance，ANOVA），可以检验因子的效果是否具有统计意义。

变异数分析中，类别自变量对于因变量的影响有两种不同的形式：固定效果模式（fixed-effect models）与随机效果模式（random-effect models）。

固定效果模式是指一个研究的类别自变量的水准个数（$k$）包括了该变量所有可能的水准数（$K$ 组），也就是样本的水准数等于母体的水准数（$k=K$），此时类别自变量对于因变量的影响，无须推论到其他的情境，亦即独变量的效果是固定在 $k$ 个水准上。例如，比较大学四个年级学生的旷课次数（因变量），此时独变量为年级，具有四个水准，而母体亦为四个年级，年级效果是固定的。

随机效果模式是指研究所取用的类别独变量的 $k$ 个水准是从具有 $K$ 个水准的母体中随机抽取得到的，亦即样本的水准数小于母体的水准数（$k<K$），此时类别独变量对于因变量的影响，是随机取样的结果，完整的独变量效果必须从样本的 $k$ 个水准推论到母体的 $K$ 个水准上，增加了一项抽样与推论程序。例如，地方教育官员抽查五所学校，比较它们的

办学绩效，类别独变量的五所学校从当地学校母体中随机取得，若要从这五所学校办学绩效的差异推得本市各校办学绩效有异的结论，必须注意独变量水准数的抽样问题，此时即适用随机效果模式。

### 7.3.2 多层次中介与调节效果

**1. 多层次中介效果**

下面以图 7-1 所示的模型为例对多层次中介效果进行解说，图 7-1 为该模型的多层次中介效果拆解示意图，如同单一层次的中介效果解释，在图形中带有箭头的直线代表回归方程式中的斜率回归系数。

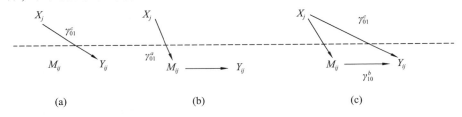

图 7-1 多层次中介模型的拆解

首先进行总体层次解释变量 $X_j$ 对结果变量 $Y_{ij}$ 总效果的检定 [图 7-1 (a)]，亦即执行下列方程式：

$$Y_{ij} = \beta_{0j}^c + \varepsilon_{ij}^c \tag{7-3-1}$$

$$\beta_{0j}^c = \gamma_{00}^c + \gamma_{01}^c X_j + u_{0j}^c \tag{7-3-2}$$

由于 $X_j$ 与 $Y_{ij}$ 分属于不同层级，观察值数目不同，所以方程式（7-3-1）为个体层次的回归方程式，其中没有任何解释变量。而方程式（7-3-2）中，第二层方程式为第一层随机截距项的回归方程式，并将总体层次解释变量 $X_j$ 的效果纳入，其回归系数 $\gamma_{01}^c$ 为 $X_j$ 对 $Y_{ij}$ 的直接效果，该系数在多层次分析里亦可称为广义的脉络效果。$u_{0j}^c$ 为第二层的误差项，服从平均数为 0、变异数为 $\tau_{00}$ 的常态分配，用来估计多层次数据结构的相关性。方程式（7-3-1）与（7-3-2）在多层次模型中称为以截距为结果的模型。在该模型中，重要的是 $\gamma_{01}^c$ 的估计值是否达到统计显著水准，若 $\gamma_{01}^c$ 的估计值不显著，则 $X_j$ 对 $Y_{ij}$ 的中介效果就可能不存在。

图 7-1（b）为总体层次解释变量 $X_j$ 对个体层次中介变量 $M_{ij}$ 的影响。HLM 多层次模型的分解方程式如下：

$$M_{ij} = \beta_{0j}^a + \varepsilon_{ij}^a \tag{7-3-3}$$

$$\beta_{0j}^a = \gamma_{00}^a + \gamma_{01}^a X_j + u_{0j}^a \tag{7-3-4}$$

如同图 7-1（b），$X_j$ 与 $M_{ij}$ 分属于不同层次，必须用以截距为结果的模型进行 $\gamma_{01}^a$ 的检定。只有 $\gamma_{01}^a$ 的估计值达到显著水准，才会有第三个条件与第四个条件的检测。

图 7-1（c）为同时考虑总体层次解释变量 $X_j$ 与个体层次中介变量 $M_{ij}$，来检视总体层次解释变量 $X_j$ 对结果变量 $Y_{ij}$ 的直接效果是否因中介变量 $M_{ij}$ 的存在而消失，进而导致完全中介效果的产生。其多层次回归方程式表示如下：

$$Y_{ij} = \beta_{0j}^b + \beta_{1j}^b M_{ij} + \varepsilon_{ij}^b \tag{7-3-5}$$

$$\beta_{0j}^b = \gamma_{00}^b + \gamma_{01}^{c'} X_j + u_{0j}^b \tag{7-3-6}$$

$$\beta_{1j}^b = \gamma_{10}^b \tag{7-3-7}$$

方程式（7-3-5）为个体层次回归方程式，由于 $M_{ij}$ 与 $Y_{ij}$ 属于同一层次，因此存在斜率回归系数 $\beta_{1j}^b$，以及捕捉多层次属性的截距回归系数 $\beta_{0j}^b$。而方程式（7-3-6）与（7-3-7）为总体层次回归方程式，因解释变量 $X_j$ 属于总体层次，则方程式（7-3-6）为以截距为结果的模型，而方程式（7-3-7）将个体层次中介变量对结果变量的影响设为固定效果，不随组别而异。

上述模型中，研究者关心的是，$\gamma_{01}^{c'}$ 的估计值须不显著而 $\gamma_{10}^b$ 的估计值必须达统计显著水准，才符合第三与第四个条件，获得完全的跨层级中介效果。其中，如果 $\gamma_{01}^{c'}$ 的估计值显著但其绝对值小于 $\gamma_{01}^c$ 估计值的绝对值，那么称之为部分跨层级中介效果。

2. 多层次调节中介效果

前面所介绍的是多层次中介效果，并未涉及调节效果的分析。如果在多层次中介模型中带有调节效果，还可以进一步检测跨层级调节式中介效果（multilevel moderated mediation），简称为 3M 检测。

在图 7-1（c）下检测跨层级的调节效果，是要看个体层次中介变量 $M_{ij}$ 对结果变量 $Y_{ij}$ 的影响，$\beta_{1j}^b$ 是否会随 $j$ 变动，亦即是否存在斜率回归系数的变异数。因此，方程式（7-3-5）与（7-3-6）不变，改为方程式

(7-3-8) 与 (7-3-9)，而将原先为固定效果的斜率回归系数更改为随机效果，如方程式 (7-3-10) 所示。

$$Y_{ij} = \beta_{0j}^b + \beta_{1j}^b M_{ij} + \varepsilon_{ij}^b \tag{7-3-8}$$

$$\beta_{0j}^b = \gamma_{00}^b + \gamma_{01}^{c'} X_j + u_{0j}^b \tag{7-3-9}$$

$$\beta_{1j}^b = \gamma_{10}^b + u_{1j}^b \tag{7-3-10}$$

上式中，$u_{0j}^b$ 与 $u_{1j}^b$ 分别为个体层次截距项与斜率项方程式的误差项，其分配均是以 0 为平均数、以 $\tau_{00}$ 与 $\tau_{11}$ 为变异数、以 $\tau_{01}$ 为共变量的二元常态分配。如果 $\gamma_{10}^b$ 的估计值达到统计显著水准，$\gamma_{01}^{c'}$ 的估计值不显著（或显著，但其绝对值小于 $\gamma_{10}^c$ 估计值的绝对值），且随机效果的 $\tau_{11}$ 的估计值显著，则存在 $\beta_{1j}^b$ 的异质性，我们可引进总体层次的解释变量到方程式 (7-3-10) 中，考虑多层次或跨层级调节式中介效果，其观念示意图如图 7-2 所示。

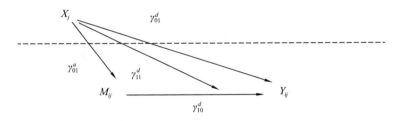

图 7-2　多层次调节中介模型

方程式 (7-3-10) 的变异数成分 $\tau_{11}$ 的估计值若显著，我们就可检验跨层级的交互作用 $\gamma_{11}^d$ 是否显著，以获得调节式中介效果。检验此 3M 新的方程式如下：

$$Y_{ij} = \beta_{0j}^d + \beta_{1j}^d M_{ij} + \varepsilon_{ij}^d \tag{7-3-11}$$

$$\beta_{0j}^d = \gamma_{00}^d + \gamma_{01}^d X_j + u_{0j}^d \tag{7-3-12}$$

$$\beta_{1j}^d = \gamma_{10}^d + \gamma_{11}^d X_j + u_{1j}^d \tag{7-3-13}$$

因此，要进行多层次调节式中介效果就必须进行方程式 (7-3-1) 至 (7-3-13) 的一系列估计与检测，这样方能获得 3M 的效果。

除了将 Baron 与 Kenny 的单一层次中介效果检测的四个条件应用到多层次中介效果外，还可以把 Sobel 的中介效果统计检定应用到上述方程式 (7-3-1) 到 (7-3-13) 各个对应回归系数的间接效果检定。值得一提的是，在之前跨层级或多层次中介效果的研究里，都假设在斜率为固定效果的情况下进行，然后利用 Sobel 所提的检定方法，检测间接效果是否达到显著，来判断中介效果是否存在。

## 7.4　HLM 实例操作

### 7.4.1　范例的研究架构与样本

本范例以员工认知重塑与主动服务行为关系的研究为例，说明多层次中介与调节式中介效果的检验。研究架构如图 7-3 所示。

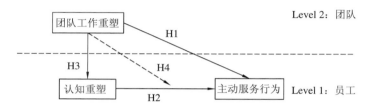

图 7-3　两阶层 HLM 模型的阶层结构与假设关系

H1：团队工作重塑越佳，员工主动服务行为越积极。

H2：认知重塑越强的员工，其主动服务行为越积极。

H3：团队工作重塑对于员工认知重塑具有正向影响。

H4：团队工作重塑的高低，影响员工认知重塑对主动服务行为的解释力。

该研究的目的在于探讨政务窗口人员主动服务行为前因变量的影响，尤其着重于员工工作重塑方面的影响。样本来自于苏州、南通、扬州部分市区、乡镇行政审批局的窗口工作人员。受访对象中男性占 33.5%，女性占 66.5%；25 岁及以下人员占 14.1%，26~35 岁的占 52.4%，36~45 岁的占 21.4%，46 岁以上的占 12.1%；硕士及以上学历人员占 4.4%，本科学历的占 64.5%，大专及以下学历的占 31.1%；已婚的占 78.6%，未婚的占 21.4%；工作年限 10 年以上的占 43.2%，6~10 年的占 26.7%，2~5 年的占 18%，2 年以下的占 12.1%。

### 7.4.2 HLM 分析与结果说明

1. 零模型检验

（1）以主动服务行为（$Y$）作为结果变量。模型及相关数据如下：

```
File  Basic Settings  Other Settings  Run Analysis  Help
Outcome
>> Level-1 <<    LEVEL 1 MODEL (bold: group-mean centering; bold italic: grand-mean centering)
Level-2          $Y = \beta_0 + r$
INTRCPT1
M                LEVEL 2 MODEL (bold italic: grand-mean centering)
Y                $\beta_0 = \gamma_{00} + u_0$
```

**Final estimation of variance components**

| Random Effect | Standard Deviation | Variance Component | d.f. | $\chi^2$ | p-value |
|---|---|---|---|---|---|
| INTRCPT1, $u_0$ | 0.24807 | 0.06154 | 40 | 99.65040 | <0.001 |
| level-1, $r$ | 0.46394 | 0.21524 | | | |

根据以上分析结果，计算主动服务行为的组内相关系数 ICC = 0.062/（0.062+0.215）= 22.4%。这说明员工主动服务行为的总变异中有 22.4%来自团队之间的差别。

（2）以员工认知重塑（$M$）作为结果变量。模型及相关数据如下：

```
File  Basic Settings  Other Settings  Run Analysis  Help
Outcome
>> Level-1 <<    LEVEL 1 MODEL (bold: group-mean centering; bold italic: grand-mean centering)
Level-2          $M = \beta_0 + r$
INTRCPT1
M                LEVEL 2 MODEL (bold italic: grand-mean centering)
Y                $\beta_0 = \gamma_{00} + u_0$
```

**Final estimation of variance components**

| Random Effect | Standard Deviation | Variance Component | d.f. | $\chi^2$ | p-value |
|---|---|---|---|---|---|
| INTRCPT1, $u_0$ | 0.34334 | 0.11788 | 40 | 119.04043 | <0.001 |
| level-1, $r$ | 0.55976 | 0.31333 | | | |

根据以上分析结果，计算员工认知重塑的组内相关系数 ICC = 0.118/（0.118+0.313）= 27.4%。这说明员工认知重塑的总变异中有

27.4%来自团队之间的差别。

2. M1：截距结果模型检验

多层次中介效果检验的第一个程序，是检验 $Y$ 和 $M$ 这两个模型中的结果变量各自是否可以被总体层次解释变量（$X$）有效解释。

（1）M1a（以 $Y$ 为结果变量）模型及相关数据如下：

```
File  Basic Settings  Other Settings  Run Analysis  Help
Outcome
>> Level-1 <<     LEVEL 1 MODEL (bold: group-mean centering; bold italic: grand-mean centering)
Level-2
INTRCPT1          Y = β₀ + r
M
Y                 LEVEL 2 MODEL (bold italic: grand-mean centering)
                  β₀ = γ₀₀ + γ₀₁(X) + u₀
```

**Final estimation of fixed effects (with robust standard errors)**

| Fixed Effect | Coefficient | Standard error | $t$-ratio | Approx. d.f. | $p$-value |
|---|---|---|---|---|---|
| For INTRCPT1, $\beta_0$ | | | | | |
|   INTRCPT2, $\gamma_{00}$ | 4.461738 | 0.050243 | 88.804 | 39 | <0.001 |
|   X, $\gamma_{01}$ | 0.122627 | 0.090615 | 1.353 | 39 | 0.184 |

**Final estimation of variance components**

| Random Effect | Standard Deviation | Variance Component | d.f. | $\chi^2$ | $p$-value |
|---|---|---|---|---|---|
| INTRCPT1, $u_0$ | 0.24921 | 0.06210 | 39 | 100.10317 | <0.001 |
| level-1, $r$ | 0.46280 | 0.21418 | | | |

(2) M1b（以 $M$ 为结果变量）模型及相关数据如下：

```
File  Basic Settings  Other Settings  Run Analysis  Help
Outcome       LEVEL 1 MODEL (bold: group-mean centering; bold italic: grand-mean centering)
>> Level-1 <<
Level-2       M = β₀ + r
INTRCPT1
M             LEVEL 2 MODEL (bold italic: grand-mean centering)
Y
              β₀ = γ₀₀ + γ₀₁(X) + u₀
```

**Final estimation of fixed effects**
**(with robust standard errors)**

| Fixed Effect | Coefficient | Standard error | $t$-ratio | Approx. d.f. | $p$-value |
|---|---|---|---|---|---|
| For INTRCPT1, $\beta_0$ | | | | | |
|   INTRCPT2, $\gamma_{00}$ | 4.351050 | 0.065718 | 66.208 | 39 | <0.001 |
|   X, $\gamma_{01}$ | 0.135151 | 0.122345 | 1.105 | 39 | 0.276 |

**Final estimation of variance components**

| Random Effect | Standard Deviation | Variance Component | d.f. | $\chi^2$ | $p$-value |
|---|---|---|---|---|---|
| INTRCPT1, $u_0$ | 0.34480 | 0.11889 | 39 | 120.01072 | <0.001 |
| level-1, $r$ | 0.55907 | 0.31256 | | | |

在这两个模型中，$X$ 对 $Y$ 以及 $X$ 对 $M$ 进行解释的 $\gamma_{01}$ 均无统计意义，系数分别是 0.123（$t = 1.35$，$p = 0.184$）、0.135（$t = 1.105$，$p = 0.276$）。因此，就系数值来说，每增加一单位的团队工作重塑，对于员工主动服务行为所增加的 0.123 分及员工认知重塑所增加的 0.135 分没有统计上的意义。如果 $P$ 值显著，那么具有统计学意义。

这两个以截距为结果变量模型的截距变异数（HLM 中的 $u_0$ 和 $\gamma_{00}$）仍然显著，表示当团队工作重塑（$X$）对各团队的 $Y$ 和 $M$ 分别进行解释后，各自仍存在显著的团队间差异，团队间的平均值差异有待进一步由团队层级解释变量来加以解释。这几项模型的估计结果整理于表 7-1。

表 7-1 截距结果模型与随机系数模型的 HLM 估计结果

| Models | | | 固定效果 | | 随机效果 | | | |
|---|---|---|---|---|---|---|---|---|
| | | | $Y$ | $t$ | 截距变异数 | $\chi^2(p)$ | 斜率变异数 | $\chi^2(p)$ |
| 截距结果模型 | | | | | | | | |
| 3M1a | $X_j$–$Y_{ij}$ | $\gamma_{01}^0$ | 0.123 (0.091) | 1.35 (0.184) | 0.062 | 100.10 (0.000) | — | — |
| 3M1b | $X_j$–$M_{ij}$ | $\gamma_{01}^a$ | 0.135 (0.122) | 1.11 (0.276) | 0.119 | 120.01 (0.000) | — | — |
| 随机效果共变量分析 | | | | | | | | |
| 3M2a | $M_j$–$Y_{ij}$ | $\gamma_{01}^b$ | 0.558 (0.038) | 14.80 (0.000) | — | — | — | — |
| 随机系数模型 | | | | | | | | |
| 3M2b | $M_j$–$Y_{ij}$ | $\gamma_{01}^b$ | 0.622 (0.051) | 12.21 (0.000) | 0.005 | 49.27 (0.055) | 0.044 | 66.36 (0.001) |

**3. M2：随机效果共变量分析与随机系数模型检验**

多层次中介效果检验的第二个程序，是检验作为中介变量的个体层次解释变量（$M$）对结果变量（$Y$）的解释是否具有统计意义。此时并不纳入总体层次的解释变量，仅有个体层次解释变量，当斜率系数设定为固定效果时为随机效果共变量分析模型，当斜率系数设定为随机效果时则为随机系数模型。

（1）M2a 随机效果共变量分析（random ANCOVA）模型。模型及相关数据如下：

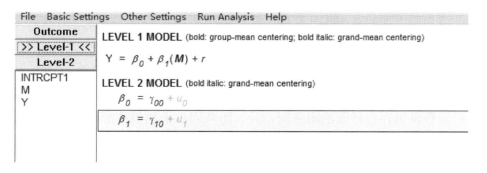

**Final estimation of fixed effects:**

| Fixed Effect | Coefficient | Standard error | $t$-ratio | Approx. d.f. | $p$-value |
|---|---|---|---|---|---|
| For INTRCPT1, $\beta_0$ | | | | | |
|    INTRCPT2, $\gamma_{00}$ | 4.484463 | 0.024209 | 185.239 | 234 | <0.001 |
| For M slope, $\beta_1$ | | | | | |
|    INTRCPT2, $\gamma_{10}$ | 0.557546 | 0.037670 | 14.801 | 234 | <0.001 |

（2）3M2b 随机系数模型。模型及相关数据如下：

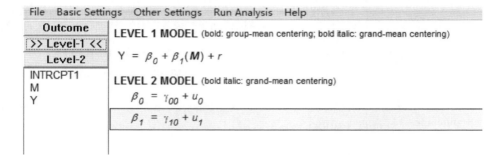

**Final estimation of fixed effects (with robust standard errors)**

| Fixed Effect | Coefficient | Standard error | $t$-ratio | Approx. d.f. | $p$-value |
|---|---|---|---|---|---|
| For INTRCPT1, $\beta_0$ | | | | | |
|    INTRCPT2, $\gamma_{00}$ | 4.474032 | 0.025891 | 172.800 | 40 | <0.001 |
| For M slope, $\beta_1$ | | | | | |
|    INTRCPT2, $\gamma_{10}$ | 0.622062 | 0.050965 | 12.206 | 40 | <0.001 |

**Final estimation of variance components**

| Random Effect | Standard Deviation | Variance Component | d.f. | $\chi^2$ | $p$-value |
|---|---|---|---|---|---|
| INTRCPT1, $u_0$ | 0.07369 | 0.00543 | 35 | 49.27497 | 0.055 |
| M slope, $u_1$ | 0.20868 | 0.04355 | 35 | 66.36420 | 0.001 |
| level-1, $r$ | 0.33514 | 0.11232 | | | |

根据以上结果发现，随机效果共变量分析模型中，以 $M$ 来解释 $Y$ 时，认知重塑的系数达到显著水准，系数为 0.558（$t$ = 14.8，$p$ < 0.001）。若为随机系数模型，认知重塑的系数为 0.622（$t$ = 12.21，$p$ <

0.001），显示估计 $u_1$ 对固定效果的影响很大。认知重塑的斜率变异数（0.044）呈现显著状态（$p=0.001$），表示各团队的斜率差异明显。相比之下，截距的变异数（0.005）不显著，表示各团队员工主动服务行为的调整平均值在控制认知重塑后，不存在差异。

4. M3：多层次中介效果模型检验

通过前面的两组模型，可知构成多层次中介效果模型的三个回归系数 $\gamma_{01}^a$（$X \to M$）、$\gamma_{10}^b$（$M \to Y$）、$\gamma_{01}^c$（$X \to Y$）的显著性。第三个程序，就是进一步将高层解释变量和中介变量一起放入方程式中，检验 $X$ 与 $M$ 两个变量对 $Y$ 的解释力。若不对斜率进行解释，为截距结果模型（3M3a）；若将斜率设为随机，则为斜率与截距结果模型（3M3b）。

（1）M3a 斜率不为随机的截距结果模型。模型及相关数据如下：

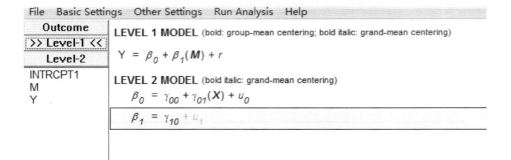

Final estimation of fixed effects (with robust standard errors)

| Fixed Effect | Coefficient | Standard error | $t$-ratio | Approx. $d.f.$ | $p$-value |
|---|---|---|---|---|---|
| For INTRCPT1, $\beta_0$ | | | | | |
|   INTRCPT2, $\gamma_{00}$ | 4.485261 | 0.028066 | 159.814 | 39 | <0.001 |
|   X, $\gamma_{01}$ | 0.040423 | 0.047516 | 0.851 | 39 | 0.400 |
| For M slope, $\beta_1$ | | | | | |
|   INTRCPT2, $\gamma_{10}$ | 0.549066 | 0.082421 | 6.662 | 194 | <0.001 |

Final estimation of variance components

| Random Effect | Standard Deviation | Variance Component | $d.f.$ | $\chi^2$ | $p$-value |
|---|---|---|---|---|---|
| INTRCPT1, $u_0$ | 0.09864 | 0.00973 | 39 | 61.04877 | 0.014 |
| level-1, $r$ | 0.36118 | 0.13045 | | | |

（2）M3b 斜率为随机的截距结果模型。模型及相关数据如下：

```
File  Basic Settings  Other Settings  Run Analysis  Help
 Outcome      LEVEL 1 MODEL (bold: group-mean centering; bold italic: grand-mean centering)
>> Level-1 <<
  Level-2     Y = β₀ + β₁(M) + r
INTRCPT1     LEVEL 2 MODEL (bold italic: grand-mean centering)
M              β₀ = γ₀₀ + γ₀₁(X) + u₀
Y              β₁ = γ₁₀ + u₁
```

**Final estimation of fixed effects**
(with robust standard errors)

| Fixed Effect | Coefficient | Standard error | t-ratio | Approx. d.f. | p-value |
|---|---|---|---|---|---|
| For INTRCPT1, $\beta_0$ | | | | | |
| INTRCPT2, $\gamma_{00}$ | 4.474323 | 0.026900 | 166.331 | 39 | <0.001 |
| X, $\gamma_{01}$ | 0.042312 | 0.043699 | 0.968 | 39 | 0.339 |
| For M slope, $\beta_1$ | | | | | |
| INTRCPT2, $\gamma_{10}$ | 0.615992 | 0.051145 | 12.044 | 40 | <0.001 |

**Final estimation of variance components**

| Random Effect | Standard Deviation | Variance Component | d.f. | $\chi^2$ | p-value |
|---|---|---|---|---|---|
| INTRCPT1, $u_0$ | 0.08659 | 0.00750 | 34 | 49.50443 | 0.042 |
| M slope, $u_1$ | 0.20497 | 0.04201 | 35 | 66.65388 | 0.001 |
| level-1, $r$ | 0.33293 | 0.11084 | | | |

M3a 同时考察中介变量和总体解释变量，其中中介变量认知重塑可以显著解释结果变量（$\gamma_{10}^b = 0.549$，$t = 6.66$，$p<0.001$），因此 $X \to M \to Y$ 的间接效果成立。

3M3b 把中介变量对结果变量的斜率设定为随机效果时，也得到类似的结果（$\gamma_{10}^b = 0.616$，$t = 12.04$，$p<0.001$）。

5. M4：多层次调节式中介效果模型检验

多层次调节中介模型检验的最后一个步骤，是探讨跨层级交互作用是否存在，即纳入调节效果的检验，成为一个同时带有中介和调节效果的模型。在多层次调节中介效果的模型检验中，必须先检验多层次中介效果的存在，如果多层次中介效果存在，再进一步检测这个中介效果是否受到高层解释变量的影响。本小节更关心 $\gamma_{11}^d$（$X \times M \to Y$）的调节作用。

（1）M4a 斜率为固定的截距结果模型。模型及相关数据如下：

**LEVEL 1 MODEL** (bold: group-mean centering; bold italic: grand-mean centering)

$$Y = \beta_0 + \beta_1(M) + r$$

**LEVEL 2 MODEL** (bold italic: grand-mean centering)

$$\beta_0 = \gamma_{00} + \gamma_{01}(X) + u_0$$

$$\beta_1 = \gamma_{10} + \gamma_{11}(X) + u_1$$

**Final estimation of fixed effects**
**(with robust standard errors)**

| Fixed Effect | Coefficient | Standard error | t-ratio | Approx. d.f. | p-value |
|---|---|---|---|---|---|
| For INTRCPT1, $\beta_0$ | | | | | |
|   INTRCPT2, $\gamma_{00}$ | 4.479525 | 0.030852 | 145.192 | 39 | <0.001 |
|   X, $\gamma_{01}$ | 0.062315 | 0.053660 | 1.161 | 39 | 0.253 |
| For M slope, $\beta_1$ | | | | | |
|   INTRCPT2, $\gamma_{10}$ | 0.552731 | 0.069619 | 7.939 | 193 | <0.001 |
|   X, $\gamma_{11}$ | 0.144670 | 0.133167 | 1.086 | 193 | 0.279 |

**Final estimation of variance components**

| Random Effect | Standard Deviation | Variance Component | d.f. | $\chi^2$ | p-value |
|---|---|---|---|---|---|
| INTRCPT1, $u_0$ | 0.13054 | 0.01704 | 39 | 70.57559 | 0.002 |
| level-1, $r$ | 0.35263 | 0.12434 | | | |

（2）M4b 斜率为随机的截距结果模型。模型及相关数据如下：

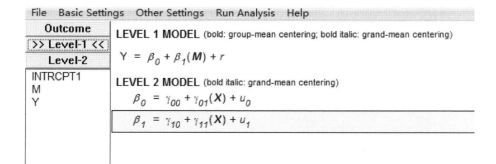

**Final estimation of fixed effects**
**(with robust standard errors)**

| Fixed Effect | Coefficient | Standard error | $t$-ratio | Approx. d.f. | $p$-value |
|---|---|---|---|---|---|
| For INTRCPT1, $\beta_0$ | | | | | |
|   INTRCPT2, $\gamma_{00}$ | 4.473158 | 0.027636 | 161.857 | 39 | <0.001 |
|   X, $\gamma_{01}$ | 0.039414 | 0.045143 | 0.873 | 39 | 0.388 |
| For M slope, $\beta_1$ | | | | | |
|   INTRCPT2, $\gamma_{10}$ | 0.615399 | 0.050931 | 12.083 | 39 | <0.001 |
|   X, $\gamma_{11}$ | 0.037103 | 0.089013 | 0.417 | 39 | 0.679 |

**Final estimation of variance components**

| Random Effect | Standard Deviation | Variance Component | d.f. | $\chi^2$ | $p$-value |
|---|---|---|---|---|---|
| INTRCPT1, $u_0$ | 0.09462 | 0.00895 | 34 | 49.70965 | 0.040 |
| M slope, $u_1$ | 0.20643 | 0.04261 | 34 | 63.43529 | 0.002 |
| level-1, $r$ | 0.33199 | 0.11022 | | | |

在斜率为固定效果（3M4a）与随机效果（3M4b）两个模型中，同时考虑 $M$ 与 $X$ 对 $Y$ 的影响。通过3M4a结果可知，$X \times M$ 不具有显著的调节效果（$\gamma_{11}^d = 0.145$，$t = 1.09$，$p = 0.279$）。3M4b 的结果也类似（$\gamma_{11}^d = 0.037$，$t = 0.42$，$p = 0.679$）。结果整理于表 7-2。

表 7-2　多层次中介与调节效果 HLM 模式估计结果

| Model | | | 3M3 中介效果模型 | | | | 3M4 调节效果中介模型 | | | |
|---|---|---|---|---|---|---|---|---|---|---|
| | | | $\gamma$ | $t(p)$ | $\tau$ | $\chi^2(p)$ | $\gamma$ | $t(p)$ | $\tau$ | $\chi^2(p)$ |
| 固定斜率 | $X_j \to Y_{ij}$ | $\gamma_{01}^0$ | 0.04 (0.048) | 0.85 (0.40) | $u_0=$0.01 | 61.05 (0.014) | 0.06 (0.05) | 1.16 (0.25) | $u_0=$0.02 | 70.58 (0.002) |
| | $M_j \to Y_{ij}$ | $\gamma_{10}^b$ | 0.55 (0.08) | 6.66 (0.000) | | | 0.55 (0.07) | 7.94 (0.000) | | |
| | $X \times M_j \to Y_{ij}$ | $\gamma_{11}^d$ | | | | | 0.14 (0.13) | 1.09 (0.28) | | |

续表

| | Model | | 3M3 中介效果模型 | | | | 3M4 调节效果中介模型 | | | |
|---|---|---|---|---|---|---|---|---|---|---|
| | | | $\gamma$ | $t(p)$ | $\tau$ | $\chi^2(p)$ | $\gamma$ | $t(p)$ | $\tau$ | $\chi^2(p)$ |
| 随机斜率 | $X_j \to Y_{ij}$ | $\gamma_{01}^0$ | 0.04 (0.04) | 0.97 (0.34) | $u_0=$ 0.01 | 49.5 (0.042) | 0.04 (0.05) | 0.87 (0.39) | $u_0=$ 0.01 | 49.71 (0.004) |
| | $M_j \to Y_{ij}$ | $\gamma_{10}^b$ | 0.62 (0.05) | 12.00 (0.000) | $u_1=$ 0.04 | 66.7 (0.001) | 0.62 (0.05) | 12.1 (0.000) | $u_1=$ 0.04 | 63.44 (0.002) |
| | $X \times M_j \to Y_{ij}$ | $\gamma_{11}^d$ | | | | | 0.04 (0.09) | 0.42 (0.68) | | |

# 第8章 面板数据:纵横数据分析

## 8.1 面板数据的定义及分类

### 8.1.1 面板数据的定义

面板数据(panel data),指的是在一段时间内跟踪同一组个体的数据,既有横截面的维度($N$位个体),又有时间维度($T$个时期)。从横截面上看,面板数据是由若干个体在某一时刻构成的截面观测值,从纵剖面上看是一个时间序列。常见的数据形式有时间序列数据(time series data)、截面数据(cross-sectional data)和面板数据。

从维度来看,时间序列数据和截面数据均为一维。面板数据可以看作时间序列与截面混合的数据,因此它是二维数据。面板数据的示意图和数据形式如图8-1所示。

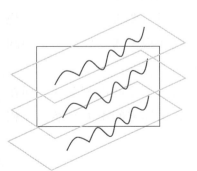

| $i$ | $t$ | $y_{it}$ | $x_{1,it}$ | $x_{2,it}$ | … | $x_{k,it}$ |
|---|---|---|---|---|---|---|
| 1 | 1 | $y_{11}$ | $x_{1,11}$ | $x_{2,11}$ |  | $x_{k,11}$ |
|  | 2 | $y_{12}$ | $x_{1,12}$ | $x_{2,12}$ |  | $x_{k,12}$ |
|  | … | … | … | … |  | … |
|  | $T$ | $y_{1T}$ | $x_{1,1T}$ | $x_{2,1T}$ |  | $x_{k,1T}$ |
| 2 | 1 | $y_{21}$ | $x_{1,21}$ | $x_{2,21}$ |  | $x_{k,21}$ |
|  | 2 | $y_{22}$ | $x_{1,22}$ | $x_{2,22}$ |  | $x_{k,22}$ |
|  | … | … | … | … |  | … |
|  | $T$ | $y_{2T}$ | $x_{1,2T}$ | $x_{2,2T}$ |  | $x_{k,2T}$ |
| 3 | 1 | $y_{31}$ | $x_{1,31}$ | $x_{2,31}$ |  | $x_{k,31}$ |

图8-1 面板数据的示意图和数据形式

面板数据用双下标变量表示。例如 $y_{it}$，$i=1, 2, \cdots, N$，$t=1, 2, \cdots, T$，其中 $N$ 表示面板数据中含有 $N$ 个个体，$T$ 表示时间序列的最大长度。若固定 $t$ 不变，$y_i$（$i=1, 2, \cdots, N$）是横截面上的 $N$ 个随机变量；若固定 $i$ 不变，$y_t$（$t=1, 2, \cdots, T$）是纵剖面上的一个时间序列（个体）。

### 8.1.2 面板数据的分类

1. 短面板与长面板

通常面板数据 $T$ 较小，$N$ 较大。在使用大样本理论时让 $N$ 趋于无穷大，称之为"短面板"。如果 $T$ 较大，$N$ 较小，则称之为"长面板"。简而言之，截面数大于时间数就是短面板；反之，则为长面板。

2. 微观面板与宏观面板

由个体调查数据得到的面板数据通常被称为微观面板。微观面板数据的特点是个体数 $N$ 较大（通常是几百或几千个），而时期数 $T$ 较短（最少是 2 年，最长不超过 10 年或 20 年）。由一段时期内不同国家的数据得到的面板数据通常被称为宏观面板（macropanels）。这类数据一般具有适度规模的个体数 $N$（从 7 到 100 或 200 不等，如七国集团、经济合作与发展组织（OECD）、欧盟、发达国家或发展中国家），时期数 $T$ 一般在 20 年到 60 年之间。因数据结构上的区别，微观面板和宏观面板要求使用不同的计量方法。

样本容量的区别：微观面板必须研究 $T$ 固定而 $N$ 较大时的渐近特性，而宏观面板的渐近特性则是指 $T$ 和 $N$ 都较大时的情况。

平稳性：对于宏观面板，当时间序列较长时需要考虑数据的非平稳问题，如单位根、结构突变、协整等，而微观面板不需要处理非平稳问题，特别是每个家庭或个体的时期数 $T$ 较小时。

个体相关性：在处理宏观面板时必须考虑国家之间的相关性，而在微观面板中，如果个体是随机抽样产生，那么个体之间不大可能存在相关性，因此不需要考虑此问题。

3. 动态面板与静态面板

在面板模型中，若解释变量包含被解释变量的滞后值，则为动态面板;反之,则为静态面板。

4. 平衡面板与非平衡面板

在平衡面板模型中,每个个体在相同的时间内都有观测值记录;反之,则为非平衡面板。

### 8.1.3 面板数据的优势与局限

1. 优势

(1) 可以处理由不可观测的个体异质性所导致的遗漏变量内生性问题。遗漏变量通常是由不可预测的个体差异或"异质性"(比如个体能力)造成的。若个体差异"不随时间而改变",则面板数据提供了解决遗漏变量问题的又一利器。

(2) 提供更多个体动态行为的信息。面板数据有横截面与时间两个维度,可解决截面数据或时间序列不能解决的问题。

(3) 样本容量较大。同时有截面与时间维度,面板数据的样本容量通常较大,可提高估计精度。

2. 局限

(1) 样本数据通常不满足独立同分布的假定,因为同一个个体在不同时期的扰动项一般存在自相关。此外,面板数据的收集成本通常较高,不易获得。

(2) 大多数面板数据分析技术都是针对短面板。

(3) 寻找面板数据结构的工具变量不是很容易。

(4) 制约了稳态性质研究。微观面板各个体的时期较短,主要依赖个体数趋近于无穷大进行渐近统计分析,在时间维度上不能进行渐近性分析。

(5) 宏观面板数据的截面相关性。在宏观经济问题的研究中,由于国际贸易、外商直接投资和地缘经济特征等的作用,经济的外溢性和内联性非常突出。对于国家或地区间的宏观面板数据,建立计量经济模型时通常要考虑截面相关性。并且,对于时期较长的面板数据,如果未考虑国家之间的相关性,将会导致错误的统计推断结论。

## 8.2 短面板数据的估计策略

对面板数据进行分析的全部步骤如图 8-2 所示。分析面板数据时一般以短面板较为常见，因此本章节重点讲述短面板的估计策略和 Stata 操作程序。学界对于单位根检验的功效一直存有争论，因此本章不做介绍。

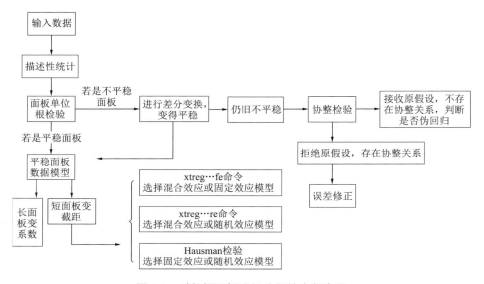

图 8-2 对数据面板进行分析的全部步骤

面板数据模型分类：

（1）个体效应模型（非观测效应模型）。分为固定效应模型和随机效应模型。

固定效应模型又分为单向固定效应模型与双向固定效应模型。

单向固定效应模型：只考虑个体效应不考虑时间效应。

双向固定效应模型：同时考虑个体效应和时间效应。

（2）混合回归模型。

### 8.2.1 个体效应模型

估计面板数据的一个极端策略是将其看成横截面数据而进行混合回归（pooled regression），即要求样本中每个个体都拥有完全相同的回归方程；另一个极端策略是为每个个体估计一个单独的回归方程。前者忽略了个体间不可观测或被遗漏的异质性，该异质性可能与解释变量相关而导致估计不一致；后者则忽略了个体间的共性，也可能没有足够的样本容量。

因此，在实践中常常采用折中的估计策略，即假定个体的回归方程拥有相同的斜率，但可以拥有不同的截距，以此来捕捉异质性，如图8-3所示。

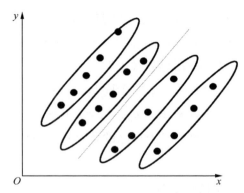

图8-3　面板数据中不同个体的截距项可以不同

这种模型被称为个体效应模型（individual-specific effects model），其模型形式为

$$y_{it} = x'_{it}\beta + z'_i\delta + u_i + \varepsilon_{it}(i = 1,\cdots,N; t = 1,\cdots,T)$$

其中，$z'_i$ 为不随时间而变（time invariant）的个体特征（即 $z'_{it} = z'_i$，$\forall t$），比如性别；而 $x'_{it}$ 则可以随个体及时间而变（time-varying）。扰动项由（$u_i + \varepsilon_{it}$）两部分构成，称为复合扰动项（composite erroe term），而该方程被称为复合扰动项模型（error compoents model）。其中，不可观测的随机变量 $u_i$ 代表个体异质性的截距项，因此该方程也被称为"不可观测效应模型"。

下面对扰动项进行讨论。

较早的文献有时将 $u_i$ 视为常数，但这也只是随机变量的特例，即退化的随机变量；而 $\varepsilon_{it}$ 为随个体与时间而改变的扰动项。

我们主要关注 $u_i$，这是因为"个体效应模型"的个体特征来源于

$u_i$。$u_i$ 在几何上代表个体异质性的截距，在统计上则代表一个扰动项。几何上，可以直接认为它就是截距就可以了。这个扰动项并不是"真正的"扰动项，"真正的"扰动项是 $\varepsilon_{it}$。你可以认为 $u_i$ 是某个个体的禀赋。

举个例子，如果在研究不同个体的受教育水平对他的收入的影响时，没有把智力因素加入解释变量中，那么 $u_i$ 就可能是每个个体的智力因素（注意，它并非解释变量）。因为每个个体的智力短期难以改变。

像智力水平这种随时间很少变动的扰动项，你可以认为这是一个个体天生的禀赋或者说个体天生的差异，它表现为"不同的截距"，也就是我们常津津乐道的"输在起跑线上"。

统计上，方程实际上糅合了两个回归模型：

$$y_{it} = x'_{it}\beta + \varepsilon_{it}, \quad y_{it} = z'_i\delta + u_i$$

对这两个模型，分别有属于自己的扰动项 $\varepsilon_{it}$ 和 $u_i$，加起来就是个体效应模型了。

### 8.2.2　个体效应模型类别

个体效应模型的两大类：固定效应模型和随机效应模型。

在短面板，我们假设 $\{\varepsilon_{it}\}$ 为独立同分布（长面板可以放松此假定），且与 $u_i$ 不相关。如果 $u_i$ 与某个解释变量相关，那么进一步称之为固定效应模型（Fixed Effects Model，FE）。这种情况下，OLS 估计是不一致的，解决的方法是将模型转换，消去 $u_i$ 后获得一致估计量。

如果 $u_i$ 与所有解释变量（$x'_{it}$，$z'_i$）都不相关，那么进一步称之为随机效应模型（Random Effects Model，RE）。

显然，与截面数据相比，面板数据提供了更为丰富的模型与估计方法。

我们必须十分重视"$u_i$ 与某个解释变量 $x'_{it}$ 或 $z'_{it}$ 是否相关"这一论断。如果 $u_i$ 与某个解释变量 $x'_{it}$ 或 $z'_{it}$ 相关，那么我们就没有办法准确地估计 $\beta$，这是内生性问题。为了准确地估计 $\beta$，我们的核心思想是如何消除内生性问题。接下来的一切操作都是围绕这个问题展开的。

解决的办法有很多：我们可以消去 $u_i$，也可以人工增加"虚拟变量""时间趋势",把内生的信息从 $u_i$ 中手动剥离出来。

### 8.2.3 混合回归

如果所有个体都拥有完全一样的回归方程,也就是说每个个体连截距项都相同,对于个体效应模型 $y_{it}=x'_{it}\beta+z'_i\delta+u_i+\varepsilon_{it}$,所有个体都拥有一样的回归方程,那么 $u_1=u_2=\cdots=u_n$。将相同的个体效应统一记为 $\alpha$,方程可写为:

$$y_{it} = \alpha + x'_{it}\beta + z'_i\delta + \varepsilon_{it}$$

其中,$x'_{it}$ 不包括常数项。把所有数据放在一起,像横截面数据那样进行 OLS 回归,故称之为"混合回归"(pooled regression)。混合回归可以被称为总体平均估计量(Population-averaged Estimator,PA),因为可以把它理解为将个体效应都平均掉了。

虽可假设不同个体的扰动项相互独立,但同一个体在不同时期的扰动项之间往往自相关。

每个个体不同时期的所有观测值构成一个"聚类"(cluster)。样本观测值可分为不同的聚类,在同一聚类里的观测值互相相关,不同聚类之间的观测值不相关,称之为"聚类样本"(cluster sample)。对于聚类样本,仍可进行 OLS 估计,但须使用"聚类稳健的标准误"(cluster-robust standard errors)。

对于样本容量为 $NT$ 的平衡面板,共有 $N$ 个聚类,而每个聚类中包含 $T$ 期观测值。使用聚类稳健标准误的前提是,聚类中的观测值数目 $T$ 较小,而聚类数目 $N$ 较大($N \to \infty$),此时聚类稳健标准误是真实标准误的一致估计。因此,聚类稳健标准误更适用于时间维度 $T$ 比截面维度 $N$ 小的短面板。

在推导过程中未假定同方差,故聚类稳健标准误也是异方差稳健标准误。

混合回归的基本假设不存在个体效应,对于这个假设必须进行统计检验。由于个体效应以固定效应和随机效应这两种不同的形态存在,故在下面会分别介绍其检验方法。

### 8.2.4 固定效应模型的估计方法

固定效应模型是指 $u_i$ 与某个解释变量 $x'_{it}$ 或 $z'_i$ 相关的个体效应模

型。简单来说，就是解决模型遗漏变量使得 $u_i$ 与解释变量相关产生的内生性问题。

因此可分成两种情况：

（1） $u_i$ 与不随时间而变但随个体而异的遗漏变量问题。解决这类问题的模型我们称为个体固定效应模型。

（2） $u_i$ 与不随个体而变但随时间而异的遗漏变量问题。解决这类问题的模型我们称为时间固定效应模型。

我们下面来探讨如何对这两种固定效应模型进行处理。

### 8.2.5 个体固定效应模型

1. 组内估计量

思想：消去 $u_i$，消除内生性。

优点：易于操作和理解。

缺点：无法估计固定效应，需要严格外生性假设。

如果 $u_i$ 与某个解释变量 $x'_{it}$ 或 $z'_i$ 相关，那么此个体效应模型就变成了固定效应模型。这种情况下，OLS 估计是不一致的。为了得到一致的 $\beta$ 估计量，解决的方法是将模型转换，并将 $u_i$ 消去。

给定个体 $i$，将方程两边对时间取平均，可得

$$\bar{y}_i = \bar{x}'_i \beta + z'_i \delta + u_i + \bar{\varepsilon}_{it},$$

原方程减此方程后可得原模型的离差形式：

$$y_{it} - \bar{y}_i = (x'_{it} - x'_i)' \beta + (\varepsilon_{it} - \bar{\varepsilon}_i)$$

定义：$\tilde{y}_{it} = y_{it} - \bar{y}_i$，$\tilde{x}'_{it} = x'_{it} - x'_i$，$\tilde{\varepsilon}_{it} = \varepsilon_{it} - \bar{\varepsilon}_i$，则

$$\tilde{y}_{it} = \tilde{x}'_{it} \beta + \tilde{\varepsilon}_{it}$$

在上述公式中，$u_i$ 已经被消去，故只要 $\tilde{\varepsilon}_{it}$ 与 $\tilde{x}'_{it}$ 不相关，就可以使用 OLS 一致地估计 $\beta$，称之为固定效应估计量（fixed effects estimator），记为 $\hat{\beta}_{FE}$。由于 $\hat{\beta}_{FE}$ 使用了每个个体的组内离差信息，故也称为组内估计量（within estimator）。即使个体特征 $u_i$ 与解释变量 $x'_{it}$ 相关，只要使用组内估计量，就可以得到一致估计。这是面板数据的一大优势。

然而，在做离差变换的过程中，$z'_i \delta$ 也被消掉了，于是就无法估计 $\delta$。因此 $\hat{\beta}_{FE}$ 无法估计不随时间而变的变量的影响，这是 FE 的一大缺点。

另外，为了保证 $(x'_{it} - x'_i)$ 与 $(\varepsilon_{it} - \varepsilon_i)$ 不相关，要求第 $i$ 个观测值满足严格外生性，即 $\mathrm{E}\left(\varepsilon_{it} \mid x_{i1}, \cdots, x_{iT}\right) = 0$，因为 $\hat{x_i}$ 中包含了所有 $(x_{i1}, \cdots, x_{iT})$ 的信息。换言之，扰动项必须与各期的解释变量均不相关。这是一个比较强的假定。

2. LSDV 法（虚拟变量法）

思想：人工加入虚拟变量，把内生性手动外生化。

优点：能够估计出个体固定效应，操作简便，可解释性强。

缺点：如果虚拟变量很大，计量软件可能不支持。

如果在原方程中引入 $N-1$ 个虚拟变量（如果没有截距，则引入 $N$ 个虚拟变量）来代表不同的个体，那么可以得到与上述离差模型同样的结果，即

$$y_{it} = \alpha + x'_{it}\beta + z'_i\delta + \sum_{i=2}^{n} \gamma_i D_i + \varepsilon_{it}$$

其中，当 $i=j$ 时，个体虚拟变量 $D_j = 1$；否则 $D_j = 0$。可以用 OLS 估计此方程，而且我们可以证明，LSDV 法与组内估计量 FE 完全一样。因此，FE 也称为最小二乘虚拟变量模型（Least Square Dummy Variable Model，LSDV）。

不过，如果使用 LSDV 后发现某些个体的虚拟变量不显著而将其删去，那么 LSDV 的结果就不会与 FE 相同。使用 LSDV 的好处是可以得到对个体异质性 $u_i$ 的估计，但如果 $N$ 很大，那么需要在回归方程中加入很多虚拟变量，这就可能超出一些计量软件的最大解释变量数量，且多重共线问题严重。

### 8.2.6 时间固定效应模型

上面的个体固定效应解决不了不随时间而变但随个体而变（time invariant）的遗漏变量问题。类似地，引入时间固定效应，就可解决不随个体而变但随时间而变（individual invariant）的遗漏变量问题。

1. LSDV（虚拟变量法）

假设模型为

$$y_{it} = x'_{it}\beta + z'_i\delta + \gamma S_t + \mu_i + \varepsilon_{it}$$

其中，$S_t$ 不可观测。定义 $\lambda_t \equiv \gamma S_t$，则上式可以写成：

$$y_{it} = x'_{it}\beta + z'_i\delta + \lambda_t + \mu_i + \varepsilon_{it}$$

在上式中，可将 $\lambda_t$ 视为第 $t$ 期独有的截距项，并将其解释为第 $t$ 期对被解释变量 $y$ 的效应。于是，这些 $\lambda_1, \cdots, \lambda_t$ 称为时间固定效应（time fixed effects）。

显然，这个模型可以用 LSDV 法来估计，即对每个时期定义一个虚拟变量，然后把 $(T-1)$ 个时间虚拟变量包括在回归方程中。比如：

$$y_{it} = x'_{it}\beta + z'_i\delta + \gamma_2 D_{2i} + \cdots + \gamma_2 D_{ti} + u_i + \varepsilon_{it}$$

其中，时间虚拟变量 $D_{2i} = 1$，如果 $t = 2$；否则 $D_{2i} = 0$。上面的式子，既考虑了个体固定效应（$D_{ti}$ 的 $i$），又考虑了时间固定效应（$D_{ti}$ 的 $t$），所以称之为双向固定效应（two-way FE）。相应地，如果仅考虑个体固定效应，那么称之为单向固定效应（one-way FE）。

2. LSDV（时间趋势项）

有些情况，为了节省参数，可以引入时间趋势项，以代替 $(T-1)$ 个时间虚拟变量：

$$y_{it} = x'_{it}\beta + z'_i\delta + \gamma t + u_i + \varepsilon_{it}$$

显然，这个式子隐含着一个较强的假定：每个时期的时间效应应该增长，$y_{it}$ 随时间 $t$ 是均匀增长的。如果此假定不大可能成立，那么就应该使用时间虚拟变量法；该方法可以独立估计每一期的时间固定效应，也可用于判断每期的时间效应是否大致相等。

## 8.3 Stata 实现

### 8.3.1 读取数据与用面板数据设定

以啤酒税将降低交通死亡率的假说为例，数据来自陈强教授的《高级计量经济学及 Stata 应用（第二版）》中的"traffic.dta"数据集，程序命令参照浙江大学方红生教授的面板数据分析与 Stata 应用课程。构造如下方程：

$$\text{fatal}_{it} = \beta_0 + \beta_1 \text{beertax}_{it} + \beta_2 \text{spircons}_{it} + \beta_3 \text{unrate}_{it} + \beta_4 \text{perinck}_{it} + \mu_i + \gamma_t + \varepsilon_{it}$$

该面板数据集包含了美国 48 个州 1982—1988 年"交通死亡率"（traffic fatality rates）的相关变量：fatal（交通死亡率）——被解释变

量，beertax（啤酒税）——核心解释变量，spircons（酒精消费量），unrate（失业率），perinck（人均收入，以千元计）——可观测的控制变量，$\mu_i$——不可观测的个体效应，$\gamma_t$——时间效应，state（州），year（年）。

1. 导入数据

【use"数据集路径\traffic.dta"】：在 Stata 的"命令窗口"中输入该命令，将"traffic.dta"数据集导入 Stata 中。本例为【use"C:\Users\dell\Desktop\traffic.dta"】。数据导入 Stata 后，即可在 Stata 的"变量窗口"中看到"traffic"数据集中的各个变量的名称及其标签。见图 8-4。

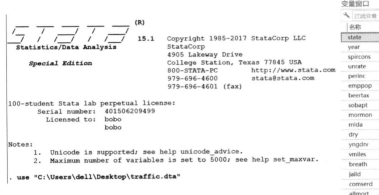

图 8-4 导入数据集

2. 查看数据

【des】：在命令窗口输入该命令可查看"traffic"数据集。

从图 8-4 中的输出结果我们可以看到："traffic"数据集包含 336 个观测值、54 个变量、变量名称、数据类型及相关的说明。

【xtdes】：查看面板数据的特征。图 8-5 中，$N=48$，$T=7$，可判断为短面板数据集。

```
. des

Contains data from C:\Users\dell\Desktop\traffic.dta
  obs:           336
 vars:            54                          30 Nov 2008 15:45
 size:        61,152

              storage   display    value
variable name  type     format     label      variable label

state          float    %9.0g      sid        State ID (FIPS) Code
year           int      %9.0g                 Year
spircons       float    %9.0g                 Spirits Consumption
unrate         float    %9.0g                 Unemployment Rate
perinc         float    %9.0g                 Per Capita Personal Income
emppop         float    %9.0g                 Employment/Population Ratio
beertax        float    %9.0g                 Tax on Case of Beer
sobapt         float    %9.0g                 % Southern Baptist
mormon         float    %9.0g                 % Mormon
mlda           float    %9.0g                 Minimum Legal Drinking Age
dry            float    %9.0g                 % Residing in Dry Counties
yngdrv         float    %9.0g                 % of Drivers Aged 15-24
vmiles         float    %9.0g                 Ave. Mile per Driver
breath         byte     %9.0g                 Prelim. Breath Test Law
jaild          byte     %9.0g                 Mandatory Jail Sentence
comserd        byte     %9.0g                 Mandatory Community Service

Sorted by:

. xtdes

      state:   1, 4, ..., 56                                n =        48
       year:   1982, 1983, ..., 1988                        T =         7
             Delta(year) = 1 unit
             Span(year)  = 7 periods
             (state*year uniquely identifies each observation)

Distribution of T_i:    min      5%     25%     50%     75%     95%     max
                          7       7       7       7       7       7       7

     Freq.  Percent    Cum.    Pattern

        48   100.00  100.00    1111111
        48   100.00            XXXXXXX
```

图 8-5　查看数据集

3. 设置面板数据

在使用面板数据分析前，输入命令【xtset state year】，设置一个以截面变量为 state、时间变量为 year 的面板数据。

### 8.3.2　描述统计与作图

【xtsum】：显示数据集中以上变量的统计特征。

图 8-6 显示：变量 state 的组内（within）标准差为 0，因为分在同一组的数据属于同一个州；year 的组间（between）标准差为 0，因为不同组的这一变量取值完全相同。

```
. xtsum
Variable            Mean       Std. Dev.       Min         Max      Observations

state   overall   30.1875     15.30985          1           56      N =    336
        between               15.44883          1           56      n =     48
        within                       0       30.1875      30.1875   T =      7

year    overall   1985        2.002983       1982         1988      N =    336
        between                      0       1985         1985      n =     48
        within                2.002983       1982         1988      T =      7

spircons overall  1.75369     .6835745         .79          4.9     N =    336
         between              .6734649       .8614286    4.388572   n =     48
         within               .147792        1.255119    2.265119   T =      7

unrate   overall  7.346726    2.533405        2.4           18      N =    336
         between              1.953377        4.1          13.2     n =     48
         within               1.634257       4.046726    12.14673   T =      7

perinc   overall  13880.18    2253.046       9513.762    22193.46   N =    336
         between              2122.712       9950.87     19515.82   n =     48
         within               806.8547       11432.6     16557.82   T =      7

emppop   overall  60.80568    4.721656       42.9935     71.26865   N =    336
         between              4.39669        45.08874    68.09736   n =     48
         within               1.819171       55.80691    65.35302   T =      7
```

图 8-6　显示变量的统计特征

【sum fatal beertax spircons unrate perinck】：得到解释变量与被解释变量的观测值、均值、标准差、最小值和最大值。见图 8-7。

```
. sum fatal beertax spircons unrate perinck

Variable      Obs        Mean      Std. Dev.       Min         Max
   fatal      336      2.040444    .5701938       .82121      4.21784
 beertax      336      .513256     .4778442       .0433109    2.720764
spircons      336      1.75369     .6835745       .79          4.9
  unrate      336      7.346726    2.533405       2.4          18
 perinck      336      13.88018    2.253046       9.513762    22.19345
```

图 8-7　变量的观测值、均值、标准差、最小值和最大值

我们还可以使用命令【xtline+ 核心变量】绘制核心变量的时间序列图，以研究分析核心变量在每个截面变量中的变动趋势。

例如，通过命令【xtline fatal】可得到核心变量交通死亡率"fatal"在各个州的时间序列图。见图 8-8。

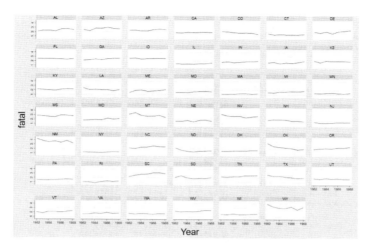

图 8-8　fatal 时间序列图

【twoway（scatter fatal beertax）（lfit fatal beertax）】：绘制核心变量与被解释变量的散点图并画出回归直线。图 8-9 呈现出的是正相关关系，与理论预期不符，这是由于我们没有控制核心变量以外的其他变量。

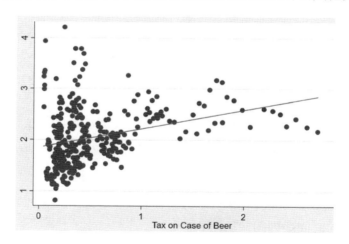

图 8-9　数点图和回归直线

我们如何在控制其他变量的基础上展示核心变量与被解释变量的偏相关图呢？

首先，使用【reg】命令做出回归结果；然后，使用【avplot +核心变量】命令即可得到核心变量与被解释变量的偏相关图。如果直接使用命令【avplots】，那么会得到所有的变量与被解释变量的偏相关图。总结如下：

【tab year，gen（year）】：生成年份虚拟变量。

【reg fatal beertax spircons unrate perinck year2-year7 i.state】：进行 LS-DV 估计。

【avplot beertax】（使用【search avplot】命令安装 avplot）：控制其他变量后核心变量与被解释变量的关系。

【avplots】：画出所有解释变量与被解释变量的偏回归图（图 8-10）。

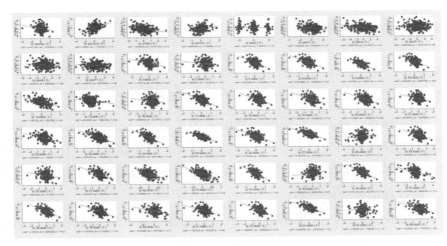

图 8-10　偏回归图

### 8.3.3　模型选择

一般选择双向固定效应模型即可，但是为了确保严谨性和准确性，有必要判断哪一个模型是匹配数据集的最合适的模型。包括以下几个步骤：

1. PLS or FE？

首先输入命令【Tab year，gen（year）】，生成年份虚拟变量。再输入【xtreg fatal beertax spircons unrate perinck year2-year7，fe】估计双向固定效应模型。见图 8-11。

```
. xtreg fatal beertax spircons unrate perinck year2-year7,fe

Fixed-effects (within) regression               Number of obs      =        336
Group variable: state                           Number of groups   =         48

R-sq:                                           Obs per group:
     within  = 0.4528                                        min =          7
     between = 0.1090                                        avg =        7.0
     overall = 0.0770                                        max =          7

                                                F(10,278)          =      23.00
corr(u_i, Xb)  = -0.8728                        Prob > F           =     0.0000

------------------------------------------------------------------------------
       fatal |      Coef.   Std. Err.      t    P>|t|     [95% Conf. Interval]
-------------+----------------------------------------------------------------
     beertax |  -.4347195   .1539564    -2.82   0.005    -.7377878   -.1316511
    spircons |   .805857    .1126425     7.15   0.000     .5841163    1.027598
      unrate |  -.0549084   .0103418    -5.31   0.000    -.0752666   -.0345502
     perinck |   .0882636   .0199988     4.41   0.000     .0488953    .1276319
       year2 |  -.0533713   .030209     -1.77   0.078    -.1128387    .0060962
       year3 |  -.1649828   .037482    -4.40   0.000    -.2387674   -.0911983
       year4 |  -.1997376   .0415808   -4.80   0.000    -.2815908   -.1178845
       year5 |  -.0508034   .0515416    -0.99   0.325    -.1522617    .050658
       year6 |  -.1000728   .05906     -1.69   0.091    -.2163345    .0161889
       year7 |  -.134057    .0677696   -1.98   0.049    -.2674638   -.0006503
       _cons |   .1290568   .4310563    0.30   0.765    -.7195118    .9776253
-------------+----------------------------------------------------------------
     sigma_u |  1.0987683
     sigma_e |   .14570531
         rho |   .98271904   (fraction of variance due to u_i)
------------------------------------------------------------------------------
F test that all u_i=0: F(47, 278) = 64.52                    Prob > F = 0.0000
```

图 8-11　估计双向固定效应模型

使用命令【xtreg，fe】时，如果不加选项"cluster（state）",那么在输出结果中我们会得到一个 $F$ 检验的结果，其原假设为"$H_0$: all $\mu_i$ = 0"。这意味着：如果接受原假设，就选择混合回归模型；如果拒绝原假设，就选择固定效应模型。

$F$ 检验显示，$P$ 值远小于 0.001，拒绝原假设，那么是否就此选择固定效应模型呢？答案是否定的，原因是误差项可能存在自相关、异方差和截面相关这三大问题。如果不对这三大问题进行处理，那么 $F$ 检验的结果可能就不可靠。

因此，出于严谨性的考虑，我们还需要对这三大问题进行检验。

（1）一般来说，先检验截面相关问题是否存在。

可以使用命令【xtcsd】来检验截面相关问题。首次使用，需要通过命令【ssc install xtcsd】来安装。

【xtcsd】命令只可在固定效应模型或随机效应模型估计之后运行。

"xtcsd"有三个选项，分别为：pes、fri、fre，每个选项都有其适用的前提。说明如下：

【xtcsd，pes】可以用于平衡面板、非平衡面板及动态面板。

【xtcsd，fri】只可用于平衡面板。

【xtcsd, fre】可以用于平衡面板，但 fre 同时考虑了时间效应。

结合案例，我们使用的数据是平衡面板数据，而使用的模型控制了时间效应，所以我们选择命令【xtcsd, fre】。见图 8-12。

```
. xtcsd, fre
Frees' test of cross sectional independence =     1.068
|-----------------------------------------------------|
 Critical values from Frees' Q distribution
                    alpha = 0.10  :    0.3583
                    alpha = 0.05  :    0.4923
                    alpha = 0.01  :    0.7678
```

图 8-12　【xtcsd, fre】命令输出结果

由检验结果可知，因为 1.068 大于 0.1 所对应的临界值 0.3583，所以拒绝不存在截面相关的原假设，即认为模型存在截面相关问题。

我们使用【xtscc】命令来处理截面相关问题，然后再进行个体效应是否存在的检验。首次使用时需要通过命令【ssc install xtscc】来安装。在 Stata 中输入命令

xi: xtscc fatal beertax spircons unrate perinck year2-year7 i.state

这个命令做的是 LSDV 的估计，但同时处理了误差项的截面相关问题。见图 8-13。

```
. xi:xtscc fatal beertax spircons unrate perinck year2-year7 i.state
i.state           _Istate_1-56    (naturally coded; _Istate_1 omitted)

Regression with Driscoll-Kraay standard errors   Number of obs   =      336
Method: Pooled OLS                               Number of groups=       48
Group variable (i): state                        F( 57,     6)  =   330.75
maximum lag: 2                                   Prob > F        =   0.0000
                                                 R-squared       =   0.9458
                                                 Root MSE        =   0.1457

                       Drisc/Kraay
         fatal |   Coef.   Std. Err.     t    P>|t|   [95% Conf. Interval]
       beertax |  -.4347195  .1286231   -3.38  0.015   -.7494489   -.11999
      spircons |   .805857   .0975778    8.26  0.000    .5670927   1.044621
        unrate |  -.0549084  .0142486   -3.85  0.008   -.0897735   -.0200433
       perinck |   .0882636  .0147461    5.99  0.001    .0521813   .1243459
         year2 |  -.0533713  .0038354  -13.92  0.000   -.062756    -.0439865
         year3 |  -.1649828  .0240016   -6.87  0.000   -.2237126   -.1062531
         year4 |  -.1997370  .0256698   -7.78  0.000   -.2625494   -.1369259
         year5 |  -.0508034  .0278407   -1.82  0.118   -.1189271    .0173204
         year6 |  -.1000728  .0351801   -2.84  0.029   -.1861555   -.0139901
         year7 |  -.134057   .0441508   -3.04  0.023   -.2420901   -.026024
     _Istate_4 | -1.124312  .2848792   -3.95  0.008  -1.821386   -.4272374
```

图 8-13　【xtscc】命令输出结果

用命令【testparm_ Istate *】对州虚拟变量做 $F$ 检验。检验结果显示，$P$ 值远小于 0.01，可以拒绝原假设，认为存在个体效应，所以选择 FE 模型。见图 8-14。

```
Constraint 24 dropped
Constraint 26 dropped
Constraint 27 dropped
Constraint 28 dropped
Constraint 29 dropped
Constraint 30 dropped
Constraint 31 dropped
Constraint 32 dropped
Constraint 34 dropped
Constraint 35 dropped
Constraint 36 dropped
Constraint 37 dropped
Constraint 38 dropped
Constraint 39 dropped
Constraint 40 dropped
Constraint 42 dropped
Constraint 43 dropped
Constraint 44 dropped
Constraint 45 dropped
Constraint 46 dropped

F(  6,    6) =   330.75
     Prob > F =    0.0000
```

图 8-14 【testparm_ Istate *】命令输出结果一

（2）如果不存在截面相关问题，假定存在异方差和自相关。

输入命令

`xi:reg fatal beertax spircons unrate perinck year2-year7 i.state,cluster(state)`

这个命令使用聚类到州获得标准误来处理自相关和异方差问题。见图 8-15。

```
. xi:reg fatal beertax spircons unrate perinck year2-year7 i.state, cluster(state)
i.state          _Istate_1-56       (naturally coded; _Istate_1 omitted)

Linear regression                                 Number of obs  =       336
                                                  F(9, 47)       =         .
                                                  Prob > F       =         .
                                                  R-squared      =    0.9458
                                                  Root MSE       =    .14571

                           (Std. Err. adjusted for 48 clusters in state)
------------------------------------------------------------------------------
             |               Robust
       fatal |      Coef.   Std. Err.      t    P>|t|     [95% Conf. Interval]
-------------+----------------------------------------------------------------
     beertax |  -.4347195   .2641209    -1.65   0.106    -.9660623    .0966233
    spircons |   .805857    .1255406     6.42   0.000     .5533019    1.058412
      unrate |  -.0549084   .0127185    -4.32   0.000    -.0804948   -.029322
     perinck |   .0882636   .0349207     2.53   0.015     .0180121    .158515
       year2 |  -.0533713   .0337818    -1.58   0.121    -.1213314    .0145889
       year3 |  -.1649828   .0475067    -3.47   0.001    -.260554    -.0694117
       year4 |  -.1997376   .0536472    -3.72   0.001    -.3076618   -.0918134
       year5 |  -.0508034   .0715512    -0.71   0.481    -.1947459    .0931392
       year6 |  -.1000728   .0818242    -1.22   0.227    -.2646819    .0645364
       year7 |  -.134057    .0933723    -1.44   0.158    -.3218979    .0537838
```

图 8-15　【reg】命令输出结果

然后，再使用命令【testparm_Istate*】对州虚拟变量进行 $F$ 检验。检验结果显示 $P$ 值远小于 0.01，可以拒绝原假设，认为存在个体效应，选择 FE 模型。见图 8-16。

```
 Constraint 26 dropped
 Constraint 27 dropped
 Constraint 28 dropped
 Constraint 29 dropped
 Constraint 30 dropped
 Constraint 31 dropped
 Constraint 32 dropped
 Constraint 33 dropped
 Constraint 34 dropped
 Constraint 35 dropped
 Constraint 36 dropped
 Constraint 37 dropped
 Constraint 39 dropped
 Constraint 40 dropped
 Constraint 41 dropped
 Constraint 42 dropped
 Constraint 43 dropped
 Constraint 44 dropped
 Constraint 45 dropped
 Constraint 46 dropped
 Constraint 47 dropped

    F(  4,    47) =    42.86
         Prob > F =   0.0000
```

图 8-16　【testparm_Istate*】命令输出结果二

## 2. 比较混合回归模型和随机效应模型

Breusch 和 Pagan 在 1980 年提出了一个检验个体效应的 LM 检验。其原假设为 $H_0: \sigma_\mu^2 = 0$，备择假设为 $H_1: \sigma_\mu^2 \neq 0$。

如果拒绝原假设，就选择 RE 模型；如果接受原假设，则选择 PLS 模型。

Stata 的检验命令为【xttest0】或者【xttest1】。首次使用，需要通过命令【findit xttest0/findit xttest1】来安装。

首先，使用随机效应模型进行估计。输入命令

```
xtreg fatal beertax spircons unrate perinck year2-year7,re
xttest0
```

输出结果见图 8-17。

```
. xttest0

Breusch and Pagan Lagrangian multiplier test for random effects

        fatal[state,t] = Xb + u[state] + e[state,t]

        Estimated results:
                         |      Var        sd = sqrt(Var)
                 --------+-----------------------------------
                   fatal |   .3251209       .5701938
                       e |   .02123         .1457053
                       u |   .1741651       .4173309

        Test:   Var(u) = 0
                           chibar2(01) =   556.27
                         Prob > chibar2 =   0.0000
```

**图 8-17** 【xttest0】命令输出结果

从检验结果我们可以看到，$P$ 值为 0，小于显著性水平 0.01，所以在 0.01 的显著性水平下拒绝原假设，选择 RE 模型。

如果误差项存在自相关，使用命令【xttest1】检验随机效应更好（图 8-18）。

由输出结果可知：Random Effects 给出了随机效应自相关的检验结果；Serial Effects 给出了误差项的一阶自相关检验结果，检验结果的 $P$ 值为 0，小于 0.01，所以在 0.01 的显著性水平下拒绝原假设，即误差项存在一阶自相关问题；LM 检验结果显示应拒绝原假设，即选择 RE 模型。

```
. xttest1

Tests for the error component model:

        fatal[state,t] = Xb + u[state] + v[state,t]
          v[state,t] = lambda v[state,(t-1)] + e[state,t]

Estimated results:
                |     Var          sd = sqrt(Var)
        --------+--------------------------------
          fatal |   .3251209         .5701938
              e |   .02123           .14570531
              u |   .1741651         .41733092

Tests:
   Random Effects, Two Sided:
   ALM(Var(u)=0)           =    239.59  Pr>chi2(1) =  0.0000

   Random Effects, One Sided:
   ALM(Var(u)=0)           =     15.48  Pr>N(0,1)  =  0.0000

   Serial Correlation:
   ALM(lambda=0)           =     69.45  Pr>chi2(1) =  0.0000

   Joint Test:
   LM(Var(u)=0,lambda=0)  =    625.72  Pr>chi2(2) =  0.0000
```

图 8-18 【xttest1】命令输出结果

3. FE 还是 RE？

比较固定效应模型和随机效应模型，通常使用 Hausman 检验进行比较。

Hausman 检验的基本思想是：

① 如果 Cov($\partial_i$, $X_{it}$) = 0，即不可观测的个体效应和解释变量不相关，那么这个假设是随机效应模型，用 FE 和 RE 进行估计，都可以得到一致的估计结果，但是 RE 更加有效。

② 如果 Cov($\partial_i$, $X_{it}$) ≠ 0，FE 仍然一致，但 RE 模型是有偏的。

所以，如果原假设成立，那么固定效应模型与随机效应模型将共同收敛于真实的参数值；反之，两者的差距过大，则倾向于拒绝原假设，选择固定效应模型。

（1）Hausman test1 检验有四行命令（不考虑异方差和截面相关）。下面以"traffic"数据集为例。命令及其含义如下：

```
xtreg fatal beertax spircons unrate perinck year2-
year7,fe#固定效应估计
```

```
est store FE#存储固定效应估计的结果
```

```
xtreg fatal beertax spircons unrate perinck year2-
year7,re#随机效应估计
```

hausman FE,sigmamore/sigmaless#将两个估计结果进行比较。sigmamore 表示利用有效估计量方差，即 RE；sigmaless 表示利用一致估计量方差，即 FE

由结果可知，检验结果的 $P$ 值为 0，小于 0.01，所以在 0.01 的显著性水平下拒绝原假设，选择固定效应模型。见图 8-19。

```
. hausman FE, sigmamore

Note: the rank of the differenced variance matrix (4) does not equal the number
       (10); be sure this is what you expect, or there may be problems computi
       of your estimators for anything unexpected and possibly consider scalir
       coefficients are on a similar scale.

             ---- Coefficients ----
                (b)          (B)            (b-B)      sqrt(diag(V_b-V_B))
                 FE           .            Difference          S.E.
    beertax   -.4347195     .0267497       -.4614692        .1369992
    spircons   .805857      .2441989        .5616581        .1009394
      unrate  -.0549084    -.0785772        .0236688        .0046138
     perinck   .0882636   -.0075135         .0957771         .011722
       year2  -.0533713    -.0691237        .0157524        .0040526
       year3  -.1649828    -.2059816        .0409988        .0129019
       year4  -.1997376    -.2465828        .0468451        .0182022
       year5  -.0508034    -.1334456        .0826423        .0295764
       year6  -.1000728    -.1800546        .0799818        .0347073
       year7  -.134057     -.2173046        .0832476        .0407421

                    b = consistent under Ho and Ha; obtained from xtreg
         B = inconsistent under Ha, efficient under Ho; obtained from xtreg

    Test:  Ho:  difference in coefficients not systematic

                  chi2(4) = (b-B)'[(V_b-V_B)^(-1)](b-B)
                          =       91.87
                Prob>chi2 =       0.0000
               (V_b-V_B is not positive definite)
```

图 8-19 【hausman FE，sigmamore】命令输出结果

（2）Hausman test1 并不适合于异方差的问题。

解决办法是：构造一个辅助回归（拒绝原假设选择固定效应，反之选择 RE）。

考虑时间效应，修改后的 Hausman test2 命令如下：

```
quietly xtreg fatal beertax spircons unrate perinck
```

year2-year7,re#做随机效应估计，"quietly"表示正常执行 xtreg 命令但不输出估计结果

scalar theta=e(theta)#得到广义离差中参数的估计

global yandxforhausman fatal beertax spircons unrate perinck year2 year3 year4 year5 year6 year7#global 全局宏，表示第一行命令中的所有变量

sort state#依据 state 进行排序

foreach x of varlist $yandxforhausman{by state:egen mean'x'=mean('x')

gen md'x'='x'-mean'x'

gen red'x'='x'-theta*mean'x'}#"foreach"为循环语句，对变量名单上的所有 x 进行同样的操作，以及调动很多函数。"foreach" 首先计算每个州的解释变量的均值，组内离差 mean'x'和广义离差 md'x'

quietly reg redfatal redbeertax redspircns redunrate redperinck redyear2 redyear3 redyear4 redyear5 redyear6 redyear7 mdbeertax mdspircons mdunrate mdperinck mdyear2 mdyear3 mdyear4 mdyear5 mdyear6 mdyear7,vce(cluster state)#用 reg 命令做辅助回归，vce(cluster state)处理异方差

test mdbeertax mdspircons mdunrate mdperinck mdyear2 mdyear3 mdyear4 mdyear5 mdyear6 mdyear7 #使用 test 命令对所有的解释变量的组内离差进行联合显著性检验

从运行结果可看到 $F$ 检验的结果 $P$ 值为 0，故拒绝原假设，采用 FE 模型。见图 8-20。

```
. quietly  reg redfatal redbeertax re
> 6 redyear7 mdbeertax mdspircons mdu
> ter state)

.
. test mdbeertax mdspircons mdunrate

 ( 1)  mdbeertax = 0
 ( 2)  mdspircons = 0
 ( 3)  mdunrate = 0
 ( 4)  mdperinck = 0
 ( 5)  mdyear2 = 0
 ( 6)  mdyear3 = 0
 ( 7)  mdyear4 = 0
 ( 8)  mdyear5 = 0
 ( 9)  mdyear6 = 0
 (10)  mdyear7 = 0

       F( 10,    47) =    12.99
            Prob > F =    0.0000
```

图 8-20  Hausman test2 运行结果

若误差下存在截面相关，则 Hausman test2 也会失效。

为解决误差项截面相关，可以先用【xtscc】做辅助回归模型，再用【test】命令对所有解释变量的组内离差进行联合显著性检验，这个检验程序称为 Hausman test3。

（3）随机效应模型是否存在截面相关问题？

基于随机效应估计的截面相关检验，前面用到的关于随机效应的【xtcsd】命令在这里同样适用。输入命令

xtreg fatal beertax spircons unrate perinck year2-year7,re

xtcsd,fre#检验截面相关问题

输出结果见图 8-21。

```
. xtcsd,fre

  Frees' test of cross sectional independence =     1.788
|----------------------------------------------------------|
  Critical values from Frees' Q distribution
                    alpha = 0.10 :    0.3583
                    alpha = 0.05 :    0.4923
                    alpha = 0.01 :    0.7678
```

图 8-21 【xtcsd，fre】命令输出结果

由检验结果可知，1.788 大于 0.1 显著性水平所对应的值 0.358 3，所以在 0.1 的显著性水平下拒绝原假设，认为随机效应模型的误差项存在截面相关问题，需要进行处理。

在命令框中输入

quietly xtscc redfatal redbeertax redspircons redunrate redperinck redyear2 redyear3 redyear4 redyear5 redyear6 redyear7 mdbeertax mdspircons mdunrate mdperinck mdyear2 mdyear3 mdyear4 mdyear5 mdyear6 mdyear7#辅助回归估计

test mdbeertax mdspircons mdunrate mdperinck mdyear2 mdyear3 mdyear4 mdyear5 mdyear6 mdyear7#对所有解释变量的组内离差进行联合显著性检验

结果显示拒绝原假设，选择 FE。说明 FE 是高度稳健的模型。见图 8-22。

```
( 2)  mdspircons = 0
( 3)  mdunrate = 0
( 4)  mdperinck = 0
( 5)  mdyear2 = 0
( 6)  mdyear3 = 0
( 7)  mdyear4 = 0
( 8)  mdyear5 = 0
( 9)  mdyear6 = 0
(10)  mdyear7 = 0
      Constraint 5 dropped
      Constraint 6 dropped
      Constraint 7 dropped
      Constraint 8 dropped
      Constraint 9 dropped
      Constraint 10 dropped

      F(  4,    6) =    49.06
           Prob > F =    0.0001
```

图 8-22　新的输出结果

### 8.3.4　报告计量结果

由于之前的 Hausman test 检验选择 FE，所以要报告固定效应模型的估计结果，同时要解决误差项可能存在的自相关、异方差和截面相关等相关问题。

(1)首先检验异方差是否存在。命令如下：

xtreg fatal beertax spircons unrate perinck year2-year7,fe#双向固定效应估计

xxtest3#需要先安装 ssc install xttest3

输出结果见图 8-23。

```
. xttest3

Modified Wald test for groupwise heteroskedasticity
in fixed effect regression model

H0: sigma(i)^2 = sigma^2 for all i

chi2 (48)  =    7415.18
Prob>chi2  =     0.0000
```

图 8-23 【xxtest3】命令输出结果

检验结果显示存在异方差。

(2)接着检验自相关问题。命令如下：

search xtserial#安装"xtserial"命令

tab state,gen(state)#生成州的时间序列变量

xtserial fatal beertax spircons unrate perinck state2-state48 year2-year7

检验结果显示不存在自相关。见图 8-24。

```
. xtserial fatal beertax spircons unrate perinck sta

Wooldridge test for autocorrelation in panel data
H0: no first order autocorrelation
    F(  1,     47) =     2.602
           Prob > F =    0.1134
```

图 8-24 【xtserial】命令输出结果

由于存在截面相关和异方差问题，所以要报告以下命令的估计结果，我们使用命令【xtscc】进行双向固定效应模型的估计：

xtscc fatal beertax spircons unrate perinck year2-year7,fe

est store dk

其中，标准误是 dk（Driscoll-Kraay），估计量是组内估计量。将该命令运行并将结果存储下来。

此外，如果不存在截面相关，一般最终报告以下命令的估计结果：

```
xtreg fatal beertax spircons unrate perinck year2-year7,fe cluster(state)
est store Rogers
```

其中，标准误是 Rogers 或聚类稳健标准误。

在【xtreg.fe】命令下，用"robust"替换"cluster（state）"选项会得到相同的结果，即

```
xtreg fatal beertax spircons unrate perinck year2-year7,fe robust
est store White
```

其中，标准误是 White 标准误或稳健标准误，可以处理异方差问题。

最后，我们可以通过【esttab】命令将所有的存储结果放在一起比较：

```
esttab dk Rogers White,b(%9.2f)p mtitle(Driscoll-Kraay Rogers White)obslast star(*0.1 ** 0.05 *** 0.01)compress nogap k(beertax spircons unrate perinck)
```

首次使用 esttab 需要使用命令 ssc install estout 进行安装

输出结果如图 8-25 所示。

```
. esttab dk Rogers White,b(%9.2f)p mtitle(Driscoll-Kraay
> ress nogap k(beertax spircons unrate perinck)
```

|  | (1)<br>Driscol~y | (2)<br>Rogers | (3)<br>White |
|---|---|---|---|
| beertax | -0.43** | -0.43* | -0.43* |
|  | (0.011) | (0.082) | (0.082) |
| spircons | 0.81*** | 0.81*** | 0.81*** |
|  | (0.000) | (0.000) | (0.000) |
| unrate | -0.05*** | -0.05*** | -0.05*** |
|  | (0.006) | (0.000) | (0.000) |
| perinck | 0.09*** | 0.09*** | 0.09*** |
|  | (0.001) | (0.009) | (0.009) |
| N | 336 | 336 | 336 |

图 8-25　【esttab】命令输出结果

在 dk 标准误下，啤酒税对交通死亡率的影响在 5%的水平上显示为负，而在 Rogers 和 White 标准误下，在 10%的水平上显示为负。由于这个例子存在截面相关问题，所以更倾向于考虑 dk 估计的标准误。第二列和第三列都支持了假说，表明了结果的稳健性。

最后，把上述结果输出到 Word 中，命令如下：

```
esttab dk Rogers White using tab.rtf,b(%9.2f)p mtitle(Driscoll-Kraay Rogers White)obslast star( * 0.1 * * 0.05 * * * 0.01) compress nogap k( beertax spircons unrate perinck)#若想要输出到 Excel 中，将 rtf 变为 csv 即可
```

假设 Hausman test 选择 RE，考虑之前【xtcsd】命令已识别 RE 存在截面相关问题，此处可以操作处理截面相关问题的 RE 估计结果。所以在估计随机效应模型时，需要对这个问题加以处理。输入如下命令：

```
xtscc redfatal redbeertax redspircons redunrate redperinck redyear2 redyear3 redyear4 redyear5 redyear6 redyear7#xtscc 命令虽然不能直接处理随机效应的截面相关问题，但是可以对广义离差方程进行回归
```

图 8-26 显示，啤酒税对交通死亡率的影响为正，且不显著，说明随机效应的估计结果不支持假说。

```
. xtscc redfatal redbeertax redspircons redunrate redperinck redyear2 redyear3 redy
> ear7

Regression with Driscoll-Kraay standard errors   Number of obs     =      336
Method: Pooled OLS                               Number of groups  =       48
Group variable (i): state                        F( 10,     6)     =   180.82
maximum lag: 2                                   Prob > F          =   0.0000
                                                 R-squared         =   0.2378
                                                 Root MSE          =   0.1710

                 |             Drisc/Kraay
        redfatal |     Coef.   Std. Err.      t    P>|t|   [95% Conf. Interval]
      redbeertax |   .0267496   .2181793    0.12   0.906   -.5071159    .5606152
     redspircons |   .244199    .0629283    3.88   0.008    .0902189    .398179
       redunrate |  -.0785772   .0180375   -4.36   0.005   -.1227133   -.0344411
      redperinck |  -.0075135   .0624378   -0.12   0.908   -.1602932    .1452662
        redyear2 |  -.0691237   .0066574  -10.38   0.000   -.0854138   -.0528336
        redyear3 |  -.2059816   .0488569   -4.22   0.006   -.3255250   -.086443
        redyear4 |  -.2465828   .0636415   -3.87   0.008   -.402308    -.0908575
        redyear5 |  -.1334456   .0803733   -1.66   0.148   -.3301119    .0632206
        redyear6 |  -.1800546   .107595    -1.67   0.145   -.4433320    .083221
        redyear7 |  -.2173046   .1343533   -1.62   0.157   -.5461532    .111544
           _cons |   .317961    .1046252    3.04   0.023    .0619525    .5739696
```

图 8-26 【xtscc】命令输出结果

若 Hausman test 选择 RE，同时还假设之前【xtcsd】命令未发现 RE 存在截面相关问题。一般报告以下命令的估计结果：

xtreg fatal beertax spircons unrate perinck year2-year7,re cluster(state)#聚类稳健的标准误对自相关和异方差稳健，在 xtreg.re 命令下，用"robust"替换"cluster（state）"选项会得到相同的结果

很明显，图 8-27 显示的结果也不支持原假设。

```
. xtreg fatal beertax spircons unrate perinck year2-year7, re cluster(state)

Random-effects GLS regression               Number of obs      =        336
Group variable: state                       Number of groups   =         48

R-sq:                                       Obs per group:
    within  = 0.3482                                      min =          7
    between = 0.0376                                      avg =        7.0
    overall = 0.0129                                      max =          7

                                            Wald chi2(10)      =      89.78
corr(u_i, X)   = 0 (assumed)                Prob > chi2        =     0.0000

                           (Std. Err. adjusted for 48 clusters in state)
------------------------------------------------------------------------------
                |              Robust
          fatal |     Coef.   Std. Err.      z    P>|z|     [95% Conf. Interval]
-------------+----------------------------------------------------------------
        beertax |   .0267497   .1386364     0.19   0.847    -.2449726    .298472
       spircons |   .2441989   .0988674     2.47   0.014     .0504224   .4379755
         unrate |  -.0785772   .0156769    -5.01   0.000    -.1093034   -.047851
         perinck|  -.0075135   .0287494    -0.26   0.794    -.0638613   .0488343
          year2 |  -.0691237   .0321092    -2.15   0.031    -.1320566  -.0061908
          year3 |  -.2059816   .0599217    -3.44   0.001    -.3234259  -.0885373
```

图 8-27 【xtreg】命令输出结果

# 第9章 空间计量：邻域的影响

空间计量经济学是计量经济学的一个分支，研究的是如何在横截面数据和面板数据的回归模型中处理空间相互作用（空间自相关）和空间结构（空间不均匀性）分析。空间计量经济学的理论依据之一是我们能直观感受到的地理学第一定律：任何事物都是与其他事物相关的，只不过相近的事物关联更紧密。空间计量经济学可用来研究政策、产业、人口等在空间上的集聚或扩散规律，或者研究某事物在地理上对邻近地区的影响差异。

当前，在公共政策研究领域，空间计量已被运用于研究经济、产业、社会公共安全等多方领域，学者们借助这种方法来研究政策的空间作用机制，并与政府竞争、政策扩散、制度主义等公共管理理论相融合。

## 9.1 基本概念

### 9.1.1 计量经济学中的三类数据

（1）横截面数据，是指多个经济的个体变量在同一时点上的取值，如2019年中国国内生产总值（GDP）。

（2）时间序列数据，是指某个经济个体的变量在不同时点上的取值，如从1978年到2019年我国的GDP。

（3）面板数据，也叫"平行数据"，是指多个经济的个体变量在不同时点上的取值，或者可以理解为一个 $m\times n$ 的数据矩阵，记载的是 $n$ 个时间节点上 $m$ 个对象的某一数据指标，如1978年到2019年中国各省的GDP。

### 9.1.2 空间权重矩阵

空间权重矩阵是空间计量经济研究的重要核心要素。在进行空间计量检验之前，须先建立空间权重矩阵，作为体现研究对象空间属性的数学表达形式。理论上讲，不存在最优的空间矩阵，即无法找到一个完全描述空间相关结构的空间矩阵，须根据具体需要选择矩阵类型。

通常定义一个二元对称空间权重矩阵来表达 $n$ 个位置的空间个体（例如区域）的邻近关系：

$$W = \begin{bmatrix} w_{11} & w_{12} & \cdots & w_{1n} \\ w_{21} & w_{22} & \cdots & w_{2n} \\ \vdots & \vdots & & \vdots \\ w_{n1} & w_{n2} & \cdots & w_{nn} \end{bmatrix}$$

参考张可云等学者的研究[1]，可以将空间权重矩阵分为基于实际邻接关系的矩阵和基于广义距离的矩阵这两大类，如图 9-1 所示。前者往往指实际意义上的邻接，如在地理版图上接壤，而后者是指两地之间的距离（往往指根据两地经纬度测算出的距离）在设定范围内即认为是"邻接"，或是两地经济指标差额在一定范围内（如人均 GDP 差额），又或是在同一个分类范畴内（如吴方言区）。

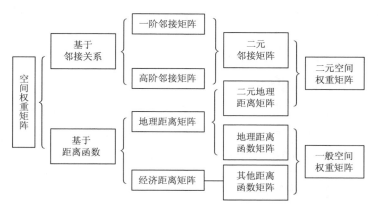

图 9-1 空间权重矩阵分类图

---

[1] 张可云，王裕瑾，王婧. 空间权重矩阵的设定方法研究 [J]. 区域经济评论，2017（1）：19-25.

以基于距离的二进制邻接空间权重矩阵为例，这类空间权重矩阵的第 $i$ 行第 $j$ 列元素内涵为：

$$w_{i,j} = \begin{cases} 1, & i, j \text{ 距离小于 } d; \\ 0, & i, j \text{ 距离大于或等于 } d \end{cases}$$

而广义"相邻"概念的二进制空间权重矩阵，假如以是否同在吴方言区作为"邻接"判别标准，这类空间权重矩阵的第 $i$ 行第 $j$ 列元素内涵为：

$$w_{i,j} = \begin{cases} 1, & i, j \text{ 属于同一概念区域(有相同的方言)}; \\ 0, & i, j \text{ 属于不同概念区域(没有相同的方言)} \end{cases}$$

## 9.2 空间相关性

空间自相关（spatial autocorrelation）可理解为：位置相近的区域具有相似的变量取值。若一定区域内高值与高值聚在一起，低值与低值聚在一起，则为正空间自相关；反之，则为负空间自相关。空间自相关是空间相关性的核心。

空间相关性测量指标中，比较典型的有：莫兰指数 I（Moran's I）（全局+局部）和 Geory'C 指数。

莫兰指数 I 的取值一般在 -1 到 1 之间：大于 0 表示正自相关（空间集聚），小于 0 表示负自相关（空间扩散）。一般来说，正自相关比负自相关常见。若莫兰指数 I 十分接近于 0，或 $P$ 值不显著，则表明空间分布是随机的，不存在空间自相关。

Geory'C 指数，也称为"吉尔里相邻比率"，其取值一般在 0 到 2 之间：小于 1 表示正自相关（空间集聚），大于 1 表示负自相关（空间扩散）。空间自相关同样需要该指数的显著性，只有在 $P$ 值显著的前提下，上述空间集聚和空间扩散结论才是成立的。

## 9.3 空间计量模型

空间计量经济中，常用的空间计量模型一般有以下三种：

空间滞后模型（空间自回归模型）：当被解释变量之间的空间依赖性对模型显得非常关键而导致了空间相关时，反映因变量的影响因素会通过空间传导机制作用于其他地区。

空间误差模型：当模型的误差项在空间上相关时，反映区域外溢是随机冲击的作用结果。

空间杜宾模型：加入解释变量及其溢出效应而增强了的空间滞后模型。

### 9.3.1 空间滞后模型（空间自回归模型）

空间自回归模型（Spatial Auto-regression，SAR）的数学方程表达式为

$$y = \lambda Wy + \varepsilon$$

其中，$W$ 为已知的空间权重矩阵，空间依赖性通过 $\lambda$ 来刻画，$\lambda$ 度量空间滞后 $Wy$ 对 $y$ 的影响，称为"空间自回归系数"。以上方程在形式上与空间滞后模型完全相同，因此也被称为空间滞后模型（Spatial Lag Model，SLM）。

空间滞后模型（空间自回归模型）的内在含义是：相邻地区的被解释变量相互依赖。

### 9.3.2 空间误差模型

空间误差模型（Spatial Errors Model，SEM）中，空间依赖性通过空间误差项来体现，其数学方程表达式简记为

$$y = \beta X + u$$

其中，$u$ 为扰动项。$u$ 的生成过程为 $u = \rho Mu + \varepsilon$，$M$ 为空间权重矩阵。

空间误差模型的含义是：不包含在 $x$ 中但对 $y$ 有影响的遗漏变量存在空间相关性，或者不可观测的随机冲击存在空间相关性。

### 9.3.3 空间滞后模型和空间误差模型结合而成的模型

空间滞后和空间误差效应也可能同时发生，更为一般的空间计量模型将空间自回归模型（即空间滞后模型）和空间误差模型结合起来。

模型为

$$y = \lambda Wy + \beta X + u$$

其中，扰动项 $u$ 的产生过程为 $u = \rho Mu + \varepsilon$。$W$ 和 $M$ 分别为被解释变量 $y$

和扰动项 $u$ 的空间权重矩阵，二者可以相等。上述两个方程共同构成的模型可以称为"带空间自回归误差项的空间自回归模型"（SARAR）。显然，SAR 模型和 SEM 模型都是 SARAR 模型的特例，分别对应于 $\rho=0$ 和 $\lambda=0$ 的情形。

### 9.3.4 空间杜宾模型

空间杜宾模型（Spatial Durbin Model，SDM）一般较适用于面板数据，其数学方程表达式简记为

$$y = \beta X + \delta WX + \varepsilon$$

模型意指：区域 $i$ 中被解释的变量 $y_i$ 依赖于其邻近地区的自变量 $X$。其中，$\delta WX$ 表示来自邻居自变量的影响，$\delta$ 为相应的系数向量。例如：区域 $i$ 的犯罪率不仅受本地警力的影响，也受相邻地区警力的影响。

空间杜宾模型与空间自回归模型结合后的方程表达式为

$$y = \lambda Wy + \beta X + \delta WX + \varepsilon$$

## 9.4 内生性与稳健性检验

在空间计量经济研究中，为确保计量结果的稳健可靠，需要应对可能存在的内生性问题并进行稳健性检验。在空间计量研究时，模型可能会存在因"遗漏变量"和双向因果造成的内生性问题。可以采用选取和筛选工具变量的方式，对模型的内生性进行检验。在确证存在内生性问题后，通过加入工具变量的方式进行两阶段最小二乘法检验，并通过相关检验（如选用对弱工具变量更不敏感的有限信息最大似然估计法进行检验）规避可能存在的弱工具变量问题。

而针对稳健性检验，空间计量研究中稳健性检验的一个重要思路便是通过构建不同类型的权重矩阵对计量结果进行重新验证。假如原验证过程是基于地理距离空间权重矩阵，在稳健性检验中可以借鉴阮舟一龙、林光平等学者的做法，构建经济距离逆矩阵对空间计量结果进行验证，从而进行稳健性检验。

## 9.5 Stata 操作简介

这一部分依托 Stata 15 软件，运用两个实例，进行空间计量检验的

演示。

**例1** 以截面数据 columbusdata.dta 数据集为例，通过空间滞后模型和空间误差模型进行空间计量检验。

columbusdata.dta 数据集包含了美国俄亥俄州哥伦布市 49 个社区的社区编号（id）、犯罪率（crime）、房价（hoval）、家庭收入（income）的数据。研究犯罪率受空间变量影响的效果（犯罪率本身受本地区房价和家庭收入的影响）。

columbusswm.dta：49 个社区基于相邻关系的空间权重矩阵。

（1）首先，建立矩阵。

语句如下：

spatwmat using columbusswm.dta,name(W) standardize

可以提前计算矩阵 $W$ 的特征值向量（这里矩阵要求对称）。语句如下：

spatwmat using columbusswm.dta,name(W) standardize eigenval(E)#matrix list W 可以展示具体矩阵

use columbusdata.dta,clear

输出结果如下：

```
W[49,49]
            _W1         _W2     _W3         _W4     _W5         _W6         _W7         _W8
SWMImpo      0    .33333334     0           0    .33333334  .33333334     0           0
    Yes    .25         0       .25          0       0         .25         .25         0
    Yes      0    .16666667     0      .16666667    0           0    .16666667        0
    Yes      0         0       .25          0       0           0           0         0
    Yes    .5          0        0           0       0          .5           0         0
    Yes    .25        .25       0           0      .25          0          .25        0
    Yes      0        .125    .125          0       0          .125         0        .125
    Yes      0         0        0           0       0           0          .5         0
    Yes      0         0        0           0       0           0     .16666667       0
    Yes      0         0        0           0       0           0           0         0
    Yes      0         0        0           0       0           0           0         0
    Yes      0         0        0           0       0           0           0         0
    Yes      0         0        0           0       0           0           0         0
    Yes      0         0        0           0       0           0           0         0
    Yes      0         0        0           0       0           0           0         0
    Yes      0         0        0           0       0           0           0         0
    Yes      0         0        0           0       0           0       .14285715  .14285715   .1428
    Yes      0         0        0           0       0           0           0         0
    Yes      0         0        0           0       0           0           0         0
    Yes      0         0        0           0       0           0           0         0
```

（2）通过 Moran I 指数和 Geory'C 指数进行空间自相关检验。

观察被解释变量 crime 的全局自相关指标及相应检验。

① 运用 Moran I 指数和 Geory'C 指数进行检验。语句如下：

spatgsa crime,w(W) moran geary two#全局

输出结果如下：

Measures of global spatial autocorrelation

Weights matrix

Name: W
Type: Imported (binary)
Row-standardized: Yes

Moran's I

| Variables | I | E(I) | sd(I) | z | p-value* |
|---|---|---|---|---|---|
| crime | 0.511 | -0.021 | 0.094 | 5.634 | 0.000 |

Geary's c

| Variables | c | E(c) | sd(c) | z | p-value* |
|---|---|---|---|---|---|
| crime | 0.530 | 1.000 | 0.099 | -4.761 | 0.000 |

*2-tail test

spatlsa crime,w(W) moran twotail#局部

输出结果如下：

Measures of local spatial autocorrelation

Weights matrix

Name: W
Type: Imported (binary)
Row-standardized: Yes

Moran's Ii (Residential burglaries & vehicle thefts pe)

| Location | Ii | E(Ii) | sd(Ii) | z | p-value* |
|---|---|---|---|---|---|
| 1 | 0.529 | -0.021 | 0.558 | 0.985 | 0.325 |
| 2 | 0.005 | -0.021 | 0.478 | 0.054 | 0.957 |
| 3 | 0.077 | -0.021 | 0.381 | 0.255 | 0.798 |
| 4 | -1.861 | -0.021 | 0.478 | -3.850 | 0.000 |
| 5 | 0.737 | -0.021 | 0.691 | 1.097 | 0.273 |
| 6 | 0.094 | -0.021 | 0.478 | 0.240 | 0.810 |
| 7 | 0.304 | -0.021 | 0.323 | 1.006 | 0.315 |
| 8 | -0.182 | -0.021 | 0.691 | -0.233 | 0.816 |
| 9 | 0.735 | -0.021 | 0.381 | 1.981 | 0.048 |
| 10 | 0.040 | -0.021 | 0.478 | 0.128 | 0.898 |
| 11 | -0.108 | -0.021 | 0.558 | -0.156 | 0.876 |

② 绘制空间关联的 Moran I 散点图。语句如下：

```
spatlsa crime,weight(W) moran graph (moran) symbol (n)
```

输出结果如图 9-2 所示。

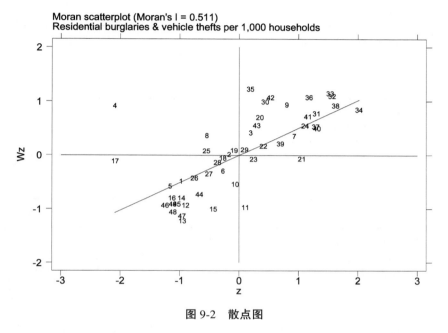

图 9-2 散点图

注：数字为哥伦布市 49 个社区的社区编号。

③ 诊断是否存在空间效应。语句如下：

```
reg crime hoval income
```

输出结果如下：

| Source | SS | df | MS | | Number of obs | = | 49 |
|---|---|---|---|---|---|---|---|
| | | | | | F(2, 46) | = | 28.39 |
| Model | 7423.32674 | 2 | 3711.66337 | | Prob > F | = | 0.0000 |
| Residual | 6014.89281 | 46 | 130.758539 | | R-squared | = | 0.5524 |
| | | | | | Adj R-squared | = | 0.5329 |
| Total | 13438.2195 | 48 | 279.962907 | | Root MSE | = | 11.435 |

| crime | Coef. | Std. Err. | t | P>|t| | [95% Conf. Interval] | |
|---|---|---|---|---|---|---|
| hoval | -.2739315 | .1031987 | -2.65 | 0.011 | -.4816597 | -.0662033 |
| income | -1.597311 | .3341308 | -4.78 | 0.000 | -2.269881 | -.9247405 |
| _cons | 68.61896 | 4.735486 | 14.49 | 0.000 | 59.08692 | 78.151 |

```
spatdiag,weights(W)
```

输出结果如下:

Diagnostic tests for spatial dependence in OLS regression

Fitted model

crime = hoval + income

Weights matrix

Name: W
Type: Imported (binary)
Row-standardized: Yes

Diagnostics

| Test | Statistic | df | p-value |
|---|---|---|---|
| Spatial error: | | | |
|   Moran's I | 2.955 | 1 | 0.003 |
|   Lagrange multiplier | 5.723 | 1 | 0.017 |
|   Robust Lagrange multiplier | 0.079 | 1 | 0.778 |
| Spatial lag: | | | |
|   Lagrange multiplier | 9.364 | 1 | 0.002 |
|   Robust Lagrange multiplier | 3.720 | 1 | 0.054 |

通过以上空间诊断和拉格朗日乘数（Lagrange multiplier）检验发现，适合在下一步开展空间滞后模型和空间误差模型检验。

④ 计算矩阵 $W$ 的特征值向量（这里矩阵要求对称）。语句如下：

```
spatwmat using columbusswm.dta,name(W) eigenval(E)
```

(3) 进行空间滞后模型和空间误差模型的实证检验。

① 空间滞后模型。语句如下：

spatreg crime hoval income,weights(W) eigenval(E) model(lag) nolog

输出结果如下：

```
Weights matrix
  Name: W
  Type: Imported (binary)
  Row-standardized: Yes


Spatial lag model                               Number of obs   =         49
                                                Variance ratio  =      0.615
                                                Squared corr.   =      0.652
Log likelihood = -182.39043                     Sigma           =       9.77

------------------------------------------------------------------------------
       crime |      Coef.   Std. Err.      z    P>|z|     [95% Conf. Interval]
-------------+----------------------------------------------------------------
crime        |
       hoval |  -.2659263   .0882217    -3.01   0.003    -.4388376   -.0930149
      income |  -1.031616   .3284158    -3.14   0.002    -1.675299   -.3879326
       _cons |   45.07925   7.871214     5.73   0.000     29.65195    60.50654
-------------+----------------------------------------------------------------
         rho |   .4310232   .1236179     3.49   0.000     .1887366    .6733099
------------------------------------------------------------------------------

Wald test of rho=0:                       chi2(1) =    12.157 (0.000)
Likelihood ratio test of rho=0:           chi2(1) =     9.974 (0.002)
Lagrange multiplier test of rho=0:        chi2(1) =     9.364 (0.002)

Acceptable range for rho: -1.536 < rho < 1.000
```

经过检验，模型显著，空间系数为 0.431（$P<0.01$），证明空间滞后模型通过检验。

② 空间误差模型。语句如下：

spatreg crime hoval income,weights(W) eigenval(E) model(error) nolog

输出结果如下：

```
Weights matrix
Name: W
Type: Imported (binary)
Row-standardized: Yes

Spatial error model                              Number of obs   =       49
                                                 Variance ratio  =    0.321
                                                 Squared corr.   =    0.536
Log likelihood = -183.38047                      Sigma           =     9.78

       crime  |    Coef.   Std. Err.       z    P>|z|    [95% Conf. Interval]
-------------+----------------------------------------------------------------
crime        |
       hoval |  -.3022502   .0905532    -3.34   0.001    -.4797312   -.1247692
      income |   -.941312   .3702766    -2.54   0.011    -1.667041   -.2155832
       _cons |   59.89322   5.883702    10.18   0.000     48.36137    71.42506
-------------+----------------------------------------------------------------
      lambda |   .5617902   .1524222     3.69   0.000     .2630482    .8605323

Wald test of lambda=0:                        chi2(1) =    13.585 (0.000)
Likelihood ratio test of lambda=0:            chi2(1) =     7.994 (0.005)
Lagrange multiplier test of lambda=0:         chi2(1) =     5.723 (0.017)

Acceptable range for lambda: -1.536 < lambda < 1.000
```

经过检验，模型显著，空间系数为 0.562（$P<0.01$），证明空间误差模型通过检验。

**例 2** 以面板数据 product.dta 数据集为例，通过空间杜宾模型进行空间计量检验。

product.dta 数据集包含了美国 48 个州 1970—1974 年的如下变量：州产出（gsp）、公共资本（pcap）、民营资本（pc）、就业量（emp）、失业率（unemp）。考察州产出受邻近地区公共资本、民营资本、就业量、失业率的影响效果。

usaww.spmat：48 个州基于相邻关系的空间权重矩阵（spmat 格式，Stata 可以直接处理）。

（1）在进行数据检验前，先对一些数量级比较大的变量数据（州产出、公共资本、民营资本、就业量）进行取对数处理。语句如下：

```
gen lngsp=log(gsp)
gen lnpcap=log(pcap)
gen lnpc=log(pc)
gen lnemp=log(emp)
```

（2）空间检验阶段，首先依托 usaww.spmat，用 Stata 中的 spmat 指令建立空间权重矩阵。语句如下：

`spmat use usaww using usaww.spmat`

使用聚类稳健的标准误差来估计 SDM 模型（此处先选择随机模型）。语句如下：

`xsmle lngsp lnpcap lnpc lnemp unemp, wmat(usaww) model(sdm) robust nolog`

输出结果如下：

```
                                (Std. Err. adjusted for 48 clusters in state)
                         Robust
         lngsp    Coef.   Std. Err.     z    P>|z|    [95% Conf. Interval]

Main
        lnpcap  .0432196  .0456274    0.95   0.344   -.0462084    .1326475
          lnpc  .2358736  .0818952    2.88   0.004    .0753619    .3963853
         lnemp  .7460603  .0796744    9.36   0.000    .5899014    .9022193
         unemp -.0012839  .0029046   -0.44   0.658   -.0069768    .0044091
         _cons 1.16052    .4802346    2.42   0.016    .219277    2.101762
Wx
        lnpcap -.0937207  .0885388   -1.06   0.290   -.2672535    .0798122
          lnpc -.0215076  .0728552   -0.30   0.768   -.1643012    .121286
         lnemp -.3895887  .0946903   -4.11   0.000   -.5751783   -.2039991
         unemp -.0036868  .0038042   -0.97   0.332   -.0111429    .0037692
Spatial
           rho  .4873063  .0712461    6.84   0.000    .3476665    .6269462
Variance
     lgt_theta -2.345212  .2519925   -9.31   0.000   -2.839108  -1.851316
      sigma2_e  .0010299  .0002446    4.21   0.000    .0005504    .0015094
Direct
        lnpcap  .0332773  .0523786    0.64   0.525   -.0693829    .1359375
          lnpc  .2422078  .0669065    3.62   0.000    .1110736    .3733421
         lnemp  .7488991  .0761653    9.83   0.000    .5996179    .8981802
```

由以上结果可知，自变量中，只有就业量（lnemp）在空间杜宾模型中影响显著。

① 固定效应的检验（基于以上结果，只选取 lnemp 做空间杜宾模型检验）。语句如下：

`xsmle lngsp lnpcap lnpc lnemp unemp, wmat(usaww) model(sdm) durbin(lnemp) robust nolog noeffects fe`

输出结果如下：

```
Mean of fixed-effects =   1.0970
Log-pseudolikelihood =   1650.1735
                                      (Std. Err. adjusted for 48 clusters in state)
-----------------------------------------------------------------------------
                |              Robust
          lngsp |     Coef.   Std. Err.      z    P>|z|     [95% Conf. Interval]
----------------+------------------------------------------------------------
Main            |
          lnpcap| -.0244994   .0475762    -0.51   0.607    -.1177472    .0687483
           lnpc |  .1775736   .0797905     2.23   0.026     .0211872    .3339601
          lnemp |  .7326914   .0940439     7.79   0.000     .5483688    .9170141
           unemp| -.0037328   .0027181    -1.37   0.170    -.0090602    .0015946
----------------+------------------------------------------------------------
Wx              |
          lnemp | -.395842    .0931682    -4.25   0.000    -.5784483   -.2132358
----------------+------------------------------------------------------------
Spatial         |
            rho |  .5184857   .0744087     6.97   0.000     .3726473    .6643242
----------------+------------------------------------------------------------
Variance        |
        sigma2_e|  .0009515   .0002346     4.06   0.000     .0004917    .0014113
-----------------------------------------------------------------------------
```

由以上结果可知，固定效应模型中，就业量（lnemp）的空间滞后项系数为-0.396（$P$<0.01），空间系数为0.518（$P$<0.01），故此空间杜宾模型在采用固定效应模型时通过了检验。

② 随机效应的检验（只选取 lnemp 做空间杜宾模型检验）。语句如下：

`xsmle lngsp lnpcap lnpc lnemp unemp, wmat（usaww）model(sdm) durbin(lnemp) robust nolog noeffects re`

输出结果如下：

```
Log-pseudolikelihood =   1493.7188
                                      (Std. Err. adjusted for 48 clusters in state)
-----------------------------------------------------------------------------
                |              Robust
          lngsp |     Coef.   Std. Err.      z    P>|z|     [95% Conf. Interval]
----------------+------------------------------------------------------------
Main            |
          lnpcap|  .0269176   .0473241     0.57   0.569    -.0658358    .1196711
           lnpc |  .2077167   .0691193     3.01   0.003     .0722453    .3431881
          lnemp |  .7700824   .081884      9.40   0.000     .6095927    .9305722
           unemp| -.0047394   .0027155    -1.75   0.081    -.0100617    .0005829
           _cons|  .8293663   .2337669     3.55   0.000     .3711915   1.287541
----------------+------------------------------------------------------------
Wx              |
          lnemp | -.4698962   .0760811    -6.18   0.000    -.6190124   -.3207801
----------------+------------------------------------------------------------
Spatial         |
            rho |  .4914648   .0798067     6.16   0.000     .3350467    .647883
----------------+------------------------------------------------------------
Variance        |
       lgt_theta| -2.43814    .2559763    -9.52   0.000    -2.939844   -1.936436
        sigma2_e|  .0010468   .0002513     4.16   0.000     .0005542    .0015394
-----------------------------------------------------------------------------
```

由以上结果可知，固定效应模型中，就业量（lnemp）的空间滞后项系数为-0.470（P<0.01），空间系数为0.491（P<0.01），故此空间杜宾模型在采用随机效应模型时通过了检验。

③ 下面需要通过豪斯曼检验来确定究竟是选取固定效应模型还是随机效应模型。检验逻辑遵循面板数据检验的一般处理逻辑。

先存储未使用稳健标准误的随机效应和固定效应的估计结果。语句如下：

qui xsmle lngsp lnpcap lnpc lnemp unemp,wmat(usaww) model(sdm) durbin(lnemp)nolog noeffects

est sto re#随机效应

qui xsmle lngsp lnpcap lnpc lnemp unemp,wmat(usaww) model(sdm) durbin(lnemp)nolog noeffects fe

est sto fe#固定效应

对以上储存的两个模型进行豪斯曼检验。语句如下：

hausman fe re

输出结果如下：

```
. hausman fe re

              ―――― Coefficients ――――
                 (b)          (B)           (b-B)      sqrt(diag(V_b-V_B))
                 fe           re         Difference           S.E.

    lnpcap    -.0244994    .0269176      -.0514171          .0073629
      lnpc     .1775736    .2077167      -.0301431          .0077758
     lnemp     .7326914    .7700824      -.037391           .0139211
     unemp    -.0037328   -.0047394       .0010066              .

                          b = consistent under Ho and Ha; obtained from xsmle
           B = inconsistent under Ha, efficient under Ho; obtained from xsmle

    Test:  Ho:  difference in coefficients not systematic

                  chi2(4) = (b-B)'[(V_b-V_B)^(-1)](b-B)
                         =   -55.17     chi2<0 ==> model fitted on these
                                        data fails to meet the asymptotic
                                        assumptions of the Hausman test;
                                        see suest for a generalized test
```

由以上结果可知，豪斯曼检验结果为负值，因此选择使用随机效应模型。

# 第10章 因果推断：反事实计算

## 10.1 倾向得分匹配方法

### 10.1.1 匹配方法简介

匹配（matching）主要分两种：截面数据匹配和双重差分匹配。截面数据匹配对于数据的要求比较简单，我们只需要项目介入后一个时间点的数据即可进行估计。双重差分匹配对于数据的要求更高，需要项目介入前后至少两个时间点的数据才能进行估计。匹配的核心思想是运用统计学技巧人为地构造出一个对照组，通过那些可观测特征（observable characteristics），试图为每个参与者（treated）"搭配"一个未参与者（untreated）。换句话说，对于可观测的变量，通过匹配构造出的对照组（control group）与参与组（treatment group）拥有相同的随机分布。

从数学角度描述，匹配估计量的基本思路是：找到属于控制组的某个体 $j$，使个体 $j$ 与个体 $i$ 的可测变量取值尽可能相似（匹配），即 $x_i \approx x_j$，由此，将 $y_j$ 作为 $y_{0i}$ 的估计量，之后计算对于个体 $i$ 的处理效应；然后对每个处理组和控制组中的个体都这样做；最终，对每个个体的处理效果进行平均取值，就可得到"匹配估计量"。匹配方法的使用前提是条件独立性假设（CIA）或条件均值独立性假设（CMI）成立。

### 10.1.2 精确匹配

精确匹配是指参与者与对应的被匹配的未参与者的可观测特征是完

全一致的。下面举例说明。

如果欲研究收到奖学金对大学生按时毕业的影响，在匹配时设定以下变量条件作为匹配的限制条件：上大学的时长、性别、绩点、家庭收入。见图 10-1。

| 最终收到了奖学金（参与者） | | | |
|---|---|---|---|
| 性别 | 上大学年数 | 绩点 | 家庭收入 |
| F | 2 | 3.6 | $20,000~$30,000 |
| F | 1 | 3.8 | $10,000~$20,000 |
| M | 2 | 3.7 | $20,000~$30,000 |
| F | 1 | 3.5 | $10,000~$20,000 |
| F | 3 | 3.6 | <$10,000 |
| F | 1 | 4.0 | <$10,000 |
| F | 2 | 3.6 | $10,000~$20,000 |
| M | 1 | 3.4 | <$10,000 |

| 最终没有收到奖学金（未参与者） | | | |
|---|---|---|---|
| 性别 | 上大学年数 | 绩点 | 家庭收入 |
| M | 3 | 3.8 | >$60,000 |
| F | 1 | 4.0 | <$10,000 |
| M | 1 | 3.5 | $20,000~$30,000 |
| F | 2 | 3.0 | $10,000~$20,000 |
| F | 2 | 3.6 | $20,000~$30,000 |
| M | 2 | 3.7 | $20,000~$30,000 |
| M | 2 | 3.7 | $20,000~$30,000 |
| F | 2 | 3.2 | $30,000~$40,000 |

图 10-1　精确匹配示意图

如图 10-1 所示，在这些限制条件下，有三组学生严格满足可观测特征完全一致性，实现了精确匹配。

### 10.1.3　倾向得分匹配（Propensity Score Matching，PSM）

由上面奖学金的例子可以推知，当我们采用精确匹配时，有些学生无法找到与自己相配的对象。而当用来匹配的条件不断增加时，会发现越来越多的个体无法找到精确匹配的对象。面对这种情况，倾向得分匹配便是一种更具普遍性的匹配处理方法。倾向得分匹配引入倾向得分这一工具来帮助实现匹配（由统计学家 Rosenbaum 和 Rubin 于 1983 年提出）：

$$Pr(Z) = Pr[P=1 \mid Z]$$

其中，$Z$ 表示一系列可观测特征，$P$ 表示最终是否收到了奖学金（收到为 1，未收到为 0），$Pr(Z)$ 即表示在这些条件下估计其最终按时毕业的概率值。需要注意的是，当我们引入倾向评分时，还需要额外引入一条假设，即学生是否收到奖学金只与那些可观测特征有关，而独立于他们潜在地收到（或没有收到）奖学金后的按时毕业情况，即条件独立性假设成立。见图 10-2。

| 参与者 | | | | | | 未参与者 | | | | |
|---|---|---|---|---|---|---|---|---|---|---|
| 性别 | 上大学年数 | 绩点 | 家庭收入 | $Pr(Z)$ | | 性别 | 上大学年数 | 绩点 | 家庭收入 | $Pr(Z)$ |
| F | 2 | 3.5 | $20k~$30k | 0.65 | | M | 3 | 3.3 | > $60k | 0.20 |
| F | 1 | 3.8 | $10k~$20k | 0.95 | | F | 1 | 3.7 | $10k-$20k | 0.85 |
| M | 2 | 3.7 | $20k~$30k | 0.83 | | M | 1 | 3.5 | $20k~$30k | 0.63 |
| F | 1 | 3.5 | $10k~$20k | 0.45 | | F | 2 | 3.0 | $10k~$20k | 0.10 |
| F | 3 | 3.6 | < $10k | 0.82 | | F | 2 | 3.6 | $20k~$30k | 0.67 |
| F | 1 | 4.0 | < $10k | 0.99 | | M | 2 | 3.6 | $20k~$30k | 0.75 |
| F | 2 | 3.6 | $10k~$20k | 0.75 | | F | 2 | 3.6 | $40k~$50k | 0.61 |
| M | 1 | 3.4 | <$10k | 0.48 | | F | 2 | 3.8 | $30k~$40k | 0.44 |

图 10-2　倾向得分匹配示意图

由图 10-2 可看出：相比精确匹配，倾向评分后参与者找到与之相对应的未参与者的可能性提高了，但是仍有一些参与者无法找到合适的匹配对象。事实上，只有倾向评分位于共同取值范围（common support）内的个体才能找到匹配，见图 10-3。而对于某些参与者，他们存在多个相配的倾向评分，此时需要选择倾向评分最接近的未参与者作为匹配对象。

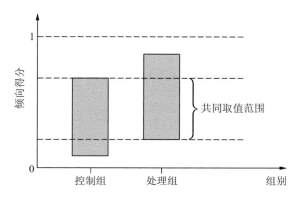

图 10-3　倾向得分共同取值范围示意图

### 10.1.4 倾向得分匹配的一般处理步骤

通过倾向得分匹配计算平均处理效应（Average Treatment Effect of the Treated，ATT）的一般步骤：

（1）选择协变量 $x_i$。

（2）估计倾向得分，一般使用 logit 回归（建议使用形式灵活的 logit 模型，比如包括 $x_i$ 的高次项与互动项）。

（3）进行倾向得分匹配。

（4）根据匹配后的样本计算平均处理效应：

$$\text{ATT} = \frac{1}{N_1} \sum i_z D_i = 1(y_i - y_{0i})$$

其中，$N$ 为处理组个体数，1 代表处理组，0 代表检测组，加总部分仅对处理组个体进行加总。

### 10.1.5 倾向得分匹配的具体方法

1. 近邻匹配法

（1）$k$ 近邻匹配：将控制组中与处理组倾向得分差异最小的个体进行匹配。虽然处理组所有个体都能匹配成功，但是不放弃任一处理组个体可能影响匹配质量，降低处理效应的精确度。

（2）限制倾向得分的绝对距离，又称"卡尺匹配"：提前设定卡尺，按照半径范围寻找控制个体进行匹配，卡尺越小匹配严格程度越高。

2. 整体匹配法（每个个体的匹配结果为不同组的全部个体，根据个体距离不同给予不同的权重）

（1）核匹配：将处理组样本与由控制组所有样本计算出的一个估计效果进行配对，其中估计效果由处理组个体得分值与控制组所有样本得分值加权平均获得，而权数则由核函数计算得出。

（2）局部线性回归匹配：在局部使用线性回归方法。

（3）样条匹配：采用非参数样条回归。

在以上三种方法中，后两者较少使用。

### 10.1.6 倾向得分匹配的局限性

（1）倾向得分匹配法通常需要较大的样本容量来实现高质量匹配，

因此一般不适用于小样本容量的研究。

（2）PSM 要求立足于控制组的倾向得分有较大的共同取值范围，否则会丢失较多的观测值，导致剩下的样本不具有代表性。

## 10.2 双重差分倾向得分匹配（PSM-DID）模型

### 10.2.1 双重差分法简介

双重差分法（Difference in Differences，DID），也称"倍差法"或"差中差"，是一种历时性的分析方法。作为政策效应评估方法中的一大利器，双重差分法得到越来越多的运用，主要原因有以下三点。① 该方法可以在很大程度上避免内生性问题的困扰：政策相对于微观经济主体而言一般是外生的，因而不存在逆向因果问题。此外，使用固定效应估计一定程度上也缓解了遗漏变量偏误问题。② 用传统方法评估政策效应，主要是通过设置一个政策发生与否的虚拟变量进行回归，相较而言，双重差分法的模型设置更加科学，能更加准确地估计出政策效应。③ 双重差分法的原理和模型设置很简单，容易理解和运用。

需要注意，DID 仅适用于面板数据。

具体来说，基准的 DID 模型设置如下：

$$Y_{it} = \alpha_0 + \alpha_1 du + \alpha_2 dt + \alpha_3 du \cdot dt + \varepsilon_{it}$$

其中，$du$ 为分组虚拟变量，若个体 $i$ 受政策实施的影响，则个体 $i$ 属于处理组，对应的 $du$ 取值为 1，若个体 $i$ 不受政策实施的影响，则个体 $i$ 属于对照组，对应的 $du$ 取值为 0。$dt$ 为政策实施虚拟变量，政策实施之前 $dt$ 取值为 0，政策实施之后 $dt$ 取值为 1。$du \cdot dt$ 为分组虚拟变量与政策实施虚拟变量的交互项，其系数 $\alpha_3$ 就反映了政策的净效应。

双重差分法的原理见表 10-1 和图 10-4。

表 10-1 双重差分法原理示意表

|  | 政策实施前 | 政策实施后 | Difference |
| --- | --- | --- | --- |
| 处理组 | $\alpha_0 + \alpha_1$ | $\alpha_0 + \alpha_1 + \alpha_2 + \alpha_3$ | $\alpha_2 + \alpha_3$ |
| 对照组 | $\alpha_0$ | $\alpha_0 + \alpha_2$ | $\alpha_2$ |
| Difference | $\alpha_1$ | $\alpha_1 + \alpha_3$ | $\alpha_3$（DID） |

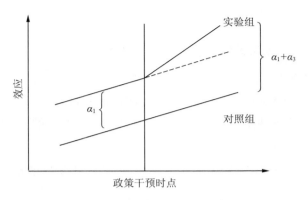

图 10-4　双重差分法原理示意图

从 DID 的模型设置来看，要想使用 DID 必须满足以下两个关键条件：一是必须存在一个具有试点性质的政策冲击，这样才能找到处理组和对照组，那种一次性全展开的政策并不适用于 DID 分析；二是必须具有一个至少两年（政策实施前后各一年）的面板数据集。

实际可以理解为做"两次差分"，考察两个项目：① 随着时间的推移，被解释变量如何变化；② 地区之间，被解释变量的差异。

### 10.2.2　双重差分倾向得分匹配

对于双重差分倾向得分匹配模型（Difference in Differences Propensity Score Matching，PSM-DID），假设存在两期面板数据，实验前的时期记为 $t'$，实验后的数据记为 $t$。对于控制组合处理组，在 $t'$ 时期其潜在结果均为 $y'_{0t}$，但是在 $t$ 时期存在两种潜在结果：控制组为 $y_{0t}$，处理组为 $y_{1t}$。

双重差分倾向得分匹配成立的前提是以下均值可忽略性假定（处理变量为 $D$）：

$$E(y_{0t} - y'_{0t} \mid x, D=1) = E(y_{0t} - y'_{0t} \mid x, D=0)$$

如果以上假定成立，那么可以一致地估计 ATT：

$$\text{ATT} = \frac{1}{N_1} \sum_{i} z_i \in I_1 \cap S_p [(y_{1ti} - y'_{0ti}) - \sum_{i} z_i \in I_0 \cap S_p w(i,j)(y_{0tj} - y'_{0tj})]$$

其中，$N$ 为处理组个体数，1 代表处理组，$S_p$ 为处理组和控制组中倾向得分共同取值范围的集合，$I_1$ 为处理组的集合，$I_0$ 为控制组的集合，$(y_{1ti} - y'_{0ti})$ 为处理组个体 $i$ 实验前后的变化，$(y_{0tj} - y'_{0tj})$ 为控制组个体 $j$

实验前后的变化。

### 10.2.3 双重差分倾向得分匹配的步骤

主要步骤如下：

（1）根据处理变量 $D_i$ 与协变量 $x_i$ 估计倾向得分。

（2）对于处理组的每位个体 $i$，确定与其匹配的全部控制组个体（即确定集合 $S_p$）。

（3）对于处理组的每位个体 $i$，计算其结果变量的前后变化（$y_{1ti} - y'_{0ti}$）。

（4）对于处理组的每位个体 $i$，计算与其匹配的全部控制组个体的前后变化（$y_{0tj} - y'_{0tj}$），其中 $j \in I_0 \cap S_p$。

（5）针对（$y_{1ti} - y'_{0ti}$）和（$y_{0tj} - y'_{0tj}$），根据上面对 ATT 的一致性估计方法得到近似估计的 ATT，可利用倾向得分匹配或局部线性回归匹配。

### 10.2.4 PSM-DID 的优点

它可以控制不可观测但不随时间变化的组间差异，比如处理组和控制组分别来自两个不同的区域，或处理组和控制组使用了不同的调查问卷。

### 10.2.5 稳健性检验

关于 DID 的稳健性检验主要包括以下两个方面。

（1）共同趋势的检验。共同趋势是比较难验证的，很多研究者做 DID 时只有政策实施前后各一年的数据，这样的话也就根本无法验证政策实施前的趋势问题。但是如果有多年的面板数据，就可以通过画图来检验 CT 假设。

（2）即便处理组和对照组在政策实施之前的趋势相同，仍要关注是否同时发生了其他可能影响趋势变化的政策，也就是说，政策干预时点之后处理组和对照组趋势的变化可能并不真正是由该政策导致的，而是同时期其他的政策导致的。这一问题可以概括为处理变量对产出变量作用机制的排他性。对此可以进行如下的检验。

① 安慰剂检验。即通过虚构处理组进行回归，具体可以进行如下操作。(a) 选取政策实施之前的年份进行处理。比如原来的政策发生在 2008 年，研究区间为 2007—2009 年，这时可以将研究区间前移至

2005—2007 年，并假定政策实施年份为 2006 年，然后进行回归。(b) 选取已知的且不受政策实施影响的群组作为处理组进行回归。如果不同虚构方式下的 DID 估计量的回归结果依然显著，那么说明原来的估计结果很有可能出现了偏误。

② 可以利用不同的对照组进行回归，看研究结论是否依然一致。

③ 可以选取一个完全不受政策干预影响的因素作为被解释变量进行回归。如果 DID 估计量的回归结果依然显著，那么说明原来的估计结果很有可能出现了偏误。

## 10.3 Stata 操作简介

### 10.3.1 倾向得分匹配

先安装 psmatch2 指令包。语句如下：

ssc install psmatch2,replace

匹配命令的一般格式如下：

psmatch2 D x1 x2 x3,outcome(y) logit ties ate common odds pscore(varname) quietly

其中，D 为处理变量，x1，x2，x3 为协变量，y 为结果变量，ate 表示同时报告 ATE、ATU 与 ATT，默认仅报告 ATT。pscore（varname）表示指定某变量作为倾向得分。quietly 表示不汇报对倾向得分的估计过程。

**例 1** 以数据集 ldw_ exper. dta 为例进行 stata 操作演示。该数据集包括如下变量：re78（1978 年实际收入，单位：千美元），处理变量 t（是否参加就业培训），协变量 age（年龄），educ（教育年限），black（是否黑人），hisp（是否拉丁裔），married（是否已婚），re74（1974 年实际收入），re75（1975 年实际收入），u74（1974 年是否失业），u75（1975 年是否失业），考察参加就业培训是否对提升个人收入起显著增进作用。

useldw_exper.dta,clear

作为参照，先进行一元回归：

reg re78 t,r

输出结果如下：

```
Linear regression                               Number of obs  =     445
                                                F(1, 443)      =    7.15
                                                Prob > F       =  0.0078
                                                R-squared      =  0.0178
                                                Root MSE       =  6.5795
```

|  re78  |   Coef.   | Robust Std. Err. |   t   | P>\|t\| | [95% Conf. Interval] |          |
|--------|-----------|------------------|-------|---------|----------------------|----------|
|   t    | 1.794343  | .6708247         | 2.67  | 0.008   | .475949              | 3.112737 |
| _cons  | 4.554802  | .3402038         | 13.39 | 0.000   | 3.886188             | 5.223416 |

下面直接引入协变量，进行更可信的多元回归。语句如下：

regre78 t age educ black hisp married re74 re75 u74 u75,r

输出结果如下：

```
Linear regression                               Number of obs  =     445
                                                F(10, 434)     =    2.53
                                                Prob > F       =  0.0057
                                                R-squared      =  0.0582
                                                Root MSE       =  6.5093
```

|  re78   |   Coef.    | Robust Std. Err. |   t   | P>\|t\| | [95% Conf. Interval] |           |
|---------|------------|------------------|-------|---------|----------------------|-----------|
|    t    |  1.672042  | .6617972         |  2.53 |  0.012  | .3713161             |  2.972768 |
|   age   |  .0536677  | .040388          |  1.33 |  0.185  | -.0257127            |  .133048  |
|  educ   |  .4029471  | .1610925         |  2.50 |  0.013  | .0863287             |  .7195655 |
|  black  | -2.039466  | 1.038581         | -1.96 |  0.050  | -4.080739            |  .0018068 |
|  hisp   |  .4246486  | 1.427471         |  0.30 |  0.766  | -2.380968            |  3.230265 |
| married | -.1466618  | .8640396         | -0.17 |  0.865  | -1.844884            |  1.551561 |
|  re74   |  .1235727  | .127147          |  0.97 |  0.332  | -.1263278            |  .3734731 |
|  re75   |  .0194585  | .14063           |  0.14 |  0.890  | -.2569421            |  .2958591 |
|  u74    |  1.380999  | 1.554643         |  0.89 |  0.375  | -1.674566            |  4.436564 |
|  u75    | -1.071817  | 1.408301         | -0.76 |  0.447  | -3.839755            |  1.696121 |
|  _cons  |  .2214288  | 2.824293         |  0.08 |  0.938  | -5.329565            |  5.772422 |

下面进行倾向得分匹配。首先将数据随机排序，语句如下：

set seed 10101

gen ranorder = runiform()

sort ranorder

进行一对一匹配。因为样本量不大，所以选择有放回回归，且允许并列。语句如下：

```
psmatch2 t age educ black hisp married re74 re75 u74 u75,outcome(re78) n(1) ate ties logit common
```

输出结果如下：

| psmatch2: Treatment assignment | psmatch2: Common support | | Total |
|---|---|---|---|
| | Off suppo | On suppor | |
| Untreated | 11 | 249 | 260 |
| Treated | 2 | 183 | 185 |
| Total | 13 | 432 | 445 |

（注：Stata 命令 neighbor (k) 表示 k 近邻匹配，选择项 noreplacement 表示无放回，若不加，默认为有放回。该选项只能用于一对一匹配）

```
Logistic regression                          Number of obs   =      445
                                             LR chi2(9)      =    11.70
                                             Prob > chi2     =   0.2308
Log likelihood = -296.25026                  Pseudo R2       =   0.0194
```

|      t | Coef.     | Std. Err. |     z  | P>\|z\| | [95% Conf. Interval] | |
|---|---|---|---|---|---|---|
|    age | .0142619  | .0142116  |  1.00  | 0.316  | -.0135923 | .0421162 |
|   educ | .0499776  | .0564116  |  0.89  | 0.376  | -.060587  | .1605423 |
|  black | -.347664  | .3606532  | -0.96  | 0.335  | -1.054531 | .3592032 |
|   hisp | -.928485  | .50661    | -1.83  | 0.067  | -1.921422 | .0644523 |
| married| .1760431  | .2748817  |  0.64  | 0.522  | -.3627151 | .7148012 |
|   re74 | -.0339278 | .0292559  | -1.16  | 0.246  | -.0912683 | .0234127 |
|   re75 | .01221    | .0471351  |  0.26  | 0.796  | -.0801731 | .1045932 |
|    u74 | -.1516037 | .3716369  | -0.41  | 0.683  | -.8799879 | .5767913 |
|    u75 | -.3719486 | .317728   | -1.17  | 0.242  | -.9946841 | .2507869 |
|  _cons | -.4736308 | .8244205  | -0.57  | 0.566  | -2.089465 | 1.142204 |

| Variable | Sample    | Treated    | Controls   | Difference | S.E.       | T-stat |
|---|---|---|---|---|---|---|
| re78 | Unmatched | 6.34914538 | 4.55480228 | 1.79434311 | .632853552 | 2.84 |
|      | ATT       | 6.40495818 | 4.99436488 | 1.4105933  | .839875971 | 1.68 |
|      | ATU       | 4.52683013 | 6.15618973 | 1.6293596  | .          | .    |
|      | ATE       |            |            | 1.53668776 | .          | .    |

Note: S.E. does not take into account that the propensity score is estimated.

结果显示，此处 ATT 结果对应的 $t$ 值小于临界值 1.96，故不显著。可以通过自助法来得到标准误。

可以使用"pstest"来考察此匹配结果是否较好地平衡了数据。语句如下：

```
quietly psmatch2 t age educ black hisp married re74
re75 u74 u75,outcome(re78) n(1) ate ties logit common
    pstest age educ black hisp married re74 re75 u74 u75,
both gragh
```

输出结果如下：

| Variable | Unmatched Matched | Mean Treated | Mean Control | %bias | %reduct \|bias\| | t-test t | t-test p>\|t\| | V(T)/V(C) |
|---|---|---|---|---|---|---|---|---|
| age | U | 25.816 | 25.054 | 10.7 | | 1.12 | 0.265 | 1.03 |
|  | M | 25.781 | 25.383 | 5.6 | 47.7 | 0.52 | 0.604 | 0.91 |
| educ | U | 10.346 | 10.088 | 14.1 | | 1.50 | 0.135 | 1.55* |
|  | M | 10.322 | 10.415 | -5.1 | 63.9 | -0.49 | 0.627 | 1.52* |
| black | U | .84324 | .82692 | 4.4 | | 0.45 | 0.649 | . |
|  | M | .85246 | .86339 | -2.9 | 33.0 | -0.30 | 0.765 | . |
| hisp | U | .05946 | .10769 | -17.5 | | -1.78 | 0.076 | . |
|  | M | .06011 | .04372 | 5.9 | 66.0 | 0.71 | 0.481 | . |
| married | U | .18919 | .15385 | 9.4 | | 0.98 | 0.327 | . |
|  | M | .18579 | .19126 | -1.4 | 84.5 | -0.13 | 0.894 | . |
| re74 | U | 2.0956 | 2.107 | -0.2 | | -0.02 | 0.982 | 0.74* |
|  | M | 2.0672 | 1.9222 | 2.7 | -1166.6 | 0.27 | 0.784 | 0.88 |
| re75 | U | 1.5321 | 1.2669 | 8.4 | | 0.87 | 0.382 | 1.08 |
|  | M | 1.5299 | 1.6446 | -3.6 | 56.7 | -0.32 | 0.748 | 0.82 |
| u74 | U | .70811 | .75 | -9.4 | | -0.98 | 0.326 | . |
|  | M | .71038 | .75956 | -11.1 | -17.4 | -1.06 | 0.288 | . |
| u75 | U | .6 | .68462 | -17.7 | | -1.85 | 0.065 | . |
|  | M | .60656 | .63388 | -5.7 | 67.7 | -0.54 | 0.591 | . |

| Sample | Ps R2 | LR chi2 | p>chi2 | MeanBias | MedBias | B | R | %Var |
|---|---|---|---|---|---|---|---|---|
| Unmatched | 0.019 | 11.75 | 0.227 | 10.2 | 9.4 | 33.1* | 0.82 | 50 |
| Matched | 0.008 | 3.87 | 0.920 | 4.9 | 5.1 | 20.6 | 1.09 | 25 |

* if B>25%, R outside [0.5; 2]

以上结果展示了匹配前后偏差绝对值的分布特征。由此可知，大部分变量的标准化偏差在匹配后缩小了。

下面画条形图来表示倾向得分的共同取值范围。语句如下：

```
psgraph
```

得到条形图，如图10-5所示。

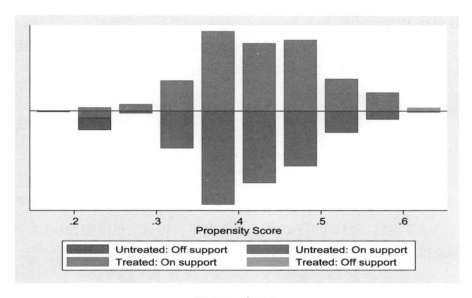

图 10-5 条形图

由图 10-5 可知，大多数观测值均在共同取值范围内（on support），故在进行倾向匹配得分时仅会损失少量样本。

下面进行 k 近邻匹配。令 k = 4（为节省空间，使用选择项"quietly"略去对倾向匹配估计结果的汇报）。语句如下：

```
psmatch2 t age educ black hisp married re74 re75 u74 u75,outcome(re78) n(4) ate ties logit common quietly
```

输出结果如下：

| Variable | Sample | Treated | Controls | Difference | S.E. | T-stat |
|---|---|---|---|---|---|---|
| re78 | Unmatched | 6.34914538 | 4.55480228 | 1.79434311 | .632853552 | 2.84 |
|  | ATT | 6.40495818 | 4.3883555 | 2.01660267 | .727464025 | 2.77 |
|  | ATU | 4.52683013 | 5.74351061 | 1.21668048 | . | . |
|  | ATE |  |  | 1.55553641 | . | . |

Note: S.E. does not take into account that the propensity score is estimated.

| psmatch2: Treatment assignment | psmatch2: Common support | | Total |
|---|---|---|---|
|  | Off suppo | On suppor |  |
| Untreated | 11 | 249 | 260 |
| Treated | 2 | 183 | 185 |
| Total | 13 | 432 | 445 |

由以上结果可知，一对四匹配的结果与一对一匹配类似，但 ATT 估

计值在5%水平下显著。

下面进行卡尺内一对四匹配。首先计算倾向得分（Stata会自动记为_pscore）的标准差，然后乘以0.25。语句如下：

```
sum_pscore
dis 0.25 * r(sd)
```

输出结果如下：

| Variable | Obs | Mean | Std. Dev. | Min | Max |
|---|---|---|---|---|---|
| _pscore | 445 | .4157303 | .0791695 | .1556892 | .6102826 |

结果乘以0.25约等于0.02。保守起见，将卡尺范围定为0.01。对倾向得分相差1%的观测值进行一对四匹配。语句如下：

```
psmatch2 t age educ black hisp married re74 re75 u74 u75, outcome(re78) n(4) cal(0.01) ate ties logit common quietly
```

输出结果如下：

| Variable | Sample | Treated | Controls | Difference | S.E. | T-stat |
|---|---|---|---|---|---|---|
| re78 | Unmatched | 6.34914538 | 4.55480228 | 1.79434311 | .632853552 | 2.84 |
|  | ATT | 6.40495818 | 4.35102383 | 2.05393435 | .729511502 | 2.82 |
|  | ATU | 4.51395698 | 5.63458891 | 1.12063193 | . | . |
|  | ATE |  |  | 1.52061868 | . | . |

Note: S.E. does not take into account that the propensity score is estimated.

| psmatch2: Treatment assignment | psmatch2: Common support | | Total |
|---|---|---|---|
|  | Off suppo | On suppor |  |
| Untreated | 16 | 244 | 260 |
| Treated | 2 | 183 | 185 |
| Total | 18 | 427 | 445 |

由以上结果可知，卡尺内一对四匹配的结果与简单一对四匹配的结果类似，因此不存在太远的"近邻"。

下面进行核匹配（使用默认的核函数带宽，核匹配默认带宽为0.06）。语句如下：

```
psmatch2 t age educ black hisp married re74 re75 u74 u75, outcome(re78) n(4) kernel ate ties logit common quietly
```

输出结果如下：

| Variable | Sample | Treated | Controls | Difference | S.E. | T-stat |
|---|---|---|---|---|---|---|
| re78 | Unmatched | 6.34914538 | 4.55480228 | 1.79434311 | .632853552 | 2.84 |
|  | ATT | 6.40495818 | 4.58467178 | 1.82028639 | .685942087 | 2.65 |
|  | ATU | 4.52683013 | 6.13018214 | 1.603352 | . | . |
|  | ATE |  |  | 1.69524782 | . | . |

Note: S.E. does not take into account that the propensity score is estimated.

| psmatch2: Treatment assignment | psmatch2: Common support | | Total |
|---|---|---|---|
|  | Off suppo | On suppor |  |
| Untreated | 11 | 249 | 260 |
| Treated | 2 | 183 | 185 |
| Total | 13 | 432 | 445 |

该结果与前面的匹配结果类似。

下面给出匹配前后核密度函数的图示。

① 匹配前。语句如下：

twoway(kdensity _ps if _treat == 1,legend(label(1 "Treat")))(kdensity _ps if _treat == 0,legend(label(2 "Control"))),xtitle(Pscore) title("Before Matching")

输出结果见图 10-6。

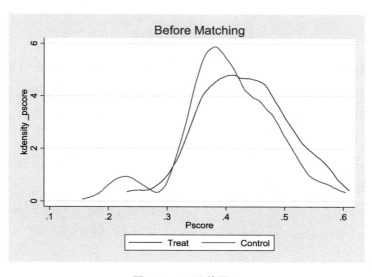

图 10-6　匹配前图示

② 匹配后。语句如下：

```
twoway(kdensity _ps if _treat = = 1,legend(label(1 "Treat")))(kdensity _ps if (_weight! =1&_weight! =.),legend(label(2 "Control"))),xtitle(Pscore) title("After Matching")
```

输出结果见图 10-7。

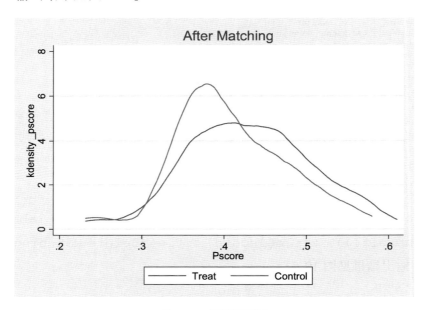

图 10-7　匹配后图示

结果显示，匹配后核密度概率覆盖的范围更大，结果更可靠。

综上，参加就业培训的平均处理效应为正，不仅在经济上显著（约能使 1978 年实际收入增加 2 000 美元），而且在统计上显著（大多数在 5%水平上显著）。

最后是稳健性检验。可以进行马氏匹配，并使用 Adabie 提供的异方差稳健标准误。语句如下：

```
psmatch2 t,outcome(re78) mahal(age educ black hisp married re74 re75 u74 u75) n(4) ai(4) ate
```

输出结果如下：

| Variable | Sample | Treated | Controls | Difference | S.E. | T-stat |
|---|---|---|---|---|---|---|
| re78 | Unmatched | 6.34914538 | 4.55480228 | 1.79434311 | .632853552 | 2.84 |
| | ATT | 6.34914538 | 4.45101599 | 1.89812939 | .707602908 | 2.68 |
| | ATU | 4.55480228 | 6.40808613 | 1.85328385 | .902132479 | 2.05 |
| | ATE | | | 1.8719275 | .78460582 | 2.39 |

Note: Sample S.E.

| psmatch2: Treatment assignment | psmatch2: Common support On suppor | Total |
|---|---|---|
| Untreated | 260 | 260 |
| Treated | 185 | 185 |
| Total | 445 | 445 |

由以上结果可知，无论是平均处理效应的估计值还是显著性，马氏匹配都与倾向得分匹配结果类似，因此，以上结果的稳健性得到了保证。

### 10.3.2 双重差分倾向得分匹配（PSM-DID）

先安装 diff 指令包。语句如下：

`ssc install diff,replace`

命令的一般格式如下：

`diff outcome_var,treat(varname) period(varname) id(varname) kernel ktype(kernel) cov(varlist) report logit support test`

diff 命令只能用核匹配，cov（varlist）用来指定用于估计倾向得分的协变量，support 表示仅使用共同取值范围内的观测值进行匹配，test 表示检验在倾向得分匹配后，各变量在实验组与控制组的分布是否平衡。

**例 2**  以数据 cardkrueger1994.dta 为例。该数据集包括如下变量：被解释变量为 fte（full time employment，全职雇员人数），实验组虚拟变量为 treated（treated=1 表示如果快餐店在新泽西州；treated=0 表示如果快餐店在宾夕法尼亚州），实验期虚拟变量为 t（t=1 表示如果时间为 1992 年 11 月；t=0 表示如果时间为 1992 年 2 月），还包括以下快餐品牌虚拟变量：bk、kfc、roys、wendys（如是对应的品牌则记为 1）。主要考察新泽西州实施新法提升最低工资标准后雇员人数是否有显著影响

（作为控制组的宾夕法尼亚州最低工资保持不变，上述四个快餐品牌的雇主被随机分配到两个州）。

```
use cardkrueger1994.dta,clear
```

进行 logit 回归和双重差分倾向得分匹配。语句如下：

```
diff fte,t(treated) p(t) kernel id(id) logit cov(bk kfc roys) report support
```

输出结果如下：

```
KERNEL PROPENSITY SCORE MATCHING DIFFERENCE-IN-DIFFERENCES
    Estimation on common support
    Report - Propensity score estimation with logit command
    Atention: _pscore is estimated at baseline

Iteration 0:    log likelihood = -198.21978
Iteration 1:    log likelihood = -196.77862
Iteration 2:    log likelihood = -196.7636
Iteration 3:    log likelihood = -196.7636

Logistic regression                               Number of obs   =        404
                                                  LR chi2(3)      =       2.91
                                                  Prob > chi2     =     0.4053
Log likelihood = -196.7636                        Pseudo R2       =     0.0073
```

| treated | Coef. | Std. Err. | z | P>\|z\| | [95% Conf. Interval] | |
|---|---|---|---|---|---|---|
| bk | .3108387 | .3561643 | 0.87 | 0.383 | -.3872306 | 1.008908 |
| kfc | .6814511 | .4335455 | 1.57 | 0.116 | -.1682824 | 1.531185 |
| roys | .520356 | .4011747 | 1.30 | 0.195 | -.265932 | 1.306644 |
| _cons | 1.05315 | .2998708 | 3.51 | 0.000 | .465414 | 1.640886 |

```
DIFFERENCE-IN-DIFFERENCES ESTIMATION RESULTS
Number of observations in the DIFF-IN-DIFF: 795
            Before      After
Control:    78          76          154
Treated:    326         315         641
            404         391
```

| Outcome var. | fte | S. Err. | \|t\| | P>\|t\| |
|---|---|---|---|---|
| Before | | | | |
|   Control | 20.040 | | | |
|   Treated | 17.065 | | | |
|   Diff (T-C) | -2.975 | 0.943 | -3.16 | 0.002*** |
| After | | | | |
|   Control | 17.449 | | | |
|   Treated | 17.499 | | | |
|   Diff (T-C) | 0.050 | 0.955 | 0.05 | 0.958 |
| | | | | |
| Diff-in-Diff | 3.026 | 1.342 | 2.25 | 0.024** |

```
R-square:    0.02
* Means and Standard Errors are estimated by linear regression
**Inference: *** p<0.01; ** p<0.05; * p<0.1
```

由以上结果可知，平均处理效应的系数估计值为 3.026，在 5%水平上显著。

下面检验在倾向得分匹配后，各变量在实验组与控制组的分布是否平衡。语句如下：

diff fte,t(treated) p(t) kernel id(id) logit cov(bk kfc roys) support test

输出结果如下：

```
TWO-SAMPLE T TEST
    Test on common support

Number of observations (baseline): 404
            Before      After
  Control:  78          -       78
  Treated:  326         -       326
            404         -

t-test at period = 0:
```

| Weighted Variable(s) | Mean Control | Mean Treated | Diff. | \|t\| | Pr(\|T\|>\|t\|) |
|---|---|---|---|---|---|
| fte  | 20.040 | 17.065 | -2.975 | 2.89 | 0.0041*** |
| bk   | 0.468  | 0.408  | -0.060 | 1.21 | 0.2259    |
| kfc  | 0.144  | 0.209  | 0.064  | 1.69 | 0.0911*   |
| roys | 0.272  | 0.252  | -0.020 | 0.46 | 0.6462    |

```
*** p<0.01; ** p<0.05; * p<0.1
Attention: option kernel weighs variables in cov(varlist)
Means and t-test are estimated by linear regression
```

由以上 logit 回归结果可知：各品牌虚拟变量对于处理变量的解释力较弱，准 $R^2$ 为 0.007，太小；有两个变量的均值在处理组与控制组之间仍存在显著差异。此数据集协变量较少，可以直接使用一般的双重差分法。

# 第11章 QCA：超越定性与定量研究的方法

定性比较分析（QCA）方法作为"定量"（变量导向）和"定性"（案例导向）研究方法的一种有效整合，既是一种研究方法，也是一类分析技术的统称。事实上，QCA方法从整体上看，其自身定位更偏向"案例导向"的方法。从20世纪80年代末90年代初开始，它被广泛地应用于政治学（比较政治学）和历史社会学（例如对福利国家的研究），最初是用于"小样本"（少量案例）和宏观层面的分析方法在社会科学中被广泛接受，但是近年来QCA方法的应用范畴已经扩展到了"中等样本量"和"大样本"研究及更为中观和微观层面的研究中。

QCA方法是一种基于布尔代数的比较分析法（布尔代数的实质是一种集合运算，其运算逻辑是"或""且""非"），它不同于传统回归分析对于单个变量的"净效应"的关注（本质是概率），它将每个案例视为一系列条件变量的"组态"，旨在寻找导致预期结果出现/不出现的条件变量的组合关系，即充分条件和必要条件，其本质是一种决定性因果。

在类型上，QCA的三个核心技术方法为清晰集定性比较分析法（csQCA）、多值集定性比较分析法（mvQCA）和模糊集定性比较分析法（fsQCA）。清晰集定性比较分析要求对所有的分析条件进行二进制校准，多值集定性比较分析则可以对多种条件标度[0][1][2]等的不同状态的值进行计算，而模糊集定性比较分析可以对分析条件进行0到1之间任意数值的校准。本章将对定性比较分析设计原理进行剖析，并详细介绍清晰集定性比较分析、多值集定性比较分析和模糊集定性比较分析的相关内容，最后围绕软件操作的详细步骤展开说明。

## 11.1 定性比较分析

### 11.1.1 对传统的颠覆：多重并发因果关系

QCA技术关注跨案例的"并发因果关系"，即不同组合可能产生同样的结果，发展了新的因果关系概念——多重并发因果关系。"多重"是指路径的数量，而"并发"则意味着每条路径都是由不同条件的组合所构成的。多重并发因果关系具有等效性（equifinality），主要是指：① 常见的是，多个相关条件的组合引发结果（AB→Y）；② 多个不同的条件组合可能产生同样的结果（AB+CD→Y，"+"表示布尔逻辑"或"）；③ 不同情境下，当特定结果出现时，某个条件可能出现也可能不出现（AB→Y，同样可能是aC→Y）。在这个例子中，[A]与[B]组合会使某个结果出现，但同样地，缺少A的[a]与[C]条件组合也能够使该结果出现。

因此，在QCA方法中应注意以下五点原则。① 不存在恒定不变的因果关系。这是应用QCA方法最基本的原则，不同的"路径"（每条路径相关但又相互区别）都可能引起相同的结果，研究者不应该像主流统计方法那样，急着发展出与数据拟合最好的单一因果模型，而是应该在多个可比较案例之间确定不同因果模型的数量和特征。② 因果效应的一致性假设被打破。因为一个给定的原因组合可能并不是产生某个特定结果的唯一路径，其他组合可能也会产生同样的结果。③ 分析单位不具备同质性。在QCA技术的大多数应用中所有的案例都同等重要，在QCA方法中，如果某个条件的组合仅仅"解释"了一个案例，就不能先验地认为这个组合要比能"解释"更多案例的组合更不切题或不相关。④ 可加性假设被打破。"单个原因对结果有其各自的和独立的影响"思想不成立，并且被"并发因果关系"的假设代替——多个原因同时出现（或者以某种方式整合）并构成某个结果的"原因组合"。⑤ 不再假定因果关系的对称性。某个结果的出现与否可能需要不同的"原因组合"来分别解释。

### 11.1.2 充分性与必要性

QCA 方法中存在两个基本假定，分别被称为"必要性"（"必要条件［组合］"）和"充分性"（"充分条件［组合］"），其核心概念与多重并发因果关系的思想是高度一致的。事实上，某个结果的特定的因果路径，通常是这个结果充分性（充分条件组合或是多个条件"交集"）的一部分。但是这个路径通常并不总是必要的，因为其他路径（含有不同条件，至少一部分条件是不同的）很可能也会产生同样的结果。以导致"建立民主国家"这一结果的条件为例来看：

条件 A：有正规的差额选举；

条件 B：保障全面的公民自由；

条件 C：确保政策制定者对军队领导的独立性。

在这个例子中，有两个路径可以导致"民主国家"的出现：

路径 1：条件 A 和条件 B 组合；

路径 2：条件 A 和条件 C 组合。

可以用以下的方式来表达：

路径 1 是第一个能够产生研究结果的充分条件组合；

路径 2 是第二个能够产生研究结果的充分条件组合。

单独看，上面两个路径都不是充分必要条件（因为总有另外的路径可以解释该结果）。需要注意的是，条件 A：有正规的差额选举，在两个路径中都出现了，因此可以说：条件 A 是结果的必要条件（因为结果发生时，这个条件总是出现）；但 A 不是充分条件（因为仅有条件 A 不能产生该结果，而是需要与条件 B 或 C 组合才行）。

### 11.1.3 QCA 技术的优点

1. 适度的普适性

普适性在所有实证科学中都是很重要的一部分。在寻求科学解释的过程中，如果没有普适性，那么科学研究仅仅就是同义反复和简单的描述而已。评价研究质量的一个很好指标是其解释新案件的能力，理论应该避免对单个案例进行个体化"解释"。因此 QCA 分析不局限于简单描述，而是追求"适度的普适性"：QCA 分析结果可能用于支持"有限历史的普适性"观点。研究者可以从对多个可比案例的系统比较中，形成供后续使用的命题。恰当调整这些命题，可以用于分析其他类似的案例——这些案例与 QCA 分析中案例有合理数量的相似特征。值得注意的是，QCA 方法中的普适性观点比传统推断中的普适性观点保守得多，后者是非常高程度的普适性观点。

2. 形式化和可复制性

QCA 技术提供了形式化的分析工具。QCA 技术建立在一套独特的语言体系上（布尔代数和集合论），这套语言体系具有明确的规则和定义良好的方法，并可以将这些规则转换为逻辑（形式运算和算法）。正因为这些形式规则是固定的，所以其具备可复制性的特征。简而言之，其他研究者可以用同样的方法来分析同样的数据库，得到相同的结果。这也是 QCA 技术与大多数不那么形式化的定性分析方法相比所具有的最大的优势。这种可复制性为 QCA 方法提供了更为"科学"的特征，消除了分析过程中的模糊性和主观解释性。

3. 透明性

QCA 技术要求研究者在分析的各个环节都要以"透明"的方式做出选择，包括变量选择、处理，分析工具选择和分析过程干预等。在这个过程中，研究者要定期回到原始案例中查看其丰富和独特的内容。这种反复"与案例对话"并结合透明性的选择，是 QCA 技术的一大优点。这种透明性能够实现，得益于 QCA 背后有一套形式化的语言体系。

### 11.1.4　QCA 方法的五类应用

根据具体研究的不同需要，常用的三类 QCA 技术（csQCA、mvQCA 和 fsQCA）至少可以应用在以下五个方面。

1. 汇总数据

QCA 技术用更精练的方式呈现数据，并且对实证现象进行更具综合性的描述。QCA 技术可以将描述性的数据分析直接用软件生成综合性的表格来展示不同案例是如何聚类在一起的，即所谓的真值表。通过这种方法，研究者能够发现不同案例的相似之处，而初看之下，这些相似点却是不同的。

2. 检验数据的一致性

研究者可能在分析过程中发现矛盾组态——前因条件相同但结果不同的案例。软件生成的真值表会很明确地报告矛盾组态的结果，但是发现矛盾组态并不一定意味着研究失败。相反，矛盾组态可以给研究者提供关于样本案例的一系列信息。通过寻求这些矛盾组态的解，研究者可以获得相关案例更详细的信息和知识，也可以发展出更为系统的整体性的证据。

3. 检验理论或假设

QCA 技术可以用来证实或证伪理论和假设。研究者通过定义一系列可能产生某个结果的条件，来尽可能详细地对理论和假设进行操作。如果研究者在 QCA 分析中发现大量的矛盾组态，那么他就可以进行理论或假设的证伪。此外，通过分析与理论演绎矛盾的案例数量，QCA 方法还可以帮助学者改善假设检验过程。

4. 快速检验猜想

QCA 技术能够在没有预先理论或模型作为前提的情况下，快速检验研究者的猜想。例如，研究者可以设定一种表达方式（一种公式）来表现一个特定猜想，进而检验一个临时性理论假设或一个理论的一部分观点。这样就会产生一个真值表，它能够让研究者检验其推断和猜想是否准确——能否被数据证实或是证伪。

5. 发展新的理论论断

通过建立不含矛盾组态的真值表，研究者能够得到一个简化的表达（称为"最小公式"）。研究者可以通过"与案例对话"来发展新的理论论断。通过这种方式，QCA 技术能够以更基础性的方式在研究中得到运用。

## 11.2 案例和变量选择

### 11.2.1 案例选择

1. 结果和同质性区域

在针对一个同质性区域进行调查之前，首先必须定义一个"调查范围"以确定案例选择的界限。所选择的案例必须具有足够的相似性，在特定的维度上具有可比性。因此 QCA 中的结果首先必须是有研究意义的，案例在调查时选择的案例必然存在一个明确或隐含的假设，即所选择的案例事实上存在某种程度的相似性，因而能够进行比较。换而言之，就是案例间必须共有足够的背景或者特征。在小规模和中等规模的比较研究分析中选择案例时，首先需要考虑的是案例结果。

案例选择的第二个考虑因素主要是选择案例的多样化程度，核心标准就是在最少数量的案例中实现最大程度的案例间异质性。通常，在案例选择中应同时包含具有"负面"和"正面"结果的案例。

2. 案例选择的进一步指南

QCA 方法的案例选择过程类似于统计学研究中的变量选择和模型设定，需要试验和迭代。因此在小样本、中等样本研究情况下，案例选择不能简单地采用机械程序，如随机抽样，即使考虑了以下两个一般标准：案例总体的充分同质性和案例总体内的最大异质性，每个案例的纳入也都应该有理论基础的支持。因此，拟分析的案例数量往往不能预先设定，当研究过程出现新的假设时，新的案例可能会被添加或剔除。

当然，案例选择的过程通常需要满足特定学科的约束条件。在某些学科中，如政治学，宏观层面的分析单元（如国家及其政治系统、城市、政策）大多是在制度上"给定"的。这些分析单元可以选择，也可以不选择纳入研究。在其他学科中，如社会人类学，某些族群或较小的分析单元（如氏族）可以被认为是非常相关的，但其社会边界具有流动性，精确描述纳入研究的案例总体则更加困难。同样，在社会学中取决于研究问题，分析单元诸如家庭、学校班级及利益群体等是可以考虑的，相关案例总体可能会带来一些问题，因此必须对特定的选择做出明确阐述。

此外，对案例种类和数量的选择也需要考虑研究的实际情况。例如研究者对案例的熟悉程度、研究者的语言技能、数据的可获得性，以及与其他案例研究专家合作的可能性。研究者需要掌握足够的"案例知识"，才能进行下一步的 QCA 操作。

### 11.2.2 条件的选择

同样地，条件的选择也必须遵循相关理论的标准。在理想情况下，研究者应该尽量将研究主题缩小到少数核心理论上，但实际操作中，能够对研究者感兴趣的结果进行解释的竞争性理论的数量很大。因此在条件选择过程中，关键问题是条件数量和案例数量的比率。案例选择数一般要大于 2 的 $k-1$（$k$ 表示条件的数量）次方即可。当然这是可进行 QCA 分析案例数量的最小值。实际情况中，如果限定背景后仍有 40 个案例，那么不能只选满足最小值数量的案例，而应该全部纳入。

在小样本和中等样本研究设计中的条件选择，一般要遵循以下原则。① 不要将不同案例间不变的条件纳入研究，即变量必须是变化的，否则它将是一个常数。② 保持条件数量相对较少。条件数量太多会导致案例的"个体化"，不利于获得能够对跨案例进行规律性、综合性解释的结果。③ 案例数量和条件数量之间必须达到良好的平衡。理想的平衡状态没有绝对的数值范围，大多数情况下是通过反复试错得出的。在中等样本的分析（如 10~40 个案例）中，通常是选择 4~6 或 4~7 个解释条件。④ 针对每个条件形成一个明确假设。如果可能，用必要性和/或充分性的陈述形式来提出相关假设。

## 11.3 清晰集定性比较分析法（csQCA）

csQCA 是在 20 世纪 80 年代后期由 Charles Ragin 和程序员 Kriss Drass 基于布尔算法开发的第一种 QCA 技术。到目前为止，csQCA 是最广泛使用的 QCA 技术。

### 11.3.1 csQCA 的基础：布尔代数

1. 布尔代数简介

19 世纪，英国数学家和逻辑学家布尔第一个提出具有两个可能值的变量（如"真"或"假"的命题），进而开发出适用的代数。而后莱布尼茨使我们可以"用一种真正的符号计算替代语言推理"。布尔代数（Boolean Algebra）是基于二进制语言的一套逻辑计算体系，一直是电子电路、计算机科学和计算机工程的研究基础，并已被引至许许多多的应用中。它可以帮助我们得出导致某一特定结果的原因组合或符合因果关系的陈述。

2. 布尔代数的主要约定和操作

csQCA 的核心是被称为布尔最小化的关键运算，它可以通过使用非常基本的语言，构造出一个非常长且精致的表达式及复杂的运算集。布尔最小化是将一个长且复杂的表达式"约简"成一个更短、更简洁的表达式，可以总结为：如果两个布尔表达式仅在一个因果关系条件下不同但产生了相同的结果，那么可以认为区分这两个表达式的因果条件是不相关的，因而可以去掉这个条件，以创建更简约的组合表达。

（1）布尔代数的主要约定有：

（ⅰ）大写字母表示给定二进制变量的值为［1］。因此［A］被解释为："变量 A 是大、存在、高……"。

（ⅱ）小写字母表示给定二进制变量的值为［0］。因此［a］被解释为："变量 A 是小、不存在、低……"。

（ⅲ）［—］表示给定二进制变量的"无关"值，意味着他们可以存在［1］或不存在［0］，也可能是我们不知道的值（如因为它是不相关的或数据丢失）。它不是［1］和［0］之间的中间值。

（2）布尔代数的基本运算符：

（ⅰ）逻辑的"且"，由［*］符号表示。它也可以表示为一个不存在的空格，如［A*B］也可以写成［AB］。

（ⅱ）逻辑的"或"，由［+］符号表示。

（ⅲ）逻辑的"非"，由［~］符号或小写字母表示。

（3）条件与结果之间的联系：

箭头符号［→］或［=］用于表示这一组条件与我们试图"解释"的结果之间（通常因果关系）的链接。

示例：~A+B*C→E 表示"B 与 C 的同时出现或 A 的不出现均能导致结果 E 的发生"。

（4）布尔最小化示例：

最小化：A+~A 可以相互抵消。

因式分解：A*B+A*C=A*（B+C）。

排除冗余：D＝A＊C+B＊~C+A＊B＝A＊C+B＊~C。

### 11.3.2 清晰集定性比较分析研究步骤

*1. 构建二分数据表*

在构建相关数据表的阶段，其前导工作必须是已经过深思熟虑的比较研究设计，特别是经过了严格的案例和变量选择。这一阶段，对于每个案例，研究人员应该已经获得足够多的实质性知识及分析中所包含的最相关变量（特别是条件）的理论知识。

以欧洲民主制度在战争期间的生存或衰减为例，为什么一些民主制度生存下来，而其他民主制度却衰减了？在 QCA 术语中，我们将试图解释的变量称为结果。在这个例子中，如表 11-1 所示，我们有 18 个案例（每个案例占一行），其中结果变量（SURVIVAL）已经做了二分处理，结果值［0］代表"民主衰减"（10 例），结果值［1］代表"民主生存"（其他 8 例）。

关于民主社会经济前提条件的最具影响力的研究是 S. M. Lipset 的《政治人》（1960）。特别是"经济发展与民主"一章，Lipset 提出了一般假设：一个国家越是美好，它将维持民主的机会越大。Lipset 分别讨论了财富、工业化、教育和城市化 4 个主要维度。在 QCA 术语中假定"解释"结果的 4 个变量被称为条件，他们是连续（间隔层次）变量。我们选择 4 个变量的一个主要指标，并提供所考虑的 18 个案例（国家）的每一个指标的数据。特别地，为了在 csQCA 中使用，必须根据相关阈值二分那些原始条件，在二分条件中最好使用经验（基于案例）和理论知识。

表 11-1 Lipset 的指标和原始数据（4 个条件）

| CASEID | GNPCAP | URBANIZA | LITERACY | INDLAB | SURVIVAL |
|--------|--------|----------|----------|--------|----------|
| AUS    | 720    | 33.4     | 98       | 33.4   | 0        |
| BEL    | 1 098  | 60.5     | 94.4     | 48.9   | 1        |
| CZE    | 586    | 69       | 95.9     | 37.4   | 1        |
| EST    | 468    | 28.5     | 95       | 14     | 0        |
| FIN    | 590    | 22       | 99.1     | 22     | 1        |

续表

| CASEID | GNPCAP | URBANIZA | LITERACY | INDLAB | SURVIVAL |
|---|---|---|---|---|---|
| FRA | 983 | 21.2 | 96.2 | 34.8 | 1 |
| GER | 795 | 56.5 | 98 | 40.4 | 0 |
| GRE | 390 | 31.1 | 59.2 | 28.1 | 0 |
| HUN | 424 | 36.3 | 85 | 21.6 | 0 |
| IRE | 662 | 25 | 95 | 14.5 | 1 |
| ITA | 517 | 31.4 | 72.1 | 29.6 | 0 |
| NET | 1 008 | 78.8 | 99.9 | 39.3 | 1 |
| POL | 350 | 37 | 76.9 | 11.2 | 0 |
| POR | 320 | 15.3 | 38 | 23.1 | 0 |
| ROM | 331 | 21.9 | 61.8 | 12.2 | 0 |
| SPA | 367 | 43 | 55.6 | 25.5 | 0 |
| SWE | 897 | 34 | 99.9 | 32.3 | 1 |
| UK | 1 038 | 74 | 99.9 | 49.9 | 1 |

注：条件标签（本章节出现的"条件标签"同下列内容）。
CASEID 表示案例识别（国名）缩写：AUS 奥地利、BEL 比利时、CZE 捷克斯洛伐克、EST 爱沙尼亚、FIN 芬兰、FRA 法国、GER 德国、GRE 希腊、HUN 匈牙利、IRE 爱尔兰、ITA 意大利、NET 荷兰、POL 波兰、POR 葡萄牙、ROM 罗马尼亚、SPA 西班牙、SWE 瑞典、UK 英国；
GNPCAP 表示人均国民生产总值（约1930 年）；
URBANIZA 表示城市化（居民人口数量在 20 000 以上的城镇）；
LITERACY 表示识字率；
INDLAB 表示工业劳动力（包括采矿）。
资料来源：Berg-Schlosser & Mitchell, 2000, 2003。

在这个例子中，我们选择将二分阈值设置如下：

［GNPCAP］——人均国民生产总值（约 1930 年）：如果低于 600 美元，为 0；否则为 1。

［URBANIZA］——城市化（居民人口数量在 20 000 以上的城镇）：如果低于 50，为 0；否则为 1。

［LITERACY］——识字率：如果低于 75%，为 0；否则为 1。

［INDLAB］——工业劳动力（包括采矿）：如果活跃人口低于

30%，为 0；否则为 1。

因此，我们获得了一个二分数据表，如表 11-2 所示。可以很直观看到，一些案例非常清楚地证实了 Lipset 的理论。

表 11-2　Lipset 的指标、二分数据（4 个条件）

| CASEID | GNPCAP | URBANIZA | LITERACY | INDLAB | SURVIVAL |
| --- | --- | --- | --- | --- | --- |
| AUS | 1 | 0 | 1 | 1 | 0 |
| BEL | 1 | 1 | 1 | 1 | 1 |
| CZE | 0 | 1 | 1 | 1 | 1 |
| EST | 0 | 0 | 1 | 0 | 0 |
| FIN | 0 | 0 | 1 | 0 | 1 |
| FRA | 1 | 0 | 1 | 1 | 1 |
| GER | 1 | 1 | 1 | 1 | 0 |
| GRE | 0 | 0 | 0 | 0 | 0 |
| HUN | 0 | 0 | 1 | 0 | 0 |
| IRE | 1 | 0 | 1 | 0 | 1 |
| ITA | 0 | 0 | 0 | 0 | 0 |
| NET | 1 | 1 | 1 | 1 | 1 |
| POL | 0 | 0 | 1 | 0 | 0 |
| POR | 0 | 0 | 0 | 0 | 0 |
| ROM | 0 | 0 | 0 | 0 | 0 |
| SPA | 0 | 0 | 0 | 0 | 0 |
| SWE | 1 | 0 | 1 | 1 | 1 |
| UK | 1 | 1 | 1 | 1 | 1 |

例如，在表 11-2 中，比利时（BEL，第 2 行）是一个"完美的幸存者案例"，证实了 Lipset 的理论，即 4 个值为［1］的条件导致结果［SURVIVAL］的值为［1］。相反，葡萄牙（POR，第 14 行）是一个"完美分解的案例"，证实了 Lipset 的理论，即 4 个值为［0］导致结果［SURVIVAL］的值为［0］。然而，实际存在其他更多复杂的情况。

## 2. 构造"真值表"

首先，我们需要恰当的 csQCA 对应于原始数据表的首次"合成"，其结果称为真值表，是一个组态表，是与给定结果相关的给定条件组合，存在以下 5 种类型的组态：① 具有 [1] 结果的组态，称为"1 组态"；② 具有 [0] 结果的组态，称为"0 组态"；③ 具有 "−"（"无关"）结果的组态，也称"无关组态"；④ 具有 [C]（"矛盾"）结果的组态，被称为矛盾组态，此类组态中存在一部分观察到的案例结果为"0"，而其他观察到的案例结果为"1"；⑤ 具有 "L" 或 "R"（"逻辑余项"）结果的组态，是指在经验案例中没有观察到的但逻辑上可能存在的条件组合。

表 11-3 为表 11-2 中二分数据的真值表。

表 11-3  布尔组态的真值表

| CASEID | GNPCAP | URBANIZA | LITERACY | INDLAB | SURVIVAL |
|---|---|---|---|---|---|
| SWE,FRA,AUS | 1 | 0 | 1 | 1 | C |
| FIN,HUN,POL,EST | 0 | 0 | 1 | 0 | C |
| BEL,NET,UK,GER | 1 | 1 | 1 | 1 | C |
| CZE | 0 | 1 | 1 | 1 | 1 |
| ITA,ROM,POR,SPA,GRE | 0 | 0 | 0 | 0 | 0 |
| IRE | 1 | 0 | 1 | 0 | 1 |

该真值表（表 11-3）显示了 18 个被观察案例对应的组态。将其转换成 6 个组态，我们可以发现：① 两种不同组态的结果为 [1]，分别对应捷克斯洛伐克和爱尔兰；② 一种组态结果为 [0]，分别对应 5 个案例（意大利、罗马尼亚、葡萄牙、西班牙和希腊），完全符合 Lipset 的理论；③ 特别地，还存在三组矛盾组态（表 3 前三行），在 18 个案例中，有 11 个被观察案例与之对应，也就是说 Lipset 的理论在现研究阶段不能解释这 11 例。

对于表 11-3 的数据，我们同样可以通过维恩图进行可视化（图 11-1）。

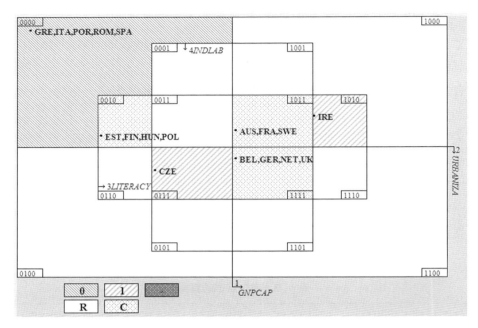

图 11-1　表 11-3（4 个条件）对应的维恩图

注：维恩图由"visualizer"工具 TOSMANA1.6.0.0 软件生成。

这个维恩图（图 11-1）有 16 个基本区域（组态），也就是 $2^4$ 个区域，其分析与表 11-3 分析结果完全一致。但 QCA 是一种面向案例的方法，纯粹从数字角度得出理论适用于 18 个案例中的 7 个，不是正确之法。我们需要考察三个案例的内在特征，解决矛盾组态。

3. 解决矛盾组态

在 csQCA 过程中检测到矛盾组态是完全正常的，这并不意味研究失败。恰恰相反，矛盾告诉我们关于正在学习的案例的一些事。研究者可以通过"与案例对话"，被迫再次考虑他的理论观点，最终获得更一致的数据。

要解决矛盾组态一般有 8 个策略。在现实研究中，我们可从 8 个方案中进行选择：① 添加一些条件到模型中；② 从模型中删除一个或多个条件，用（其他）条件替换它；③ 重新审视模型所含的各种条件的操作方式；④ 重新考虑结果变量本身；⑤ 以更定性和"厚实"的方式审查每个具体矛盾组态中所涉及的案例；⑥ 重新考虑是否所有案例都是同一总体的一部分；⑦ 将所有相互矛盾的组态重新编码，使得结果值为[0]；⑧ 使用频率标准来"定向"结果。

以上所有策略都必须在经验基础和/或理论基础上被证明是合理的。如果以上策略或其组合中没有一个能够解决矛盾组态，则必须将一些案例从关键最小化过程中移除。在这种情况下，有 4 种方式可考虑：① 依然选择并继续使用 csQCA，即使仍有一个或多个矛盾组态；② 考虑使用 mvQCA 或 fsQCA，它们能够处理更加细粒的数据；③ 考虑转向其他定量或定性技术；④ 如果使用 csQCA 进行理论测试，就可以止步于此。

在"民主生存/衰减"案例中，我们选择在原模型中添加第五个条件：对于"民主衰减"的案例，在已经不太有利的社会经济背景下，政府的不稳定进一步削弱了政治制度的强度、机构解决问题的能力和民主机构的信誉。对于"民主幸存"则完全相反。因此在 Lipset 理论的四个社会经济条件中增加"政治制度"条件，这第五个条件是政府稳定（GOVSTAB），阈值设置如下：在调查期间，如果存在 10 个内阁或者更多，则得分为 [0]（低稳定性）；如果同一时期少于 10 个内阁统治，则评分为 [1]（高稳定性）。由此得到新的原始数据表（表 11-4）和二分数据表（表 11-5），然后，产生一个新的真值表（表 11-6）。

表 11-4　Lipset 的指标、原始数据及增加的第五个条件

| CASEID | GNPCAP | URBANIZA | LITERACY | INDLAB | GOVSTAB | SURVIVAL |
|---|---|---|---|---|---|---|
| AUS | 720 | 33.4 | 98 | 33.4 | 10 | 0 |
| BEL | 1 098 | 60.5 | 94.4 | 48.9 | 4 | 1 |
| CZE | 586 | 69 | 95.9 | 37.4 | 6 | 1 |
| EST | 468 | 28.5 | 95 | 14 | 6 | 0 |
| FIN | 590 | 22 | 99.1 | 22 | 9 | 1 |
| FRA | 983 | 21.2 | 96.2 | 34.8 | 5 | 1 |
| GER | 795 | 56.5 | 98 | 40.4 | 11 | 0 |
| GRE | 390 | 31.1 | 59.2 | 28.1 | 10 | 0 |
| HUN | 424 | 36.3 | 85 | 21.6 | 13 | 0 |
| IRE | 662 | 25 | 95 | 14.5 | 5 | 1 |

续表

| CASEID | GNPCAP | URBANIZA | LITERACY | INDLAB | GOVSTAB | SURVIVAL |
|---|---|---|---|---|---|---|
| ITA | 517 | 31.4 | 72.1 | 29.6 | 9 | 0 |
| NET | 1 008 | 78.8 | 99.9 | 39.3 | 2 | 1 |
| POL | 350 | 37 | 76.9 | 11.2 | 21 | 0 |
| POR | 320 | 15.3 | 38 | 23.1 | 19 | 0 |
| ROM | 331 | 21.9 | 61.8 | 12.2 | 7 | 0 |
| SPA | 367 | 43 | 55.6 | 25.5 | 12 | 0 |
| SWE | 897 | 34 | 99.9 | 32.3 | 6 | 1 |
| UK | 1 038 | 74 | 99.9 | 49.9 | 4 | 1 |

注：条件标签、资料来源同表11-1，加上第五个条件GOVSTAB——政府稳定性。

表11-5 Lipset的指标、二分数据及增加的第五个条件

| CASEID | GNPCAP | URBANIZA | LITERACY | INDLAB | GOVSTAB | SURVIVAL |
|---|---|---|---|---|---|---|
| AUS | 1 | 0 | 1 | 1 | 0 | 0 |
| BEL | 1 | 1 | 1 | 1 | 1 | 1 |
| CZE | 0 | 1 | 1 | 1 | 1 | 1 |
| EST | 0 | 0 | 1 | 0 | 1 | 0 |
| FIN | 0 | 0 | 1 | 0 | 1 | 1 |
| FRA | 1 | 0 | 1 | 1 | 1 | 1 |
| GER | 1 | 1 | 1 | 1 | 0 | 0 |
| GRE | 0 | 0 | 0 | 0 | 0 | 0 |
| HUN | 0 | 0 | 1 | 0 | 0 | 0 |
| IRE | 1 | 0 | 1 | 0 | 1 | 1 |
| ITA | 0 | 0 | 0 | 0 | 1 | 0 |
| NET | 1 | 1 | 1 | 1 | 1 | 1 |
| POL | 0 | 0 | 1 | 0 | 0 | 0 |
| POR | 0 | 0 | 0 | 0 | 0 | 0 |
| ROM | 0 | 0 | 0 | 0 | 1 | 0 |
| SPA | 0 | 0 | 0 | 0 | 0 | 0 |
| SWE | 1 | 0 | 1 | 1 | 1 | 1 |
| UK | 1 | 1 | 1 | 1 | 1 | 1 |

表 11-6 比表 11-3 内容更为丰富，条件组态数从 6 增加为 10。事实上我们增加了整个案例的多样性。通过添加一个条件，就可以解决大部分只考虑 4 种条件时所形成的矛盾组态。

表 11-6 布尔组态的真值表（4+1 个条件）

| CASEID | GNPCAP | URBANIZA | LITERACY | INDLAB | GOVSTAB | SURVIVAL |
|---|---|---|---|---|---|---|
| AUS | 1 | 0 | 1 | 1 | 0 | 0 |
| BEL, NET, UK | 1 | 1 | 1 | 1 | 1 | 1 |
| CZE | 0 | 1 | 1 | 1 | 1 | 1 |
| EST, FIN | 0 | 0 | 1 | 0 | 1 | C |
| FRA, SWE | 1 | 0 | 1 | 1 | 1 | 1 |
| GER | 1 | 1 | 1 | 1 | 0 | 0 |
| GRE, POR, SPA | 0 | 0 | 0 | 0 | 0 | 0 |
| HUN, POL | 0 | 0 | 1 | 0 | 0 | 0 |
| IRE | 1 | 0 | 1 | 0 | 1 | 1 |
| ITA, ROM | 0 | 0 | 0 | 0 | 1 | 0 |

虽然通过添加一个新的条件，大多数矛盾组态都被解决了，但是仍然存在一个矛盾组态，包含爱沙尼亚和芬兰两个案例。即使增加了第五个条件，这两个案例在所有条件下仍然具有相同的值，即爱沙尼亚民主衰减，芬兰民主幸存。在这种情况下，我们考虑之前解决矛盾组态的 8 种策略，结合实际情况，选择重新审查模型中所包含的各个条件是如何操作的，特别侧重爱沙尼亚和芬兰两个案例。我们发现将 GNPCAP 条件的阈值从 600 美元移动到 550 美元，便能够区分芬兰（590 美元）和爱沙尼亚（468 美元），与此同时，捷克斯洛伐克的得分（586 美元）从［0］变为［1］，这样我们便能够获得无矛盾的真值表（表 11-7 和表 11-8）。

表 11-7 Lipset 的指标、微分数据及增加的第五个条件（GNPCAP 重新编码）

| CASEID | GNPCAP | URBANIZA | LITERACY | INDLAB | GOVSTAB | SURVIVAL |
|---|---|---|---|---|---|---|
| AUS | 1 | 0 | 1 | 1 | 0 | 0 |
| BEL | 1 | 1 | 1 | 1 | 1 | 1 |
| CZE | 1 | 1 | 1 | 1 | 1 | 1 |
| EST | 0 | 0 | 1 | 0 | 1 | 0 |
| FIN | 1 | 0 | 1 | 0 | 1 | 1 |
| FRA | 1 | 0 | 1 | 1 | 1 | 1 |
| GER | 1 | 1 | 1 | 1 | 0 | 0 |
| GRE | 0 | 0 | 0 | 0 | 0 | 0 |
| HUN | 0 | 0 | 1 | 0 | 0 | 0 |
| IRE | 1 | 0 | 1 | 0 | 1 | 1 |
| ITA | 0 | 0 | 0 | 0 | 1 | 0 |
| NET | 1 | 1 | 1 | 1 | 1 | 1 |
| POL | 0 | 0 | 1 | 0 | 0 | 0 |
| POR | 0 | 0 | 0 | 0 | 0 | 0 |
| ROM | 0 | 0 | 0 | 0 | 1 | 0 |
| SPA | 0 | 0 | 0 | 0 | 0 | 0 |
| SWE | 1 | 0 | 1 | 1 | 1 | 1 |
| UK | 1 | 1 | 1 | 1 | 1 | 1 |

表 11-8 布尔组态的真值表（4+1 个条件和 GNPCAP 重新编码）

| CASEID | GNPCAP | URBANIZA | LITERACY | INDLAB | GOVSTAB | SURVIVAL |
|---|---|---|---|---|---|---|
| AUS | 1 | 0 | 1 | 1 | 0 | 0 |
| BEL,CZE,NET,UK | 1 | 1 | 1 | 1 | 1 | 1 |
| EST | 0 | 0 | 1 | 0 | 1 | 0 |
| FRA,SWE | 1 | 0 | 1 | 1 | 1 | 1 |
| GER | 1 | 1 | 1 | 1 | 0 | 0 |
| GRE,POR,SPA | 0 | 0 | 0 | 0 | 0 | 0 |
| HUN,POL | 0 | 0 | 1 | 0 | 0 | 0 |
| FIN,IRE | 1 | 0 | 1 | 0 | 1 | 1 |
| ITA,ROM | 0 | 0 | 0 | 0 | 1 | 0 |

通过维恩图（图 11-2）可以更加直观地理解表 11-8。对比之前四维

的维恩图（图11-1），这个五维维恩图更加复杂。这提醒我们：模型包括的条件越多，所观察到的经验多样性越受限制。

| ISW | SGS | TPE | FNPD | TIME | number | BE | raw consist. | PRI consist. | SYM consist |
|---|---|---|---|---|---|---|---|---|---|
| 1 | 1 | 1 | 1 | 1 | 6 | 1 | 1 | 1 | 1 |
| 1 | 0 | 1 | 0 | 1 | 2 | 1 | 1 | 1 | 1 |
| 1 | 0 | 0 | 1 | 1 | 1 | 1 | 1 | 1 | 1 |
| 1 | 0 | 0 | 0 | 1 | 1 | 1 | 1 | 1 | 1 |
| 1 | 1 | 1 | 1 | 1 | 1 | 0 | 0 | 0 | 0 |
| 0 | 1 | 1 | 1 | 1 | 1 | 1 | 0 | 0 | 0 |
| 0 | 1 | 1 | 1 | 1 | 1 | 0 | 0 | 0 | 0 |
| 0 | 0 | 1 | 1 | 1 | 1 | 0 | 0 | 0 | 0 |
| 0 | 0 | 1 | 1 | 1 | 1 | 0 | 0 | 0 | 0 |

图11-2　维恩图（4+1个条件和GNPCAP重新编码）

注：维恩图由"visualizer"工具TOSMANA1.6.0.0软件生成。

4. 布尔最小化

对于csQCA的这个关键操作，软件显示了其九种组态的真值表（表11-8）：具有[1]结果的3种组态（对应8个案例）和具有[0]结果的6种组态（对应于10个案例）。通过查看表11-8，发现每种组态都可对应一个或多个经验案例（或者没有案例对应——"逻辑余项"组态）。在本部分分别考虑[1]组态和[0]组态，使用布尔最小化算法软件最小化这些组态。

（1）最小化[1]组态（没有"逻辑余项"）。

我们要求软件最小化[1]组态，而不包括一些未观察到的案例。可得到以下最小公式：

$$GNPCAP * LITERACY * + GNPCAP * urbaniza * \rightarrow SURVIVAL \tag{11-3-1}$$

INDLAB * GOVSTAB　　　LITERACY * GOVATAB

(BEL,CZE,NET,UK,+(FIN,IRE+FRA,SWE)

FRA,SWE)

它被称为"描述性"公式,因为它不会超过所观察的经验案例。这个公式由两项组成,其中每项都是与结果值为1相关联的条件组合。遵循布尔符号,它可以被读成"结果为1(民主生存)被观察到"。

● 高人均国民生产总值［GNPCAP］AND 高识字率［LITERACY］AND 高比例的工业劳动力［INDLAB］AND 高政府稳定性［GOVSTAB］组合的国家。

● 高人均国民生产总值［GNPCAP］AND 低城市化［URBANIZA］AND 高识字率［LITERACY］AND 高政府稳定性［GOVSTAB］组合的国家。

最小公式的第一项对应 6 个国家，第二项对应 4 个国家。但这个描述性的最小公式仍然相当复杂，因为每项仍然包括模型的 5 个条件中的 4 个，只实现了小量的简约。可以注意到的是，公式的两项共享了 ［GNPCAP * LITERACY * GOVSTAB］条件组合。因此我们可以手动修改最小公式，使得该组合更加可视化：

$$\text{GNPCAP} * \text{LITERACY} * \text{GOVSTAB} * \begin{matrix} \text{INDLAB} \\ \\ \text{URBANIZA} \end{matrix} \rightarrow \text{SURVIVAL} \quad (11\text{-}3\text{-}2)$$

这个改写的公式清楚表明了所有"幸存"案例（该式的左边）是共同的，研究者可以对其进行解释。同时还显示出了对于两组案例（该式的右边）两个不同"路径"中每一个案例的具体情况。

（2）最小化［0］组态（没有"逻辑余项"）。

与最小化［1］组态过程完全相同，最小化［0］组态不包括一些未观察到的案例，可以得到以下最小公式：

$$\text{GNPCAP} * \text{URBANIZA} * \text{INDLAB} + \text{GNPCAP} * \text{LITERACY} * \text{INDLAB} * \text{GOVSTAB} \rightarrow \text{SURVIVAL} \quad (11\text{-}3\text{-}3)$$

(EST+GRE,POR,SPA    + (AUS+GER)
HUN,POL+ITA,ROM)

这一公式也是相当复杂的，拟采取跟最小化［1］组态同样的过程寻找两项的共同点，但两项并没有共同点，不能以"简写"的方式改写。第一个组合对应许多案例：爱沙尼亚，希腊，葡萄牙和西班牙，匈牙利和波兰，意大利和罗马尼亚。这 8 个衰减的例子是［GNPCAP * URBANIZA * INDLAB］路径组合。第二个组合针对奥地利和德国。

5. 纳入"逻辑余项"

式（11-3-1）、（11-3-2）、（11-3-3）的问题是它们仍然相当复杂，很少能够实现简约。为了更多地实现简约，允许软件纳入被称为"逻辑余项"的非观察案例是必要的。为什么包含"逻辑余项"会产生更简约的最小公式？这可以从维恩图和8个具体案例直观地解释：所有那些结果为[0]的案例，也恰好位于维恩图的左侧（爱沙尼亚，希腊，葡萄牙和西班牙，匈牙利和波兰，意大利和罗马尼亚）。需要注意的是，布尔表达式越简单（越短），它覆盖的组态数量就越多。遵循这个逻辑，"逻辑余项"的有用性是相当直接的：为了以更简单的方式表达这8个案例，可以将他们表示为足够宽区域的一部分，也包括一些逻辑余项。因此，软件选择一些"逻辑余项"（只对那些获得较短的最小公式有用），将它们添加到所观察的案例集合中，并且对这些"逻辑余项"进行"简化假设"。于是，这在最小公式中产生了一个更简单的项。

(1) [1] 结果的最小化（使用"逻辑余项"）。

再次运行最小化过程，这次允许软件包括一些"逻辑余项"，我们获得以下最小公式：

$$GNPCAP * GOVSTAB \rightarrow SURVIVAL \quad (11\text{-}3\text{-}4)$$
$$(BEL, CZE, NET, UK+FIN, IRE+FRA, AWE)$$

它读作：对于所有这些国家，高人均国内生产总值，加上政府的稳定，导致了战争期间民主幸存。将此公式与式(11-3-1)进行比较，我们可以看到，已经实现了一个更简约的解。我们可以从软件中获得这些简化假设的列表，并将其列在分析表格中。在这种情况下，使用其中的5个：

1 /GNPCAP{1}URBANIZA{0}LITERACY{0}INDLAB{0}GOVSTAB{1}
2 /GNPCAP{1}URBANIZA{0}LITERACY{0}INDLAB{1}GOVSTAB{1}
3 /GNPCAP{1}URBANIZA{1}LITERACY{0}INDLAB{0}GOVSTAB{1}
4 /GNPCAP{1}URBANIZA{1}LITERACY{0}INDLAB{1}GOVSTAB{1}
5 /GNPCAP{1}URBANIZA{1}LITERACY{1}INDLAB{0}GOVSTAB{1}

这些简化的假设可以用维恩图（TOSMANA 软件）可视化，在图 11-3 中最小公式（"解"）由水平带表示。该区域对应于观察到的案例显示结果为[1]的3种组态及5个"逻辑余项"组态。

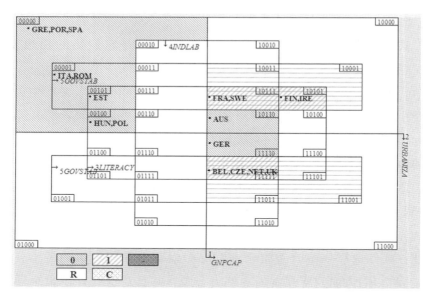

图 11-3 维恩图:结果为[1]的解(使用"逻辑余项")

注:维恩图由"visualizer"工具 TOSMANA1.6.0.0软件生成。

(2)[0]结果的最小化(使用"逻辑余项")。

同样,我们得到如下最小公式

$$\text{gnpcap} + \text{govstab} \rightarrow \text{survival} \quad (11\text{-}3\text{-}5)$$
(EST+GRE,POR,SPA+HUN,POL+ITA,ROM) + (AUS+GER+GRE,POR,SPA+HUN,POL)

读作:

● 8个国家(爱沙尼亚……罗马尼亚),低人均国民生产总值"解释"民主在战争期间的衰减。

● 7个国家(奥地利……波兰),政府不稳定"解释"民主在战争期间的衰减。

因此,存在两个替代路径朝向结果[0]。其中对于希腊、葡萄牙和西班牙,匈牙利和波兰,两个路径都有效。将此公式与式(11-3-2)进行比较,我们发现,由于软件对某些"逻辑余项"进行了"简化假设",因此我们已经获得了甚至比式(11-3-4)更简化的结果。同样,可以通过维恩图来显示(图11-4),与图11-3的惯例相同。

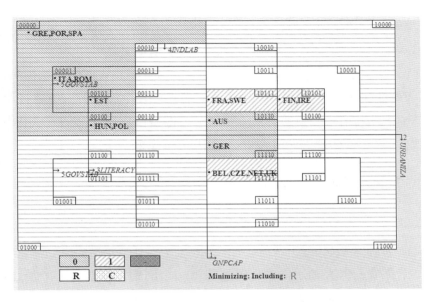

图 11-4 维恩图:结果为[0]的解(使用"逻辑余项")

注:维恩图由"visualizer"工具 TOSMANA1.6.0.0软件生成。

对比图 11-3 和图 11-4,[0]结果(包括 18 个"逻辑余项")的最小公式和[1]结果(包括 5 个"逻辑余项")的最小公式是彼此完美的逻辑互补。这可以证明,软件已经耗尽所有可用的"逻辑余项"的"空白空间",以便产生可能的最简约的最小公式。

这一阶段需要注意的是评估最小公式的覆盖度,即最小公式"覆盖"所观察案例的对应项(或"路径")。这是模型"合适度"的第二个度量,前一阶段的度量是一致的。技术上应该为[1]和[0]结果值做出三种测量。例如,对于[1]结果值:① 原始覆盖度(raw coverage)——给定项覆盖[1]结果案例的比例;② 唯一覆盖度(unique coverage)——[1]结果案例被给定项唯一覆盖的比例(没有项覆盖这些案例);③ 解的覆盖度(solution coverage)——所有项覆盖这些案例的比例。

6. 解释

QCA 技术是一种形式数据分析技术,更重要的是,它是"面向案例"的技术。csQCA(形式,计算机运行的部分)及其他 QCA 技术,其本身不是目的。在中小样本数据研究设计中,它增强了我们案例比较知识的能力。这意味着研究者在程序的最后一步也是关键的一步中,重点要放在理论或案例上,或者将两者都作为重点,这取决于研究目标。

需要注意的是,在 QCA 方法中,除非个别条件能够被清楚地指出(例如,该条件明显是必要条件或接近充分且必要条件),否则 csQCA 不要解释单个条件和结果之间的关系。在这个关键阶段需要注意的是获得一些"组合知识",这些规则的解释也适用于 mvQCA 和 fsQCA。

## 11.4 多值集定性比较分析法(mvQCA)

### 11.4.1 mvQCA 与 csQCA

1. 为什么使用 mvQCA?

在介绍 csQCA 的示例中,遇到的第一个问题是存在许多矛盾组态,为了解决这一问题,我们纳入了与政府稳定相关的第五个条件,但加入这一条件存在一些不太令人满意的问题。例如,该条件超越了 Lipset 理论范围,同时为了获得足够简约的最小公式,我们还纳入了大量的"逻辑余项",其可信性遭到了质疑,但当我们不纳入"逻辑余项"时,"描述性"公式最小化又不够简约。

多值集定性比较分析法(mvQCA)是对 csQCA 的扩展,它保留了 csQCA 的主要原则,即执行综合的数据集,让具有相同结果值的案例被一个简约解(最小公式)"覆盖"。两者关键的区别在于,csQCA 仅允许二分变量,然而 mvQCA 还允许多值变量,同时可以将 csQCA 的二分变量看作一个只有两个可能值的多值变量。因此,使用 csQCA 分析的数据集也可以使用 mvQCA 进行处理。在 mvQCA 中,不仅可以使用多值类别来对定序或定距数据进行精细编码,而且可以更好地表示多分类定类尺度的条件,如区域(非洲、拉丁美洲、欧洲等)、婚姻状况(单身、已婚、离异等)。

从技术上讲,可以将多值变量编码为多个二进制量,即多个"虚拟"变量,然后就可以使用标准的 csQCA 技术来处理了。以交通灯(红灯、黄灯和绿灯)为例,用 $P_{Light}$ = {red, yellow, green} 表示多值变量 Light,并将其转换为 3 个二进制虚拟变量 {red, yellow, green},

结果如表11-9所示。

**表11-9 三值交通灯的二分编码**

| MV Value | Red | Yellow | Green |
| --- | --- | --- | --- |
| Red | 1 | 0 | 0 |
| Yellow | 0 | 1 | 0 |
| Green | 0 | 0 | 1 |

在现实中，诸如Red=1和Green=1的组合在常规交通灯的使用中永远不会发生，但当csQCA纳入"逻辑余项"时，该组合仍然会出现在真值表中，这意味着将创建大量未观察到的组态及其他条件的组合，导致最小化算法产生许多不必要的迭代。与此同时，使用这样的虚拟变量后，模型中的条件总数将增加。在中小型样本数量研究设计中，需要保持相对较低的条件数量。

这些实际问题和局限推动了mvQCA的发展，它可以被视为csQCA的拓展，并已涵盖在TOSMANA中（Cronqvist 2007a，2007b）。与csQCA相比，它关键的额外特征是允许使用"真实的"（所观察的）多值条件。

2. mvQCA和csQCA之间的差异

作为csQCA的扩展，mvQCA共享了其大部分特征和过程，但两者仍存在区别，主要是：符号和最小规则。

（1）mvQCA中的符号。

由于多值变量具有多于两个的数量，所以不能再使用大小写字母的二分法来表示不同的值。因此，在mvQCA中集合符号用于表示案例的逻辑组态及质蕴含项。每个逻辑组态由一个或多个表达式X{S}组成，其中X是条件，S是X的可能值的集合。二进制条件可以直接从csQCA表示法中转换得出，条件值为{0}的案例（csQCA符号约定用小写字母表示）在多值集合符号表达中被赋予该条件集合[0]值。例如，如果条件[MALE]表示学生的性别，那么在mvQCA中男性学生用MALE{1}表示（在csQCA中为MALE），而女性学生用MALE{0}表示（csQCA中为male）。

mvQCA 中对于条件区域，可以使用具有 3 个值的多分类刻度，如非洲（值 [0]）、拉丁美洲（值 [1]）和欧洲（值 [2]）。在该方案中，法国案例将被表示为 REGION {2}，因为这个条件的欧洲值为 {2}。同样，巴西将被赋值为 REGION {1}，多哥共和国由 REGION {0} 表示。需要注意的是，多值条件的标度必须以值 {0} 为起点，然后 [1]，[2]，[3]，等等。

mvQCA 会压缩逻辑表达式中的条件值，可压缩在质蕴含项的一个括号中，以更易于解释质蕴含项和最小公式。例如 $I$ = REGION {0, 1} 是指：质蕴含项 $I$ 表示对于 REGION 值为 [0] 或 [1] 的所有案例（非洲或拉丁美洲的所有案例）。也可以使用下标符号：REGION {1} 可以写成 $REGION_1$；同样，REGION {0, 1} 可以写成 $REGION_{0,1}$。

如果将定距尺度变量转换为多值条件，该过程类似于 csQCA 中的二分过程，不同在于 mvQCA 可以使用多个阈值，如表 11-10 所示。

表 11-10　划分儿童年龄的多值量表

| 描述 | 年龄范围/岁 | mvQCA 值 |
| --- | --- | --- |
| Baby（婴儿） | 0~1 | 0 |
| Toddler（幼童） | 2~5 | 1 |
| Young child（儿童） | 6~10 | 2 |
| Teenager（少年） | >11 | 3 |

（2）mvQCA 中的最小化。

如同 csQCA，mvQCA 的意图在于通过最小化（合成）一个复杂数据集来提取结果的简化解释。在 csQCA 中，最小化是直接的：如果两个表达式只有一个条件不同，但产生相同的结果，则可以排除此条件，以获得一个组合的、简化的表达式。

多值合成是布尔合成的一般化：只有当包含简化表达式的所有表达式都产生相同的结果时，这些表达式才能被简化的表达式替代。简而言之：如果多个逻辑表达式在某一个条件下不同但产生相同结果，且该条件的所有可能值都包含在这些逻辑表达式中，则这个条件可以被认为是不相关的。以二分条件 A、三值条件 B 和结果 O 的数据集为例，假设这些条件的所有可能的组合存在于真值表中，并且结果 O 存在于具有 $A_1B_0$、$A_1B_1$ 和 $A_1B_2$ 组态的案例中：

$$A_1B_0+A_1B_1+A_1B_2 \to O$$

可以通过多值最小化规则来缩减 A，只有 B 的所有 3 个值都与 A 的相同值组合，并且这 3 个组合全部产生相同的结果，则（$A_1B_0+A_1B_1+A_1B_2$）可以缩减为 $A_1$。即无论 B 具体为何值，结果 O 在所有具有 $A_1$ 的案例中都存在。这意味着条件 B 是多余的，并且这个表达式可以被简化。

（3）在最小化规则中纳入"逻辑余项"。

相较于 csQCA，考虑到多值条件的数据集具有更高的复杂性，其有限多样性问题比 csQCA 更严重。因此为了获得有意义的结果，"逻辑余项"必须纳入更大的数据集。在 csQCA 中，可能的组态数量由特定公式给出。在 mvQCA 中，组态数量由公式 $|K| = \prod_{i=0}^{n} v_i$ 给出，其中 $v_i$ 是条件 $C_i$ 的可能值数量。换句话说，为了获取 mvQCA 数据集中的逻辑组态数，所有条件的可能值的数量必须相乘。因此，如果我们有一个具有 4 个条件的数据集，其中 2 个是二分的，2 个具有 3 个可能性，可能的组态数量是 2×2×3×3＝36 个。

### 11.4.2　mvQCA 决定阈值

如果在 mvQCA 分析中使用定距数据，那么在最小化开始之前，必须将他们转换为定序尺度。与 csQCA 相同，其导出的结果可能取决于所选的阈值，因此应谨慎选择阈值。但需要注意的是，不应操纵阈值以产生一个期望的解。

一般来说，对于如何设置阈值没有固定的规则。与 csQCA 一样，如果可以找到基于经验或基于理论的理由来创建相关子集，那么这就是应使用的规则。mvQCA 允许任意数值的阈值，因此确定要用于每个条件的阈值数量也是重要的。作为经验法则，区分应当像考虑数据中不同意义的群集那样精细，但是子群组也应当尽可能大，以获得尽可能简约的解。在大多应用中，使用三值或四值已经足以克服由二分问题所引起的困难，特别是矛盾组态的产生。

但无论如何，都应当避免人为地分割原始数据中值接近的案例，不应该机械地使用诸如算数平均值或中值的统计测量。这样很容易将值接近的案例放在两个不同的组别中。

## 11.5 模糊集定性比较分析法（fsQCA）

### 11.5.1 模糊集

**1. 模糊集的概念**

csQCA 被开发出来分析清晰集合隶属的组态，表示某一对象或要素属于［1］或不属于［0］研究领域中的某集合。清晰集是案例间完全质性的区分，而模糊集通过允许取 0 和 1 之间的部分隶属分数延伸了清晰集，其背后的基本思想是允许集合分数的刻度化，允许部分隶属。

模糊集隶属分数代表不同案例属于某集合的程度（包括两个定性的状态：完全隶属和完全不隶属）。模糊隶属分数 1 代表"完全隶属于某一集合"；接近 1 的分数代表强隶属，但不是完全隶属；分数小于 0.5 但是大于 0 代表对象"比较不隶属于某集合但是弱隶属于该集合"；隶属分数 0 代表"完全不隶属于某集合"。从这个角度看，模糊集可以被视为一个连续变量。其中 0.5 分数也是定性定位，它指评估案例是否隶属于或不隶属于一个集合时的最大模糊点。

模糊集的校准依赖于使用理论和实际的知识，设定三个定性的转折点："完全隶属"（1）；"完全不隶属"（0）；交叉点（crossover point），交叉点是最大的模糊点，在该点的案例是否属于集合是最模糊的（0.5）。如表 11-11 所示，三值逻辑在 0 与 1 之间增加了第三个值——0.5，指代既非完全隶属也非完全不隶属研究的集合。三值集是最基本的模糊集。

表 11-11 清晰集与模糊集

| 清晰集 | 三值模糊集 | 四值模糊集 | 六值模糊集 | "连续"模糊集 |
| --- | --- | --- | --- | --- |
| 1=完全隶属 | 1=完全隶属 | 1=完全隶属 | 1=完全隶属 | 1=完全隶属 |
| 0=完全不隶属 | 0.5=既非完全隶属，也非完全不隶属 | 0.67=偏隶属 | 0.9=非常隶属 | 偏隶属：$0.5<X_i<1$ |

续表

| 清晰集 | 三值模糊集 | 四值模糊集 | 六值模糊集 | "连续"模糊集 |
|---|---|---|---|---|
| | 0=完全不隶属 | 0.33=偏不隶属 | 0.6=有些隶属 | 0.5=交叉点,既非隶属,也非不隶属 |
| | | 0=完全不隶属 | 0.4=有些不隶属 | 偏不隶属 $0<X_i<0.5$ |
| | | | 0.1=非常不隶属 | |
| | | | 0=完全不隶属 | 0=完全不隶属 |

采用多少数值的模糊集由研究者决定。除以上模糊集之外,研究者可以构建一个五值或八值的模糊集来取代四值或者六值,而且在不同水平间不需要采用等距的间隔。例如,基于实际知识,研究者可以构建一个五值的模糊集:0、0.2、0.4、0.6、1。这意味着没有案例是"非常隶属但完全不隶属"(模糊集分数0.8)。需要注意的是,发展模糊集的基本准则是,研究者必须使用实际和理论知识校准隶属分数,校准不应该是机械的。

连续模糊集可以取0~1之间的任何值,如表11-11的第5列所示。以人均国民生产总值为指标的富裕国家集合,不应该将最贫穷的国家赋值为0,将最富裕的国家赋值为1,所有其他国家根据人均国民生产总值的排序赋值0~1间的隶属分数,而应该先找出三个定性的锚点:完全隶属于富裕国家集合的点(隶属分数=1)、完全不隶属于富裕国家集合的点(隶属分数=0)、是否隶属于富裕国家集合的最模糊的点(隶属分数=0.5)。在设置这三个锚点的时候,研究者需要给出理由。

2. 模糊集运算

模糊集有三种常见的运算:"非"(negation)、"逻辑与"(and)以及"逻辑或"(or)。这三种运算是理解模糊集如何工作的重要背景知识。

(1)"非"。

类似于传统的清晰集,模糊集可以进行"非"运算。在清晰集中,"非"运算将隶属分数从1转换为0,从0转换为1。这种数学原理对于模糊集同样适用,但是隶属分数不再局限于布尔代数值0和1,而是扩展到0与1之间的任何值。计算某案例"非"模糊集A的隶属程度，只需要用1减去它在集合A的隶属分数：

在"非A集合"中的隶属分数=1-（在A集合中的隶属分数）

或者

$$\sim A = 1 - A$$

（2）"逻辑与"。

两个或更多集合组合在一起形成复合集，产生复合集的运算即集合交集。在模糊集中，"逻辑与"运算就是案例在组合集合的隶属得分，是由其构成集合的隶属分数取最小值而得。最小隶属得分实际上就是某案例在组合集合中的隶属分数。对于每个交集，最低隶属分数决定组合集合的隶属程度。例如，如果一个国家在"贫穷国家"集合中的隶属分数为0.7，在"民主国家"集合中的隶属分数为0.9，那么该国在贫穷和民主国家集合中的隶属分数就是较小的0.7。

（3）"逻辑或"。

两个或更多的集合也可以用"或"连接起来——并集（union of sets）。对于模糊集，在"逻辑或"运算中，研究者主要关注构成（component）集合的最大隶属分数。也就是说，某案例在两个或更多个模糊集的并集的隶属分数是由构成它的组成集合中最大的隶属分数决定的。例如，某个国家在民主国家集合中的隶属分数是0.3，在发达国家集合中的隶属分数为0.9，那么它在民主或发达国家集合中的隶属分数为0.9。

3. 模糊子集

在研究因果复杂性（causal complexity）过程中，关键的集合理论关系是子集关系。如果共享前因条件的案例表示出同样的结果，那么这些案例就构成了结果案例的子集。这样的子集关系意味着前因条件的特定组合是结果的充分条件。对于充分性的解释，必须基于实际和研究者的理论知识。

模糊集子集合的关系需要使用模糊代数评价。在模糊集合中，一个子集合关系表示：在某一个（条件或条件组合）集合中的隶属分数一致性地小于或等于在另一个（结果）集合中的隶属分数。例如，在一个条件组合中的隶属分数一致性地小于或等于它们对应在结果中的隶属分数（$X_i \leq Y_i$），即子集合关系存在，也即支持充分性论断。

### 11.5.2 模糊集分析

**1. 设定模糊集评价的频数阈值**

在该阶段分析的核心任务是确定评价模糊集关系的案例频数阈值。也即，研究者需要依据每个组合中隶属程度大于0.5的案例的个数，设定规则，确定哪些前因组合是相关的。如果某组合中隶属程度大于0.5的案例个数足够多，那么评价该模糊子集的关系就比较合理。如果某组合中隶属程度大于0.5的案例数太少，那么开展这类评价就没有意义。

案例数阈值的选择既要考虑证据的实质，还要考虑研究的特点。需要重点考虑的因素包括：总案例数、条件数、研究者对每个案例的熟悉程度、模糊集校准的精确程度、测量和赋值误差的程度、研究者对结果模式（粗糙程度或精细程度）的兴趣等。

**2. 评估模糊子集的一致性**

确定了实证上切题的前因组合，接下来就要评估每个组合与探讨的集合理论关系的一致性。Ragin 描述了一种基于模糊集隶属分数测量集合理论一致性的方法。求一致性（consistency）的公式是

$$\text{Consistency}(X_i \leq Y_i) = \sum (\min(X_i, Y_i)) / \sum (X_i) \quad (11\text{-}5\text{-}1)$$

其中"min()"指两者中的较小值，"$X_i$"指在条件组合中的隶属分数，"$Y_i$"指在结果中的隶属分数。当所有的 $X_i$ 均小于或等于相对应的 $Y_i$ 值时，一致性分数为1.00；当只有少数 $X_i$ 略超过 $Y_i$ 时，一致性接近1.00；当有较多不一致分数，且一些"$X_i$"值显著超过相应的"$Y_i$"时，一致性下降到低于0.5。

**3. 必要条件的模糊集分析**

必要条件是导致结果发生必须存在的条件，但是它的存在并不能保证结果必然发生。在模糊集分析中，当结果的实例构成条件实例的子集，一个必要条件就存在了。必要性模糊子集关系的一致性可以使用以下公式评估：

$$\text{Consistency}(Y_i \leq X_i) = \sum (\min(X_i, Y_i)) / \sum (Y_i) \quad (11\text{-}5\text{-}2)$$

集合 $Y$ 作为集合 $X$ 的子集的一致性是它们的交集占集合 $Y$ 的比例。如果所有的 $Y$ 值都小于或等于相应的 $X$ 值，则该公式也适用于清晰集，其中，分子是 $X$ 与 $Y$ 共同被发现的案例个数，分母是隶属于 $Y$ 的案例个数。

在进行模糊集真值表程序分析之前，检查必要条件是必要的。任何通过必要条件检测，并且作为必要条件的有意义的条件，都可以从真值表分析程序中剔除，因为真值表分析在本质上是充分性分析（这一点适用于所有 QCA 方法）。一般而言，一个必要条件可以被视为结果的一个超集（superset），充分条件（通常是充分的条件组合）构成结果的子集。

当必要条件被纳入真值表分析时，经常会将其纳入"逻辑余项"的解除去（必要条件，经常被简约解消除）。

Ragin 和 Sonnett 开发了一个程序来限制"逻辑余项"的使用，旨在仅使具有理论和实际知识的"逻辑余项"被包括在分析中。这些程序已被置于 fsQCA 软件中，可以用于分析清晰集和模糊集。分析程序产生三个解："复杂解"（没有使用"逻辑余项"）、"简约解"（使用所有"逻辑余项"，无评估其合理性）、"中间解"（根据理论意义的"逻辑选项"）。中间解的一个重要优点是它们不允许消除必要条件。一般来说，中间解优于复杂解和简约解，应该是任何 QCA 版本的任何应用的常规部分。这里需要重点指出，无论研究者何时评估"逻辑余项"，以及决定某一"逻辑余项"不合情理而应该从解中剔除，实际上都是在导出一个中间解。

## 11.6 fsQCA 与 TOSMANA 软件操作示范

数据来源于《政务政策组合对营商环境影响研究——一项基于 csQCA 方法的研究》，主要通过我国 15 个省的 2017—2019 年营商环境排名与优化营商环境政务服务政策数据，采用清晰集定性比较分析方法（csQCA）剖析政务服务政策组合对地区营商环境排名的影响。

其中结果变量为"营商环境排名变化"(BE),原因变量分别为优化营商环境条例的发布时间(TIME)和条例中有关以下四个条例的政策条文出现数量:"综合服务窗口"(ISW)、"政务服务标准化"(SGS)、"第三方测评"(TPE)、"一网通办"(FNPD)。二分数据表如表 11-12 所示。

表 11-12 二分数据

|  | ISW | SGS | TPE | FNPD | TIME | BE |
| --- | --- | --- | --- | --- | --- | --- |
| BEIJING | 0 | 1 | 1 | 1 | 1 | 1 |
| SHANGHAI | 1 | 1 | 1 | 1 | 1 | 1 |
| CHONGQING | 1 | 1 | 1 | 1 | 1 | 1 |
| JIANGSU | 1 | 1 | 1 | 1 | 1 | 1 |
| TIANJIN | 1 | 1 | 1 | 0 | 1 | 0 |
| SHAANXI | 1 | 0 | 1 | 0 | 1 | 1 |
| ANHUI | 1 | 1 | 1 | 1 | 1 | 1 |
| LIAONING | 1 | 1 | 1 | 1 | 1 | 1 |
| JILIN | 0 | 0 | 1 | 1 | 1 | 0 |
| SHANXI | 1 | 0 | 0 | 1 | 1 | 1 |
| HEILONGJIANG | 1 | 1 | 1 | 1 | 1 | 1 |
| GUIZHOU | 1 | 0 | 1 | 1 | 1 | 1 |
| GUANGXI | 1 | 0 | 1 | 0 | 1 | 1 |
| HEBEI | 0 | 0 | 1 | 0 | 1 | 1 |
| NEIMENGGU | 0 | 0 | 0 | 0 | 1 | 0 |

### 11.6.1 fsQCA 软件操作说明

1. 打开软件

找到运行程序,如图 11-5 所示。

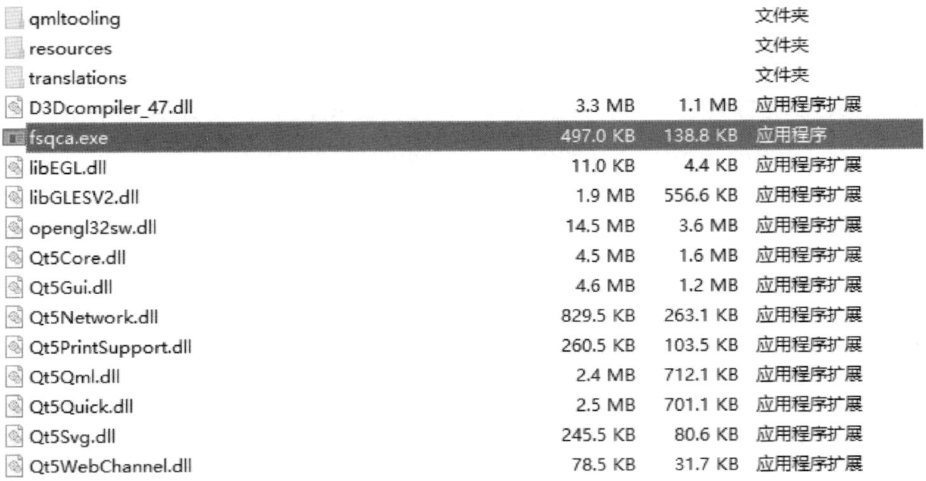
qmltooling 文件夹
resources 文件夹
translations 文件夹
D3Dcompiler_47.dll 3.3 MB 1.1 MB 应用程序扩展
fsqca.exe 497.0 KB 138.8 KB 应用程序
libEGL.dll 11.0 KB 4.4 KB 应用程序扩展
libGLESV2.dll 1.9 MB 556.6 KB 应用程序扩展
opengl32sw.dll 14.5 MB 3.6 MB 应用程序扩展
Qt5Core.dll 4.5 MB 1.6 MB 应用程序扩展
Qt5Gui.dll 4.6 MB 1.2 MB 应用程序扩展
Qt5Network.dll 829.5 KB 263.1 KB 应用程序扩展
Qt5PrintSupport.dll 260.5 KB 103.5 KB 应用程序扩展
Qt5Qml.dll 2.4 MB 712.1 KB 应用程序扩展
Qt5Quick.dll 2.5 MB 701.1 KB 应用程序扩展
Qt5Svg.dll 245.5 KB 80.6 KB 应用程序扩展
Qt5WebChannel.dll 78.5 KB 31.7 KB 应用程序扩展

图 11-5 双击软件运行程序

软件界面如图 11-6 所示。

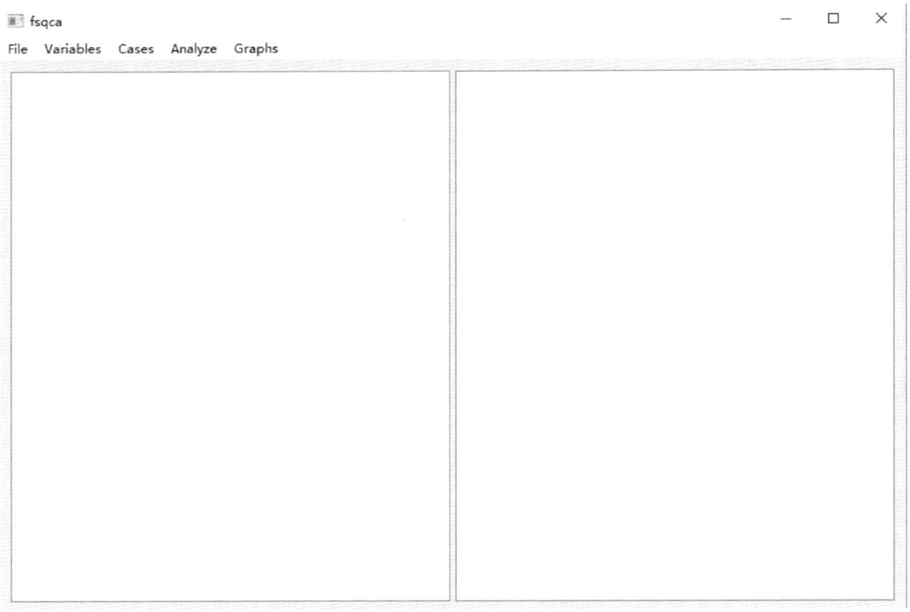
fsqca
File Variables Cases Analyze Graphs

图 11-6 软件界面

2. 打开数据

点击【File】→【Open】，打开文件后得到如图 11-7 所示界面。

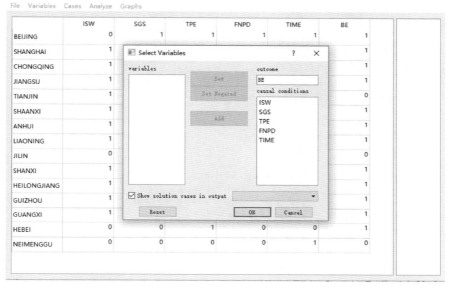

图 11-7 打开数据界面

注意：fsQCA 能打开的格式只有 .dat/csv/txt，不包括 Excel 默认的 .xsl。

3. 构建真值表

（1）点击【Analyze】→【Truth Table Algorithm】，出现如图 11-8 所示界面。

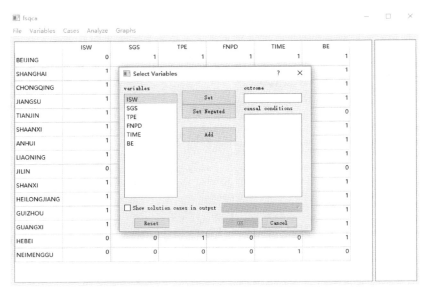

图 11-8　构建真值表界面

（2）将变量选入右侧。选中结果变量，点击【Set】；选中条件变量，点击【Add】。见图 11-9。

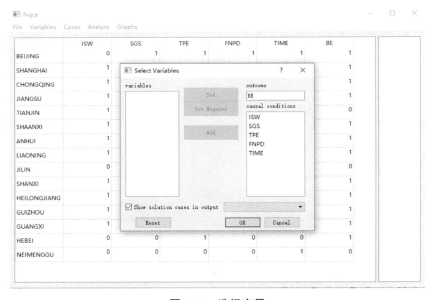

图 11-9　选择变量

需要注意的是：① 下方钩选框钩不钩选都可以，只是为了方便查看，不影响结果，建议钩选；② 求使结果不发生的简约条件时，选中结果变量，点击【Set Negated】。

（3）点击【OK】→【Edit】→【Delete and code】，出现如图 11-10 所示界面。

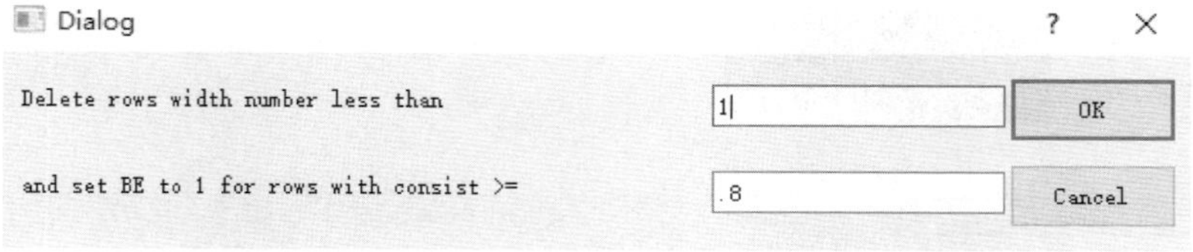


**图 11-10　“Delete and code”界面**

“Delete rows width number less than”表示：组态出现频率至少为 X 才被接受，默认取值为 1。案例研究中，由于每个案例质量得以保证且可能出现不可复制的情形，因此不修改默认值，仍取 1；问卷研究中，被试有可能随意填写问卷而得出偶然结果，因此将该值改为 5 或 10，分别表示只有该组态出现 5 次或 10 次，才被软件识别，以此规避低质量数据对结果的影响。

“and set BE（结果变量）to 1 for rows with consist>=”表示：一致性达 X 才被软件接受，默认值为 0.8。

（4）点击【OK】，出现如图 11-11 所示界面。

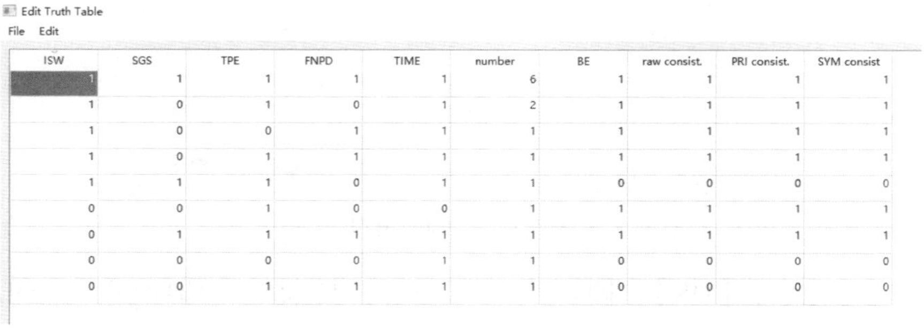

Edit Truth Table

File　Edit

| ISW | SGS | TPE | FNPD | TIME | number | BE | raw consist. | PRI consist. | SYM consist |
|---|---|---|---|---|---|---|---|---|---|
| 1 | 1 | 1 | 1 | 1 | 6 | 1 | 1 | 1 | 1 |
| 1 | 0 | 1 | 0 | 1 | 2 | 1 | 1 | 1 | 1 |
| 1 | 0 | 0 | 1 | 1 | 1 | 1 | 1 | 1 | 1 |
| 1 | 0 | 1 | 1 | 1 | 1 | 1 | 1 | 1 | 1 |
| 1 | 1 | 1 | 0 | 1 | 1 | 0 | 0 | 0 | 0 |
| 0 | 0 | 1 | 0 | 0 | 1 | 1 | 1 | 1 | 1 |
| 0 | 1 | 1 | 1 | 1 | 1 | 1 | 1 | 1 | 1 |
| 0 | 0 | 0 | 0 | 1 | 1 | 0 | 0 | 0 | 0 |
| 0 | 0 | 1 | 1 | 1 | 1 | 0 | 0 | 0 | 0 |

**图 11-11　编辑真值表界面**

## 4. 清晰集分析

（1）找到并点击【Standard Analyses】，出现如图 11-11 所示界面。

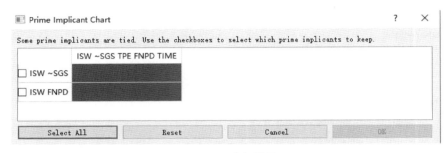

图 11-12　分析界面

如果出现图 11-12 这种情况（一般不出现），那么意味着出现了路径重叠，软件询问是否需要取舍，通常选择【Select All】，再点击【OK】，出现如图 11-13 所示窗口。

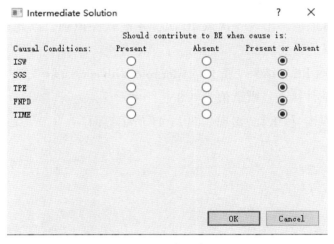

图 11-13　询问窗口

（2）点击【OK】，即可出现三种解：复杂解（COMPLEX SOLUTION）、中间解（INTERMEDIATE SOLUTION）、简单解（PARSIMONIOUS SOLUTION）。

## 11.6.2　TOSMANA 软件操作说明

### 1. 打开软件

软件界面如图 11-14 所示。

图 11-14　软件界面

### 2. 数据导入

如果有 .xml 格式的文件，可以直接选择【File】→【Open File】；如果没有 .xml 格式的文件，则需要自己创建并导入。由于 TOSMANA 软件还没有被汉化，所以原始文件都需要以英文命名。操作步骤为：

（1）在 Excel 中复制原始数据。

（2）在 TOSMANA 软件中选定【File】-【Create new from Clipboard】，得到如图 11-15 所示界面。

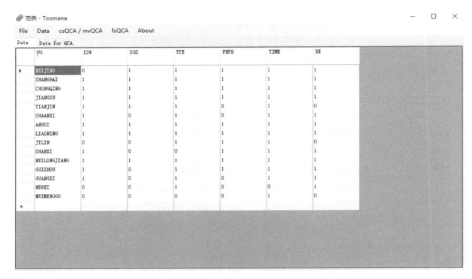

图 11-15　导入数据

3. 清晰集分析

（1）选择【csQCA/mvQCA】→【Start csQCA/mvQCA】，出现如图 11-16 所示界面。

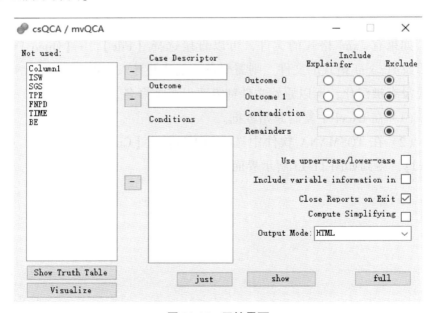

图 11-16　开始界面

（2）将左侧变量选入合适区域，并对右侧按钮进行选择，如图11-17所示。右下角按钮无须修改，右上角各按钮的含义为：

Outcome 0：求促使结果不出现的简约解；

Outcome 1：求促使结果出现的简约解；

Contradiction：是否考虑矛盾组态；

Remainders：是否考虑逻辑余项。

注：上面两个按钮选择"是"时，点击【Explain for】；下面两个按钮选择"是"时，点击【Include】。

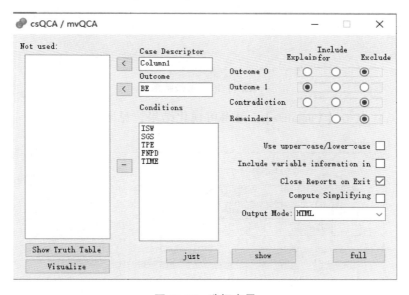

图 11-17　选择变量

4. 结果解读

（1）点击【just】，可得求解的结果，见图11-18。

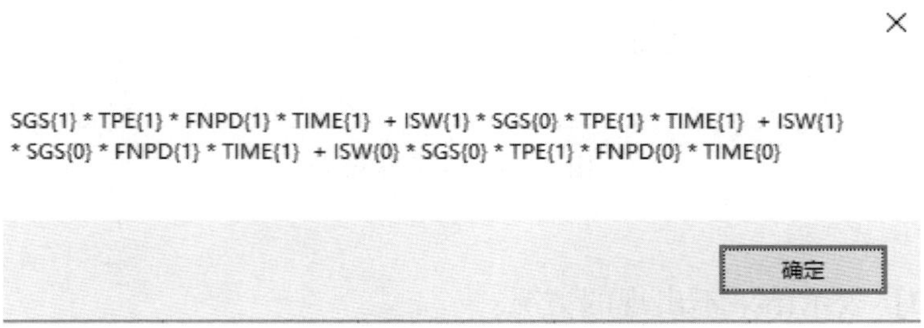

图 11-18　求解结果

（2）点击【full】，可得完整结果，见图11-19。软件会以网页形式弹出完整结果。

图 11-19　完整结果

（3）点击【Visualize】，可得可视化结果，见图11-20。

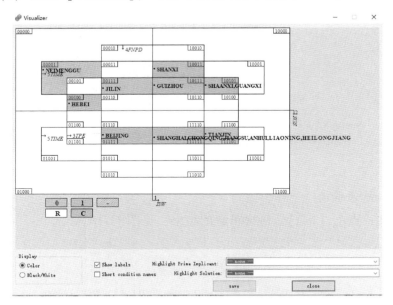

图 11-20　可视化结果

其中：

【0】表示结果不出现的情况；

【1】表示结果出现的情况；

【R】表示逻辑余项；

【C】表示矛盾解。

（4）返回主界面，点击【fsQCA】→【X/Y Plot】，见图 1

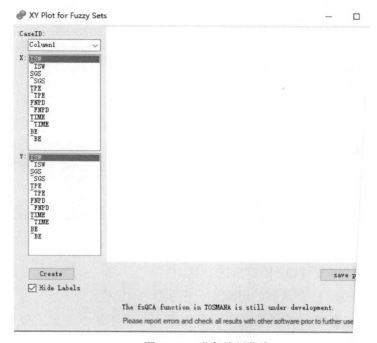

图 11-21　准备绘制曲线

（5）选定上文求出的条件与结果，得到如图 11-22 所示

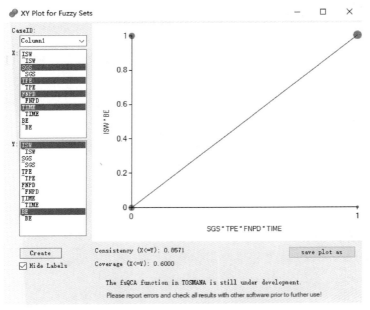

图 11-22　绘制曲线

此处条件可按【Ctrl】键多选。其中：

【Consistency】表示解的可靠性，至少大于 0.75；

【Coverage】表示案例覆盖度，覆盖度大小并不影响解的重要性。

# 第12章 政策系统动力学方法及应用

公共政策涉及社会网络和人的行为这些高度不确定性的领域，导致公共政策的分析、制定和实施都伴随着复杂性。从政策涉及的主体，到主体所处的环境，再到政策施行的过程，各个环节都充满了由高度不确定性引起的复杂性。面对这些复杂性，传统的定性和定量的公共政策研究方法似乎变得无能为力。事实上，在面对诸多公共政策实施效果评估时，传统的方法也确实面临着有效性的挑战。比如在公共政策研究中主要使用传统的定性方法"演绎-律则模型"或者"归纳-概率模型"来对政策过程进行解释，但前者所预设的决定论的社会规律在公共政策的现实场景中并不存在，而后者则对政策主体的行动及其意向性的重视不够，所以政策与实施结果之间的因果关系不像这些理论解释的那么简单，传统的定性方法无法有效评价公共政策实施的效果。同样，传统的以统计计量为主的定量方法也具有局限性，一系列统计上的相关因素也不能确切解释公共政策作用的真实因果链条。比如计划生育政策、个人所得税政策、大规模基础设施投资的政策等，其后果显然是高度复杂的政策主体在复杂的环境中相互作用的结果。与这个复杂的过程相比，统计计量的解释（无论是事前还是事后的）都显得过于简单。为了更好地模拟公共政策执行过程及评价政策执行效果，本章将主要介绍政策系统动力学方法。首先介绍系统动力学原理，包括系统动力学概念、特点及功能，然后介绍系统动力学模型构造方法，最后对实际案例进行模型构造和分析。

## 12.1 系统动力学原理

政策系统动力学是将政策科学和系统动力学相结合，用一种图示的方式对政策系统或福利系统快速地建模。系统动力学采用反馈关系代替统计回归的简单因果关系，能方便地处理非线性和时变现象，实现对公共政策长期的、动态的、战略性的仿真分析与研究，这无疑是方法论观点因应系统相关性的一种进步。从统计回归方法到系统动力学方法，它们反映了从分析的、线性的、被组织的世界观到系统的、非线性的、自组织的世界观的发展过程。因此，系统动力学为我们提供了一种仿真公共政策复杂系统的方法。通过系统动力学建模，我们可以在宏观层面模拟政策系统的运行，这的确具有自然科学中"可控"实验的意思。系统动力学理论能对公共政策模拟和决策提供参考或支持。系统动力学有专业软件，研究者可以在软件中进行变量的设置，在所有变量得到量化之后就可以进行模拟或实验分析了。通过政策模拟，政府就能观察到，在一系列假设条件下如果政策干预变量发生变化，政府关心的政策目标变量是否，以及会发生何种程度的变化。比如放开三孩政策，在政策决策过程中，决策者非常期望知道，一旦放宽生育政策，人们的生育意愿和生育率会发生多大程度的提升，这对于中国人口总体规模的增长有多大的影响。除了生育政策的模拟之外，各种各样的经济社会政策在决策制定过程中都面临类似的问题。政策决策者对于很多政策工具的决策所需要的关键信息或知识正是关于不同政策工具的可行性或预期结果的模拟分析。

### 12.1.1 系统动力学特点

系统动力学模型是一个用来模拟仿真生态、经济及社会等复杂系统的实验平台。建立规范的数学模型是系统动力学处理问题的特点：以系统的内部结构为基础构建数学模型，利用计算机模拟技术对系统行为模式及内在规律进行研究，最后找出解决问题的相关政策建议。从理论体系上来分析，系统动力学具备以下特点。

（1）系统动力学是用于分析、处理具有高阶次、多变量、非线性、多反馈、复杂时变大系统等问题的学科,不仅可以从宏观层面,也可以从微观层面来分析多层次、多部门的复合系统。

(2) 系统动力学具有开放性的特点,重点用来描述系统动态的发展过程。系统的行为模式及特性是由系统内部的动态结构及反馈机制所确定的。

(3) 系统动力学采用系统分析、综合推理、定性与定量相结合的方法处理复杂的系统问题。系统动力学模型模拟就是一种结构-功能的模拟,利用"白化"技术尽可能"良化"不良结构。

(4) 系统动力学模型可以看作实际系统的实验平台。一般使用该模型对系统进行分析,获取有关的重要信息,从而进一步探寻处理问题的方法。在社会、经济及环境等领域中,系统动力学通过定性和定量相结合的分析方法对过去、现在和将来进行模拟研究,这有助于弄清研究对象的发展趋势,并制定合理的政策建议。系统动力学处理问题的过程就是一个寻优的过程,通过探寻系统的最优结构及参数得到最佳的系统功能。

(5) 模型规范化。规范的模型是系统动力学中最重要的特点之一。规范的模型有助于分析问题及进行政策模拟,避免人们由于直观上的差错、情绪上的偏颇或言辞上的模糊所带来的误差。

(6) 建立系统动力学模型的过程是一个学习与调研的过程,有利于吸纳各类资源、数据和经验知识,有利于实现建模人员、专家学者与政策制定者的结合,有利于吸收系统学科的理论精髓。

### 12.1.2 政策系统动力学功能

#### 1. 政策问题的诊断功能

政策系统动力学模型有助于判断哪些问题是根本的,哪些问题是外生的,哪些问题是短期的,哪些问题是长期的,哪些问题是可解决的,哪些是难以或不可以解决的。比如,对于过敏性鼻炎这种现象存在哪些循环反馈机制和干预选择这个问题。一个人打喷嚏及其背后的过敏性鼻炎显然有很多原因,这是遗传方面的因素,病毒感染或感冒的生理因素、工作量大的社会因素、工作压力的心理因素、缺乏锻炼的个人行为因素、空气质量等环境因素共同交互作用产生的结果。在诸多的因素之中，系统动力学帮助我们诊断不同因素的性质及对哪一个因素进行干预是最重要的或最可行的。

2. 政策实施的督导与评估功能

系统动力学模型能对政策实施的过程进行直接干预、监控和督导，如医疗卫生改革的政策系统、房地产税政策的实施和三孩政策都具有类似的系统逻辑和机制特征。针对每一种政策和法律的实施，政策系统动力学都可以用一个图式的模型加以描述和分析，以判断政策系统中哪些环节或机制是实施得相对好的，而哪些机制存在问题需要改进。

3. 政策模拟、实验和决策支持功能

政策模拟及其对政策决策的参考或支持是系统动力学方法一个十分突出的作用。通过政策模拟政府就能观察到，在一系列假设条件下如果政策干预变量发生变化，那么政府关心的政策目标变量是否发生变化及会发生何种程度的变化。比如放开三孩政策，在三孩政策实施后，人们的生育意愿和生育率会发生多大程度的提升，以及新出生人口的增加程度是多少，这对于中国人口总体规模的增长有多大的影响，等等。除了三孩政策的模拟之外，政策决策者基于不同政策工具的可行性或预期结果的模拟分析对于各种各样的经济社会公共政策进行模拟和决策。

4. 政策变迁的历史解释功能

任何公共政策一旦付诸实施就迅速成为历史。研究政策变化的过程或者政策变迁的逻辑显然是非常有吸引力的领域，特别是对于那些历史较为久远的公共政策问题或者是研究跨度比较长的政策，研究者会容易遇到各种各样的已有相关学科的解释，尤其是历史学家的各种解释。而政策系统动力学的一个运用价值就是能把各种各样的学术解释或者研究假设构建到一个复杂的政策模型图中。因此，研究者可以从中观察和比较哪种解释或研究假说更合乎逻辑，哪些研究假说是相互交叉的，这些交叉因素的分析往往对于认识不同的研究假说之间的关联性很重要。

## 12.2 政策系统模型构造

任何复杂的政策系统结构模型都是由系统内生的变量及变量之间的

关系（或线条）构造的，因此，变量及其之间的因果逻辑关系是政策系统模型的基础性分析单元。政策建模本质上正是对系统内部关键因素的识别及对因素之间复杂的作用机制或关系的分析和研究。利用因果逻辑关系模型描述系统变量之间关系的意义在于：首先，因果逻辑图式比较合乎人们思考问题的逻辑，可以较好地说明社会、经济和管理等系统的问题，同时又具有一定的科学性；其次，因果逻辑关系模型能够简洁地表达出复杂系统中各变量之间的相互关系和相互影响，帮助人们确定系统的边界，明确所研究的系统的范围；最后，因果逻辑关系模型便于团队共同研究问题，利于分析人员和决策人员相互交流。

### 12.2.1 系统动力学的建模步骤

系统动力学的建模过程一般分为五步：

（1）系统分析。首先需要确定建模的原则与目的，明确系统结构与系统边界，初步确定描述系统的各变量。

（2）行为模式与结构分析。以实际存在的系统行为模式为基础，设定期望的系统行为模式，作为完善与调整系统结构的目标。确定系统中的因果关系、反馈回路及状态变量与速率变量。

（3）提出假设，建立模型，绘制系统流图，并确定参数间的数学方程。确定系统的初始参数，进行变量单位检查与方程检查，然后运行模型。此步骤主要是将系统动力学的假设用明确的数学关系来表述。

（4）模型验证。利用直观分析、运行检验、历史检验和灵敏度分析等方法对模型进行检验，确保模型的有效性。

（5）利用模型进行模拟仿真，依据研究目的设定模拟方案，分析在不同情境下的系统变化。

系统动力学的建模过程如图 12-1 所示。

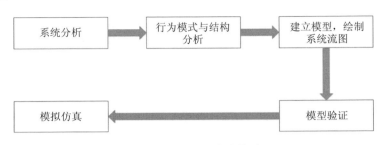

图 12-1　系统动力学建模过程

### 12.2.2　因果关系链

#### 1. 因果关系图和反馈回路

因果关系图，又称因果回路图，它是用来定性分析系统中变量之间因果关系的图示模型，是系统动力学的基本分析工具。系统中两个变量之间的关系就是最基础的因果关系，通常用因果链表示因果关系。因果关系包括正、负两种因果关系。其中，变量 A 的变大或变小引起变量 B 相对应地变大或变小，比如物理学中的胡克定律（Hook's law）：假如对弹簧施加的拉力 A 增强（因），则弹簧的位移 B 变大（果），此种因果关系就是正因果关系，用正因果链表示。相反，如果变量 B 与变量 A 的变化方向相反，比如说经济学中的菲利普斯曲线（Phillips Curve）：美国经济学家 Phillips 研究发现，在 20 世纪 70 年代美国失业率与通货是反向变化的——失业率变高则通货就会缩紧，这就是负因果关系，用负因果链表示。这两种不同的因果关系链如图 12-2 所示。

图 12-2　两种不同的因果关系链

使用两个以上的因果关系链组合的闭合回路就是因果关系回路，一般划分为正因果回路和负因果回路。如果伴随着某个因素的变化，总体回路的作用变强，这就是正因果回路；反之，如果伴随着某个因素的变化，总体回路的作用变弱，这就是负因果回路。判断正负因果关系回路的方法如下：

（1）假定回路外影响回路的所有因素不变，判定某一回路的正负。

（2）如果在一个回路中的负因果链为双数，那么此回路就是正因果关系回路；反之，如果在一个回路中的负因果链为单数，那么此回路就是负因果关系回路。这两种不同的因果回路如图12-3所示。

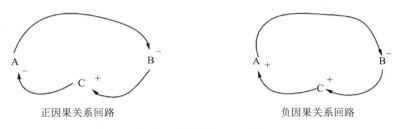

图12-3 两种不同的因果回路

2. 确定因果链的方式

因为政策系统动力学因果逻辑关系模型以因果关系链为基础，所以如何确定因果链的逻辑关系对于系统动力学建模至关重要。根据政策系统动力学建模的大量实践经验，确立因果链的方式可以归纳为以下几种。

（1）研究者经验。对于很多研究，可以通过数据检验变量之间的相关关系。比如城市化的速度与工业用地量，只要观察两者的数据变换或者以散点图的形式就可以直观地发现：随着城市化率的上升，每年工业用地面积也会很快上升，这就意味着两者之间存在着一定的相关性，并且是正相关的。但是如果通过数据检验方法确定变量之间的相关关系来构造因果链会花费不少时间，所以很多研究者可能更多地凭借经验或者共识，即大家普遍认为这个因果逻辑关系是存在的来确定因果关系链。所以，在确定因果逻辑关系时，研究者个人或团队的经验是基础性的依据。

（2）有关学术研究中的理论逻辑和经验证据。很多社会科学理论可以为因果逻辑关系链提供支持。比如新古典经济学中的价格理论，即供给和需求理论：当供给增加时，价格就会下降。根据该理论，如果商品房的供给增加，那么房价下降；如果住房需求增加，那么价格上升。但是，研究者可能会发现，在数据上看不到这种价格理论所预测的两者关系。如我国在过去十多年商品房供给一直在不断地增加，而住房的价格也是一直上涨，这两者看起来是正相关的，出现了理论判断和经验判断上的背离。因此，在确定因果链逻辑关系时，需要自主判断，应该参照理论还是经验规则，即在理论规则和经验数据发生冲突时，应该选择哪个规则作为判断的依据。

研究者需要细致地区分理论假说和经验证据之间的关系，还需要判断理论假说在不同情形下是否成立。因为经验结果是很多因素综合在一起得到的，所以理论预测在多数其他领域或情形中都是成立的，而只在研究的特定情形下与经验相悖。因此，在理论和经验发生冲突时并没有统一标准，需要审慎地判断。比如商品房供给增加时，理论上房价应该下降，但是由于其他的因素，如投机性需求上升，导致房价没有下降。如图 12-4 所示，修正的理论推理对经验重新进行解释的合理性更高，因果关系链表明利率的上升会使房贷的成本增加，房贷成本的增加会使住房投机性需求降低，这也是理论上对因果逻辑关系的判断。

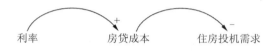

图 12-4　利率、房贷成本与住房投机需求的因果链

（3）被研究对象或利益相关者的判断。让被研究对象参与到解释性模式的构建中，与人类学和社会科学质性研究的研究者参与到被研究对象中是非常类似的，即所谓参与式研究。系统动力学模型构建相关研究认为，细致地观察和吸收政策利益相关者对因果逻辑关系的判断是建立一个好模型的重要策略。所以，在政策系统动力学模型初步构建好后，政策利益相关者会组成小组对模型进行讨论。比如，比较难判断蔬菜经营规模与农药使用控制水平两者之间的关系，但是利益相关者，比如政府给予经营者补贴政策，能够指导两者之间的关系。如图 12-5 所示，蔬菜经营规模越大，政府或其他组织的监管程度越高，经营者接受政府给予的农药补贴则要按照指定的农药使用量标准使用农药，如果农药使用量超出规定标准，就会影响其蔬菜的收购。因此，根据蔬菜经营者或其他利益相关者的访谈或判断，农药使用控制水平会影响蔬菜质量与安全保障。

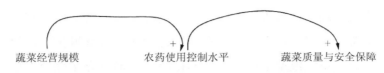

图 12-5 蔬菜经营规模、农药使用控制与蔬菜质量安全逻辑链

（4）研究对象或利益相关者与研究团队组织的共同体或小组讨论协商确定。利益相关者对于因果逻辑关系的确定在有些情形下可能仍然不够充分，需要非利益相关者的其他政策行动者参加，如政府相关职能部门的负责人，媒体及研究团队之外的专家学者等共同参与，这就构成了一个可以称之为小组建模的方法。在政策小组建模过程中，每个建模小组成员之间就各种变量之间的因果链及模型的回路与系统结构的合理性等问题展开平等的对话。如图 12-6 所示，百姓的不满情绪、食品安全危机与供应危机等多重因素都影响着菜田设施政策项目是否应该扩大的决策。城市居民对蔬菜供应不足或蔬菜价格上涨的抱怨的信息可以通过媒体和公共舆论等渠道反映出来，而农产品安全危机事件发生的性质既可以通过专家学者的解读，也可以通过媒体报道或舆论的形式展现出来。然而，如果以上所有的政策行动者，包括菜农、媒体和蔬菜销售者，以及专家学者和政府农业管理者能够聚在一起以小组讨论的形式，甚至头脑风暴的方式对图 12-6 所示的各个因果链的逻辑关系的可靠性或合理性进行辩论和讨论的话，那么这样的政策系统动力学因果逻辑关系模型的构造显然会获得更有力的支持。

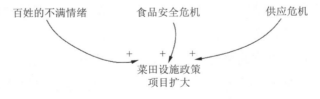

图 12-6 百姓的不满情绪、食品安全危机、供应危机与菜田设施政策项目扩大的因果关系

（5）以上多种因果链确定形式的综合决定模式。以上讨论的各种确定因果链逻辑关系的方式并不是孤立运用的，很多时候，研究者在确定政策系统因果链的逻辑关系时会综合运用其中的某几种方式。如在小组

建模的方式下确立的因果链，还需要经过理论或数据实验的观察。如果因果链不符合常识，那么需要检查因果链的逻辑关系哪里有问题，以便在将来的政策系统模型中做进一步的检验。将多重方法综合考虑会有助于判断哪一种因果链的逻辑关系是合理的、正确的或可靠的。

### 12.2.3 构建流图模型

因果逻辑关系图是系统动力学的重要的、基本的模型构造形式。但是，如果需要更精致和深入的模型结构，以便展开对政策系统模型的类型化乃至模型的量化分析，就需要构建流图分析模型。流图是为了进一步分析出变量的性质，以因果关系图为基础的一种为深入分析系统、确定系统的反馈模式及控制规律而使用直观的符号来表现系统各因素之间的逻辑关系的图形表示法。流图与因果关系图的主要差别为：因果关系图主要是用来描述系统的各反馈结构，而流图则是在此基础上对各变量的不同性质进行描述。下面将从流图模型的变量类型、性质以及不同变量之间的联系或线条符号等进行界定，并介绍如何构建流图模型。

1. 政策系统中的变量

（1）存量。也称状态变量，是政策系统中某个时点上具有积累效应的变量，如某个时点上人口的总量、劳动力规模、土地规模、资本存量、国民财富或经济总量、居民存款等。在某个时间间隔内存量或状态变量等于这段时间内输入的速率变量和输出的速率变量数值之差与这个时间间隔的乘积，即数学意义上对流量函数的积分。在流图模型中，状态变量用一个矩形符号表示。

（2）流量。也称速率变量，是政策系统中某个时期内存量或状态变量的变化值，如新增劳动力、投资、土地征用规模、国民生产总值、国民收入、工资、出口或进口、税收等。流量描述了政策系统中积累效应变换的快慢，也称决策变量，是数学意义上对存量或状态变量的导数。

（3）辅助变量。它是政策流图模型中状态变量和速率变量之间信息传递和转换过程中的中间变量，表达如何根据状态变量计算速率变量的决策过程，是分析反馈结构的有效手段。从政策模型的图形结构来看，辅助变量显然是需要有输入线条和输出线条的,既要有箭头指向辅助变量,又要有箭头从辅助变量指向其他变量,这意味着辅助变量必须是位于包含状态变量和速率变量的一个政策子系统循环反馈或回路之中的。政策系统动力学模型对政策目标变量的解释主要依赖相关循环反馈机制或因果回路的构建。

(4) 水平变量。它主要是展现动态系统变量的时间积累过程,用于表现系统的状态,也称状态变量。在系统中改变速率变量会改变水平变量的数值。因此,人们在任何时间都可以观察到水平变量瞬间的取值。

(5) 常量。在研究期间变化甚微或相对不变的量,也称外生变量。常量可以直接输入给速率变量,或通过辅助变量输入给速率变量。从政策模型的图形结构来看,常量是只有输出线条的,即常量可以通过带箭头的线条指向辅助变量、速率变量或存量中的任何一个。

系统动力学中一般使用特定的流图符号来表示水平变量和速率变量的关系,状态变量用一个矩形符号表示。指向状态变量的实线箭头,表示状态变量的输入流;自状态变量向外的实线箭头,表示状态变量的输出流,如图12-7所示。

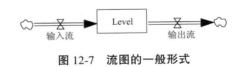

图 12-7　流图的一般形式

2. 政策流图中的流线

(1) 守恒流。也称物质流,表示在政策系统中流动着的具体物质,如人口、土地、资本、产品和服务等。当然,人口、土地等物流或服务流等在实体流动和服务传递过程中需要时间,因此,真实的政策系统中会发生时滞或延迟现象。守恒流意味着其会改变物质流线所流动经过的变量的数量,并遵循物质守恒原理。

(2) 非守恒流。也称信息流,是政策系统动力学流图模型中连接状态变量和速率变量的信息通道的流线。守恒流表明政策系统各种变量之间作用过程所产生的实体流,是构成政策系统的基本流,属于被调控或干预现象;而信息流则是与政策系统的管理或控制相关的流,它为政策决策提供必要的信息，因此，对政策系统的管理或控制意义重大。非守恒流只是获取或提供相关变量的当前信息，而不改变其内在的数值，也不遵循守恒定理。

（3）源点、汇点及其描述符号。源点和汇点代表系统的外部世界，源为始，汇为终。源点即取之不尽，汇点即填之不满。

3. 构造流图

如何构造政策系统动力学流图模型，并没有一个统一标准的程序，一般来说，需要考虑如何确定流图模型的系统边界、如何确定系统回路及系统变量的性质、如何运用符号将流图模型中的不同变量连接起来等诸多问题。不过，这里讨论的政策流图的制作程序并不是非常严格，其构建的次序也是灵活可变的。

（1）确定系统的边界。政策系统动力学模型本质上是一系列的循环反馈机制或回路构成的复合体。如图 12-8 所示，假设该政策系统模型内包含了 A、B、C 三个循环反馈机制或回路，则这三个循环反馈机制上的所有变量都是内生的辅助变量。这些辅助变量都在系统的边界内部，而外生变量则在系统边界外部，没有处于系统内部的循环反馈机制或回路上。至于系统边界应该外延哪里，即包含哪些外生和内生的变量，取决于研究目的和研究问题的复杂性。

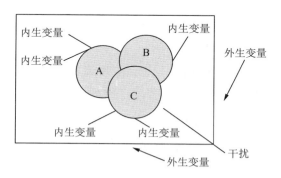

图 12-8 政策流图模型的系统边界示意图

（2）确定回路或确定循环反馈机制环。确定政策系统中的因果反馈机制或回路关系对于构建政策流图模型是至关重要的。检验政策系统的复杂性程度在很大程度上是和系统回路的因果链条的长短及回路数量的多少高度相关的。显然，政策系统模型中回路数量越多，系统的复杂性就越高，但很多时候，模型构造者并不能一眼看出模型中有多少回路数量，这就需要借助 Vensim 等系统动力学软件识别。系统动力学的模型的特征是，各个因果关系回路是交互作用和影响的，在前面介绍的图 12-8 中，各个回路如 A、B、C 是相互依赖和联系在一起的。系统边界外部的外生变量可能会对上述因果关系回路产生影响，但并不直接受到回路中其他变量的影响。

（3）区分系统反馈机制或回路中不同性质的变量。在循环反馈机制中，一般存量或状态变量的选择应当尽可能地和政策目标的测量结合起来。观察和控制存量的变换可以理解为政策目标的实现程度，这会提高政策系统动力学模型的解释力。但有时政策系统存在多重政策目标，而且也不是每一个政策目标变量都可以用存量或状态变量描述，此时，辅助变量也可以设置为政策目标变量。至于存量和辅助变量在政策系统中的性质和功能的确定，取决于研究的意图和设计，具有一定的灵活性。

（4）用流图符号描述和连接政策系统中的各个变量。其中最关键的是：存量或状态变量的符号是矩形框，而存量和速率变量之间的连线是实线或双线，且速率变量是镶嵌在实线或双线之中的，这是不可更改的。

4. 建立政策流图应遵循的原则

构建政策系统动力学流图模型，需要遵循以下几个经验性的绘图规则。

（1）守恒流线流经状态变量。在后面图 12-9 所示的土地征用政策模型中，其状态变量为"农业用地（规模）"和"建设用地供给"，此图的守恒流线分别为"农村开垦速率"和"征地速率"两个流量和相应的存量之间的（双线）连接线。

（2）速率变量改变状态变量。在同一政策系统动力学模型的回路中，状态变量和速率变量应该相间存在，而不应该出现状态变量连接状态变量和速率变量连接速率变量的情况。

（3）速率变量经守恒流线与状态变量相连。如图 12-9 所示的土地征用政策模型，经过双线守恒流线与作为状态变量的"建设用地供给"相连的变量只能是流量或速率变量"征地速率"。

（4）一般情况下状态变量上要有信息流出线，在速率变量上要有信息流入线，表示根据系统状态进行决策，对政策系统实施控制。在图 12-9 所示的土地征用政策模型中，作为状态变量的"农业用地（规模）"和"建设用地供给"都不应该有信息流入线，但这个模型保留了三条信息流入线直接指向或流向状态变量，这是错误的，即"农业用地价格""工业化和城市化需求""建设用地价格"这三个辅助变量不应该直接由信息流入线连接状态变量，而应该直接连接到"农地开垦速率"和"征地速率"两个流量。

（5）辅助变量只能有信息线经过。在图 12-9 所示的土地征用政策模型中，除了状态变量和流量之外，"地方政府税收"这个变量是既不在回路上，也没有对政策系统产生任何影响的外生变量。除此之外，所有的其他变量都是处于回路之上的辅助变量，既有信息流入线也有信息流出线经过这些变量。

（6）常量只能有信息流出线。图 12-9 所示的土地征用政策模型虽然没有设计或考虑外生变量，但是在该模型中增加外生变量比较简单，如对于"地方政府税收"这个辅助变量，可以设计一个"土地相关税率"这样的常量，或者对于"GDP 增长"设计一个"技术进步"这样的常量。

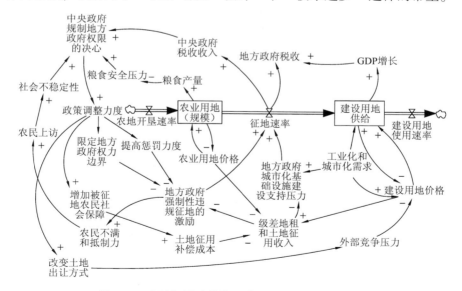

图 12-9　土地征用政策的系统动力学流图模型草图

## 12.3 政策系统动力学方法应用

医疗卫生服务及政策是一个十分复杂的系统结构，如何理解医疗卫生服务体系中的内在结构关系，对于设计和评估医疗卫生政策的有效性至关重要。运用系统动力学的方法可以更加便捷与清晰地刻画医疗卫生服务系统的内在结构要素及其相互关系的复杂性。一般而言，以系统动力学视角解释医疗卫生政策具有以下几个方面的政策含义：解释卫生系统变化的机理，识别影响系统目标变量的因素有哪些，哪些因素是政策干预行为可改变的，哪些因素是政策干预行为无法改变的；判别各种影响因素之间复杂的网络化的交互关系；识别政策系统中的正向和反向反馈机制，或者说良性与恶性的循环；识别政策系统中时间的动态性，影响政策系统的许多变量都是随着时间的推移而不断变化的；判断政策干预行为的最佳干预点有哪些。以下将以家庭医生制度作为案例，展现系统动力学方法是如何运用于具体的政策案例分析的。

家庭医生制度设计的基本目标是以基层家庭医生作为公众健康与医疗资源配置的守门人，以引导基本医疗从二、三级医疗机构向社区服务中心分流，从而最终以强化健康管理的形式提高公众的健康水平和降低区域的总体医疗卫生总费用。但是对于家庭医生制度的批评和悲观的评价一直存在，主要包括"上海现在推广的家庭医生项目，签约的人不多，即使签约了也没有多少人去看，大多是老人或者是慢性病人，去拿个药，因为他们已经有成熟的治疗方案了，但是主流人群是不大会去那些地方看病的""有大量的数据显示医学院的毕业生并不愿意去做医生，因为如果不能进入三甲医院去做医生，他是没有什么前途的""三级医院的病人数量增长很快，而基层医院的病人数量在减少，这和我们医改的方向恰恰相反，这和三级医院的扩张有一定的关系，三级医院在排队，而基层医院患者相对不足"。

针对该案例，运用政策系统动力学方法构造模型，需要考虑以下问题：家庭医生制度到底应该承担哪些目标功能？这些目标功能相互之间存在什么样的关系？如何确保和提高家庭医生制度目标功能实现的有效性？家庭医生四个目标功能之间是相互关联和相互依赖的，只有家庭医生提供的健康管理服务对公众而言具有足够高的价值,才能使家庭医生和公众或患者之间存在长期稳定的服务和信任关系,而这种稳定的信任关系才能促进公众逐渐形成定点医疗和社区首诊的行为习惯。一方面,社区首诊会促进分级诊疗机制绿色转诊的发展,而转诊服务则显著提升家庭医生对公众健康服务的价值水平,这无疑会增加其对公众的吸引力。另一方面,社区首诊会有助于强化防治结合的程度,以提高家庭医生对公众健康的管理水平,这样会提升家庭医生服务的价值,而家庭医生服务价值的提升又会进一步增加公众与家庭医生之间的契约信任关系的稳定性,从而巩固了定点医疗。政策系统动力学方法构造模型如图 12-10 所示。

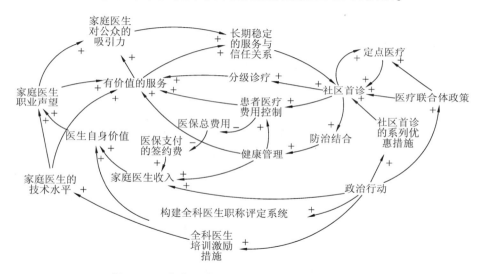

**图 12-10 家庭医生制度目标功能的内在逻辑关系**

通过分析图 12-10 的系统动力学模型发现,家庭医生制度应建立在上述良好的正向反馈机制之上,即家庭医生提供的服务价值越高,家庭医生与患者的信任关系越稳固,由此而生的家庭医生制度的各项功能也更容易实现。在这种情形下,媒体或学术界对家庭医生制度相关的批评就不一定可靠、客观。相反的情形是,如果家庭医生制度陷入负向的恶性循环之中,即家庭医生提供的全科服务价值越低,公众或患者对其信任感就会越弱,那么,案例提到的各种批评(包括患者分流到社区首诊及家庭医生自身收入和职业声望都很低)似乎存在一定的合理性。

# 第13章 遗传算法及应用

在实际应用中经常会遇到一些需要求解全局最优解的复杂优化问题，有些问题的目标函数是非凸的或是不可微的，甚至是不可表达的。这样一来，传统的非线性规划问题算法就不适用了，为此人们不断研究新的全局优化算法。近年来，一些新颖的优化算法，如遗传算法、蚁群算法、人工神经网络、模拟退火算法等，通过模拟某些自然现象和过程而得到发展，为解决复杂优化问题提供了新的思路和手段。由于这些算法构造的直观性和自然机理，它们通常被称为智能优化算法。遗传算法是目前该领域研究最为广泛的一种算法。它起源于对生物系统所进行的计算机模拟研究，是由美国密歇根大学的霍兰德（John H. Holland）教授及其学生在受到生物模拟技术的启发后，创造出的一种基于生物遗传和进化机制的、适合于复杂系统优化的自适应概率优化技术。遗传算法作为一种实用、高效、鲁棒性强的方法在公共管理中得到部分应用。

## 13.1 遗传算法原理

遗传算法（Genetic Algorithms，GA），基于自然选择和基因遗传学原理，是一种借鉴了生物进化优胜劣汰的自然选择机理和生物界繁衍进化的基因重组、突变的遗传机制的全局自适应概率遗传算法。

遗传算法从一组随机产生的初始解（种群）开始，这个种群由经过基因编码的一定数量的个体组成，每个个体实际上是染色体带有特征的实体。染色体作为遗传物质的主要载体，其内部体现（即基因型）是某种基因组合，该组合决定了个体的外部表现。因此，从一开始就需要实现从表现型到基因型的映射，即编码工作。初始种群产生后，按照优胜劣汰的原理，逐代演化产生出越来越好的近似解。在每一代，根据问题领域中个体的适应度大小选择个体，并借助自然遗传学中的遗传算子进行组合交叉和变异，产生出代表新的解集的种群。这个过程将导致种群像自然进化一样，后代种群比前代更加适应环境，末代种群中的最优个体经过解码，可以作为问题近似最优解。

计算开始时，将实际问题的变量进行编码形成染色体，随机产生一定数目的个体，即种群，并计算每个个体的适应值，然后通过终止条件判断该初始解是否是最优解，若是则停止计算输出结果，若不是则通过遗传算子操作产生新的一代种群，回到计算群体中每个个体的适应值部分，然后转到终止条件判断。这一过程循环执行，直到满足优化准则，最终产生问题的最优解。图 13-1 给出了遗传算法的基本过程。

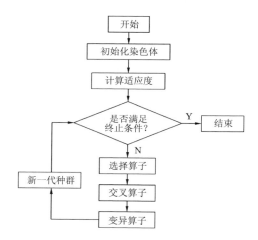

图 13-1　简单遗传算法的基本过程

## 13.2　遗传算法的步骤

### 13.2.1　初始参数

种群规模（$n$）：种群规模即种群数目，它影响遗传算法的有效性。种群数目如果太小，就不能提供足够的采样点；种群数目如果太大，就会增加计算量，使收敛时间增加。一般种群数目在20~160比较合适。

交叉概率（$p_c$）：$p_c$控制着交叉操作的频率。$p_c$值如果太大，会使高适应值的结构很快就被破坏掉；$p_c$值如果太小，会使搜索停滞不前。一般$p_c$值取0.5~1.0。

变异概率（$p_m$）：$p_m$是增大种群多样性的第二个因素。$p_m$值如果太小，就不会产生新的基因块；$p_m$值如果太大，就会使遗传算法变成随机搜索。一般$p_m$值取0.001~0.1。

进化代数（$t$）：表示遗传算法运行结束的一个条件。一般的取值范围为100~1000。当个体编码较长时，进化代数要取小一些，否则会影响算法的运行效率。进化代数的选取还可以采用某种判定准则，准则成立时即停止。

### 13.2.2 染色体编码

利用遗传算法进行问题求解时，必须在目标问题实际表示与染色体位串结构之间建立一个联系。对于给定的优化问题，由种群个体的表现型集合所组成的空间称为问题空间，由种群基因型个体所组成的空间称为编码空间。由问题空间向编码空间的映射称为编码，而由编码空间向问题空间的映射称为解码。

按照遗传算法的模式定理，学者德容（De Jong）进一步提出了一个较为客观明确的编码评估准则，称之为编码原理。具体可以概括为两条准则：

准则1 有意义积木块编码原则：编码应当易于生成与所求问题相关的且具有低阶、短定义长度模式的编码方案。

准则2 最小字符集编码规则：编码应使用能使问题得到自然表示或描述的具有最小编码字符集的编码方案。

常用的编码方式有两种：二进制编码和浮点数（实数）编码。

二进制编码方法是遗传算法中最常用的一种编码方法，它将问题空间的参数用字符集{0,1}构成染色体位串，符合最小字符集原则，便于用模式定理分析，但存在映射误差。

二进制编码，将决策变量编码为二进制。编码串长$m_i$取决于需要的精度。例如，$x_i$ 的值域为 $[a_i, b_i]$，而需要的精度是小数点后 5 位，这要求将 $x_i$ 的值域至少分为 $(b_i-a_i) \times 10^6$ 份。设 $x_i$ 所需要的字串长为 $m_i$，则有

$$2^{m_i-1} < (b_i - a_i) \times 10^6 < 2^{m_i}$$

那么二进制编码的编码精度为 $\delta = \dfrac{b_i - a_i}{2^{m_i} - 1}$。将 $x_i$ 由二进制转为十进制可按下式计算：

$$x_i = a_i + \text{decimal}(\text{substring}_i) \times \delta$$

其中，$\text{decimal}(\text{substring}_i)$ 表示变量 $x_i$ 的子串 $\text{substring}_i$ 的十进制值。染色体编码的总串长 $m = \sum_{i=1}^{m} m_i$。

若没有规定计算精度，那么可采用定长二进制编码，即 $m_i$ 可以自己确定。

二进制编码方式的编码、解码简单易行，这就使得遗传算法的交叉、变异等操作易于实现。但是，当连续函数离散化时，它存在映射误差。再者，当优化问题所求的精度很高时，为了保证解的精度，个体的二进制编码串必须很长，这将会导致搜索空间急剧扩大，计算量也会增加，计算时间也相应延长。

浮点数（实数）编码方法不存在二进制编码的这些缺点。该方法中个体的每个基因都要用参数所给定区间内的某一浮点数来表示，个体的编码长度等于其决策变量的总数。遗传算法中交叉、变异等操作所产生的新个体的基因值也必须保证在参数指定区间内。当个体的基因值由多个基因组成时，交叉操作必须在两个基因之间的分界字节处进行，而不是在某一基因内的中间字节分隔处进行。

### 13.2.3 适应度函数

适应度函数是用来衡量个体优劣、度量个体适应度的函数。适应度函数值越大的个体越好；反之，适应度函数值越小的个体越差。遗传算法根据适应度函数值对个体进行选择，以保证适应性能好的个体有更多的机会繁殖后代，使优良特性得以遗传。一般而言，适应度函数是由目标函数变换而成的。遗传算法根据适应度排序的情况来选择概率，这就

要求适应度函数计算出的函数值不能小于零。因此,在某些情况下,将目标函数转换成最大化问题形式且函数值非负的适应度函数是必要的,并且在任何情况下总是希望越大越好,但是,许多实际问题中目标函数有正有负,所以经常会用到从目标函数到适应度函数的变换。

考虑一般的数学规划问题:

$$\min f(x),$$
$$\text{s.t.} \quad g(x) = 0,$$
$$h_{\min} \leq h(x) \leq h_{\max}$$

变换方法一:

(1) 对于最小化问题,建立适应度函数 $F(x)$ 和目标函数 $f(x)$ 的映射关系:

$$F(x) = \begin{cases} C_{\max} - f(x), & f(x) \leq C_{\max}; \\ 0, & f(x) > C_{\max} \end{cases}$$

其中,$C_{\max}$ 既可以是特定的输入值,也可以选取到目前为止所得到的目标函数 $f(x)$ 的最大值。

(2) 对于最大化问题,一般采用下述方法:

$$F(x) = \begin{cases} f(x) - C_{\min}, & f(x) \geq C_{\min}; \\ 0, & f(x) < C_{\min} \end{cases}$$

其中,$C_{\min}$ 既可以是特定的输入值,也可以选取到目前为止所得到的目标函数 $f(x)$ 的最小值。

变换方法二:

(1) 对于最小化问题,建立适应度函数 $F(x)$ 和目标函数 $f(x)$ 的映射关系:

$$F(x) = \frac{1}{1 + c + f(x)}, \quad c \geq 0, \ c + f(x) \geq 0$$

(2) 对于最大化问题,一般采用下述方法:

$$F(x) = \frac{1}{1 + c - f(x)}, \quad c \geq 0, \ c - f(x) \geq 0$$

其中,$c$ 为目标函数界限的保守估计值。

### 13.2.4 约束条件的处理

在遗传算法中必须对约束条件进行处理,但目前尚无处理各种约束条件的一般方法。根据具体问题可选择下列三种方法:罚函数法、搜索空间限定法和可行解变换法。

1. 罚函数法

罚函数的基本思想是,对在解空间中无对应可行解的个体计算其适应度时,处以一个罚函数,从而降低该个体的适应度,使该个体被遗传到下一代群体中的概率减小。可以用下式对个体的适应度进行调整:

$$F'(x) = \begin{cases} F(x), & x \in U; \\ F(x) - P(x), & x \notin U \end{cases}$$

其中,$F(x)$ 为原适应度函数,$F'(x)$ 为调整后的新的适应度函数,$P(x)$ 为罚函数,$U$ 为约束条件组成的集合。

如何确定合理的罚函数是该处理方法难点之所在:在考虑罚函数时,既要度量解对约束条件不满足的程度,又要考虑计算效率。

2. 搜索空间限定法

搜索空间限定法的基本思想是对遗传算法的搜索空间的大小加以限制,使得搜索空间中表示一个个体的点与解空间中表示一个可行解的点有一一对应的关系。对一些比较简单的约束条件通过适当编码使搜索空间与解空间一一对应,限定搜索空间能够提高遗传算法的效率。在使用搜索空间限定法时必须保证交叉、变异之后的解个体在解空间中有对应解。

3. 可行解变换法

可行解变换法的基本思想是:在由个体基因型到个体表现型的变换中,增加使其满足约束条件的处理过程,其寻找个体基因型到个体表现型的多对一变换关系,扩大了搜索空间,使进化过程中所产生的个体总能通过这个变换转化成解空间中满足约束条件的一个可行解。可行解变换法对个体的编码方式、交叉运算、变异运算等无特殊要求,但运行效率下降。

### 13.2.5 遗传算子

遗传算法中包含了 3 个模拟生物基因遗传操作的遗传算子:选择

（复制）、交叉（重组）和变异（突变）。遗传算法利用遗传算子产生新一代群体来实现群体进化。算子的设计是遗传策略的主要组成部分，也是调整和控制进化过程的基本工具。

1. 选择操作

遗传算法中的选择操作就是用来确定如何从父代群体中按某种方法选取哪些个体遗传到下一代群体中的一种遗传运算。遗传算法使用选择（复制）算子来对群体中的个体进行优胜劣汰操作：适应度较高的个体被遗传到下一代群体中的概率较大；适应度较低的个体被遗传到下一代群体中的概率较小。选择操作建立在对个体适应度进行评价的基础之上。选择操作的主要目的是避免基因缺失，提高全局收敛性和计算效率。常用的选择方法有轮盘赌法、排序选择法、两两竞争法。

（1）轮盘赌法。

一种简单的选择方法是轮盘赌法：通常以第 $i$ 个个体入选种群的概率及群体规模的上限来确定其生存与淘汰。轮盘赌法是一种正比选择策略，能够根据与适应函数值成正比的概率选出新的种群。轮盘赌法由以下五步构成：

① 计算各染色体 $v_k$ 的适应值 $F(v_k)$。

② 计算种群中所有染色体的适应值的和：

$$F_{\text{all}} = \sum_{k=1}^{n} F(v_k)$$

③ 计算各染色体 $v_k$ 的选择概率 $p_k$：

$$p_k = \frac{\text{eval}(v_k)}{F_{\text{all}}}, \ k = 1, 2, \cdots, n$$

④ 计算各染色体 $v_k$ 的累计概率 $q_k$：

$$q_k = \sum_{j=1}^{k} p_j, \ k = 1, 2, \cdots, n$$

⑤ 在 [0，1] 区间内产生一个均匀分布的伪随机数 $r$。若 $r \leqslant q_1$，则选择第一个染色体 $v_1$；否则，选择第 $k$ 个染色体，使得 $q_{k-1} < r < q_k$ 成立。

（2）排序选择法。

排序选择法的主要思想是：对群体中的所有个体按照其适应度大小

进行排序,基于这个排序来分配各个个体被选中的概率。排序选择方法的具体操作过程是:

① 对群体中的所有个体按照其适应度大小进行降序排序;

② 根据具体求解问题,设计一个概率分配表,将各个概率值按上述排列次序分配给各个个体;

③ 以各个个体所分配到的概率值作为其能够被遗传到下一代的概率,基于这些概率值用轮盘赌法来产生下一代群体。

(3) 两两竞争法。

两两竞争法的基本做法是:在选择时先随机地在种群中选择 $k$ 个个体进行锦标赛式的比较,从中选出适应值最好的个体进入下一代,复用这种方法直到下一代个体数为种群规模时为止。这种方法也使得适应值好的个体在下一代具有较大的生存机会,同时它只能使用适应值的相对值作为选择的标准,而与适应值的数值大小不成直接比例,所以,它能较好地避免超级个体的影响,从而在一定程度上避免出现过早收敛现象和停滞现象。

2. 交叉操作

在遗传算法中,交叉操作是起核心作用的遗传操作。交叉操作的基本思想是通过对两个个体之间进行某部分基因的互换来实现产生新个体的目的。常用的交叉算子有:单点交叉算子、两点交叉算子、多点交叉算子、均匀交叉算子、算术交叉算子等。

(1) 单点交叉算子。

交叉过程分两个步骤:首先对配对库中的个体进行随机配对;其次,在配对个体中随机设定交叉位置,配对个体彼此交换部分信息。单点交叉过程如图 13-2 所示。

图 13-2　单点交叉示意图

(2) 两点交叉算子。

具体操作是：随机设定两个交叉点，互换两个父代在这两点间的基因串，分别生成两个新个体。

(3) 多点交叉算子。

多点交叉的思想源于控制个体特定行为的染色体表示信息的部分无须包含于邻近的子串中。多点交叉的破坏性可以促进解空间的搜索，而不是促进过早的收敛。

(4) 均匀交叉算子。

均匀交叉是指通过设定屏蔽字来决定新个体的基因继承两个个体中哪个个体的对应基因。当屏蔽字位为 0 时，新个体 A′ 继承旧个体 A 中对应的基因，当屏蔽字位为 1 时，新个体 A′ 继承旧个体 B 中对应的基因，由此可生成一个完整的新个体 A′，同理可生成新个体 B′。整个过程如图 13-3 所示。

| | |
|---|---|
| 旧个体A | 001111 |
| 旧个体B | 111100 |
| 屏蔽字 | 010101 |
| 新个体A′ | 011110 |
| 新个体B′ | 101101 |

图 13-3 均匀交叉示意图

3. 变异操作

变异操作是指将个体染色体编码串中的某些基因座的基因值用该基因库的其他等位基因来替代，从而形成一个新的个体。变异运算是产生新个体的辅助方法，它和选择、交叉算子结合在一起，保证了遗传算法的有效性，使遗传算法具有局部的随机搜索能力，提高了遗传算法的搜索效率；同时使遗传算法保持种群的多样性，以防止出现早熟收敛。在变异操作中，为了保证个体变异后不会与其父体产生太大的差异，保证种群发展的稳定性，变异率不能太大。如果变异率大于 0.5，遗传算法就变为随机搜索，遗传算法的一些重要的数学特性和搜索能力也就不存在了。变异算子的设计包括确定变异点的位置和进行基因值替换。变异操作的方法有基本位变异、均匀变异等。

（1）基本位变异。

基本位变异操作是指对个体编码串中以变异概率 $p_m$ 随机指定的某一位或某几位基因做变异运算，所以其发挥的作用比较慢，作用的效果也不明显。基本位变异算子的具体执行过程是：

① 对个体的每一个基因库，依变异概率 $p_m$ 指定其为变异点；

② 对每一个指定的变异点，对其基因值做取反运算或用其他等位基因值来代替，从而产生一个新的个体。

（2）均匀变异。

均匀变异操作是指分别用符合某一范围内均匀分布的随机数，以某一较小的概率来替换个体编码串中各个基因座上的原有基因值。均匀变异的具体操作过程是：

① 依次指定个体编码串中的每个基因座为变异点；

② 对每一个变异点，以变异概率 $p_m$ 从对应基因的取值范围内取一随机数来替代原有基因值。

假设有一个个体为 $v_k = [v_1 v_2 \cdots v_k \cdots v_m]$，若 $v_k$ 为变异点，其取值范围为 $[v_{k,\min}, v_{k,\max}]$，在该点对个体 $v_k$ 进行均匀变异操作后，可得到一个新的个体：$v_k = [v_1 v_2 \cdots v'_k \cdots v_m]$，该变异点的新基因值是

$$v_k = v_{k,\min} + r \times (v_{k,\max} - v_{k,\min})$$

其中，$r$ 为 $[0,1]$ 范围内符合均匀概率分布的一个随机数。均匀变异操作特别适合应用于遗传算法的初期运行阶段，它使得搜索点可以在整个搜索空间内自由地移动，从而可以增加群体的多样性。

4. 倒位操作

所谓倒位操作是指颠倒个体编码串中随机指定的两个基因库之间的基因排列顺序，从而形成一个新的染色体。倒位操作的具体过程是：

① 在个体编码串中随机指定两个基因座作为到位点；

② 以倒位概率颠倒这两个倒位点之间的基因排列顺序。

### 13.2.6 搜索终止条件

遗传算法的终止条件有以下两个，满足任何一个条件搜索就结束：

① 遗传操作中连续多次前后两代群体中最优个体的适应度相差在某个任意小的正数 $\varepsilon$ 所确定的范围内，即满足：

$$0 < |F_{new} - F_{old}| < \varepsilon$$

其中，$F_{new}$ 为新产生的群体中最优个体的适应度，$F_{old}$ 为前代群体中最优个体的适应度。

② 达到遗传操作的最大进化代数。

## 13.3 遗传算法应用

现在我们用遗传算法求解旅行商问题（Travelling Salesman Problem，TSP）。TSP 问题是一个经典的组合优化问题，该问题描述为：一个商品推销员要去若干个城市推销商品，该推销员从一个城市出发，需要经过所有城市后，回到出发地。应如何选择行进路线，以使总的行程最短？从图论的角度来看，该问题实质是在一个带权完全无向图中找一个权值最小的 Hamilton 回路。由于该问题的可行解是所有顶点的全排列，随着顶点数的增加，会产生组合爆炸，它是一个 NP 完全问题。TSP 问题可以分为对称和不对称两种情况。在对称 TSP 问题中，两座城市之间来回的距离是相等的，形成一个无向图，而不对称 TSP 则形成有向图。对称 TSP 问题可以将解的数量减少一半。现在用遗传算法对 48 个城市的 TSP 问题进行求解。

### 13.3.1 遗传算法求解过程

1. 基因编码

（1）$n$ 个城市的基因编码方式为：给每一个城市一个序号，如 1→北京，2→上海，3→广州，……，$n$→成都。

（2）用包含 $n$ 个城市的序号的数组序列表示一种路线（个体），数组元素的序号表示旅行的顺序，如 $\{3, 1, 2, \cdots, n\}$ 表示的旅行顺序为：广州→北京→上海→……→成都。

（3）数值序列中值不重复，即每个城市只去一次。

2. 初始化种群

首先初始化种群，如图 13-4 所示。

```
1  CityNum=48;
2  inn=30; %初始种群大小
3  gnmax=10000; %最大代数
4  pc=0.8; %交叉概率
5  pm=0.5; %变异概率
```

图 13-4　初始化种群

然后对这 48 个城市进行整数编码（1~48），并根据提供的城市坐标计算每两个城市之间的距离。由于两个城市之间的实际距离比较大，不方便计算，所以这里距离的计算方法采用伪欧式距离方法，采用实际距离的 $\sqrt{10}$ 倍，并四舍五入，保留整数。

完成以上步骤之后，将随机产生一个种群作为初始种群，同时计算这个初始种群的适应度。

3. 个体评价

首先我们需要计算每个个体的适应度。适应度越高，被保留的概率越大。我们取总距离的倒数作为适应度。为了增大适应度高的个体被选中的概率，我们利用图 13-5 所示方法计算个体被选择的概率。注意：每次完成交叉、变异运算之后需要重新评价。

```
1  %根据个体的适应度计算其被选择的概率
2  fsum=0;
3  for i=1:inn
4      fsum=fsum+f(i)^15;% 让适应度越好的个体被选择概率越高
5  end
6  ps=zeros(inn,1);
7  for i=1:inn
8      ps(i)=f(i)^15/fsum;
9  end
```

图 13-5　计算个体被选择的概率

4. 交叉运算

选择两个个体进行交叉操作。首先在 $[1, s_z]$（$s_z$ 为城市的数量）的范围内，即在染色体长度内，随机产生两个交叉位 min 和 max（min<max），将两个个体的 [min, max] 区域互换，示意图如图 13-6 所示。

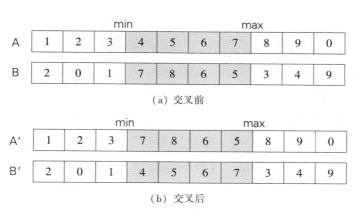

图 13-6 交叉运算区域互换示意图

根据图 13-6，A 和 B 是未发生交叉之前的染色体（个体），A′ 和 B′ 是 A 和 B 发生交叉之后产生的新个体。通过冲突检测我们可以发现，交叉之后同一个基因在同一条染色体上可能会重复出现，这就是交叉的冲突［图 13-6（b）中灰色标注部分］。解决交叉冲突的方法如下：

（1）先检测 [1, min] 区域的基因是否和 [min, max] 区域的基因冲突。如果有冲突，那么进行操作来消除冲突。

（2）检测染色体 A 的左边区域 [1, min] 是否与染色体 A 的交叉区域 [min, max] 存在基因重复。如果有，那么记录染色体 A 的交叉区域中重复基因的位置 $p$，左边区域中的重复基因位置为 $p_{left}$，然后将染色体 B 中 min+$p$ 位置的基因复制给染色体 A 中的 $p_{left}$ 位置。重复该步骤直到染色体 A 中 [1, min] 区域的基因和 [min, max] 区域的基因没有冲突。对染色体 B 进行同样的操作。具体实现代码如图 13-7 所示。其中，变量 chb1、chb2 分别对应 min 和 max，zhi 对应 $p$。

```
for i=1:chb1
    while find(scro(1,chb1+1:chb2)==scro(1,i))
        zhi=find(scro(1,chb1+1:chb2)==scro(1,i));
        y=scro(2,chb1+zhi);
        scro(1,i)=y;
    end
    while find(scro(2,chb1+1:chb2)==scro(2,i))
        zhi=find(scro(2,chb1+1:chb2)==scro(2,i));
        y=scro(1,chb1+zhi);
        scro(2,i)=y;
    end
end
```

图 13-7 实现代码

（3）检测［max，END］区域的基因是否和［min，max］区域的基因冲突。如果有冲突，那么进行一下操作来消除冲突。检测染色体 A 的右边区域［max，END］是否与染色体 A 的交叉区域［min，max］存在基因重复。如果有，那么记录染色体 A 的交叉区域中重复基因的位置 $p$，右边区域中的重复基因位置为 $p_{right}$，然后将染色体 B 中 $p$ 位置的基因复制给染色体 A 中的 $p_{right}$ 位置。重复该步骤直到染色体 A 中［max，END］区域的基因和［min，max］区域的基因没有冲突。对染色体 B 进行同样的操作。对图 13-6（b）消除基因冲突的示意操作如图 13-8 所示。

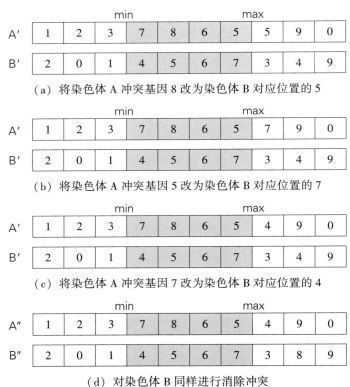

（a）将染色体 A 冲突基因 8 改为染色体 B 对应位置的 5

（b）将染色体 A 冲突基因 5 改为染色体 B 对应位置的 7

（c）将染色体 A 冲突基因 7 改为染色体 B 对应位置的 4

（d）对染色体 B 同样进行消除冲突

图 13-8 消除基因冲突示意图

5. 变异运算

对个体进行变异，首先随机产生两个变异位 min 和 max，其中 min＜max，且 0＜min，max＜染色体长度。然后将选中的变异区域反顺，对图 13-8（d）中的染色体 A 进行变异的结果如图 13-9 所示。

图 13-9 变异结果

6. 输出结果

求解该问题设计的算法的终止条件是达到最大代数的迭代次数，每一次迭代结束后将得到的路径长度和当前代数（第几代）记录在数组中，在搜索完成之后，将数组中记录的最短路径和对应的代数输出，作为搜索结果。

### 13.3.2 结果分析

求解 TSP 问题利用 MATLAB 语言编程，解决 TSP 的演化算法采用遗传算法。由于遗传算法包含了随机搜索方法，所以所求的最优解不一定是最优的。在求解过程中发现，遗传算法得到的结果的精确度除了和交叉算子、变异算子、适应度计算方法有关外，还受交叉概率、变异概率、迭代次数的影响。

对于该问题提出的算法，在一定范围内，迭代次数越大，变异概率越小，遗传算法的精确度越高；执行时间随着迭代次数的增加而增加。当交叉概率为 0.8、变异概率为 0.5、最大代数为 10 000 时，能得到较理想的结果，如图 13-10 所示。

遗传算法满足以下任一条件即可终止算法：① 当最优个体的适应度达到给定的阈值时；② 最优个体的适应度和群体适应度不再上升；③ 迭代次数达到预设的代数。本文所设计的遗传算法的终止条件是条件③。

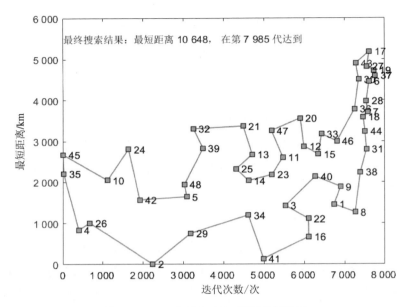

图 13-10　48 个城市 TSP 问题求解结果

图 13-11 是当交叉概率为 0.8、变异概率为 0.5、最大代数为 10 000 时的最优解的搜索曲线，其中横轴代表迭代次数，纵轴表示搜索的距离。在图中我们可以发现，在搜索 1 000 代后，搜索过程曲线开始趋于平缓，达到 4 000 代之后曲线基本不再变化，所以根据终止条件②，遗传算法可以终止，不必再继续计算到 10 000 代，从而减少时间和成本。因而我们的算法也可以从这个方面进行优化。

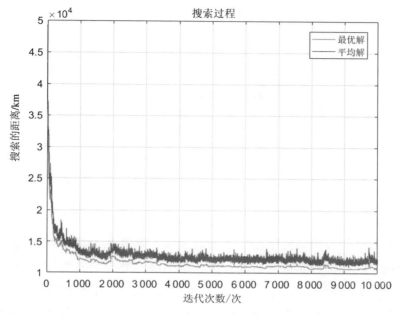

图 13-11　遗传算法不同迭代次数结果

# 后　记

本书是笔者给研究生指导学习的成果。笔者在论文指导和教学过程中发现，经常会有学生对研究方法认识不清，部分公共管理专业的研究生对研究方法感到迷惑，部分研究生更是对数据分析方法怀有畏难情绪。久而久之，笔者思考应当给学生撰写一本专门介绍公共管理研究方法和数据分析实操的教材，由此撰写了这本专门用来给学生讲解公共管理研究方法的教材。目前本书只是选取了公共管理实证研究过程中一些常用的方法。期望后期能在此基础上再加入更多的研究方法。

本书的出版得到了苏州大学中国特色城镇化研究中心、江苏省新型城镇化与社会治理协同创新中心、江苏省政治学优势学科、苏州大学地方政府与社会治理优秀创新团队的支持，在此表示感谢。感谢苏州大学出版社各位编辑同志。同时，要感谢我的研究生张逸陶、杨肖、王一博、蒋晓琼、金泽琪、熊洁等，你们为本书的写作和出版做了大量的工作，祝愿你们学业进步。本书第 1~5 章、第 7~8 章由宋典负责编写，第 9~13 章由吕晓慧负责编写，第 6 章由石蓉荣负责编写。

收笔之际，忽记朱夫子的诗：昨夜江边春水生，艨艟巨舰一毛轻。向来枉费推移力，此日中流自在行。希望此书能够成为读者的江边春水，成为学海中的巨舰。